Lisa und Wilfried Bahnmüller

Das ALLGÄU erfahren

30 Radtouren durch malerische Landschaften, zu reizvollen Städten und zu kulturellen Highlights

BRUCKMANN

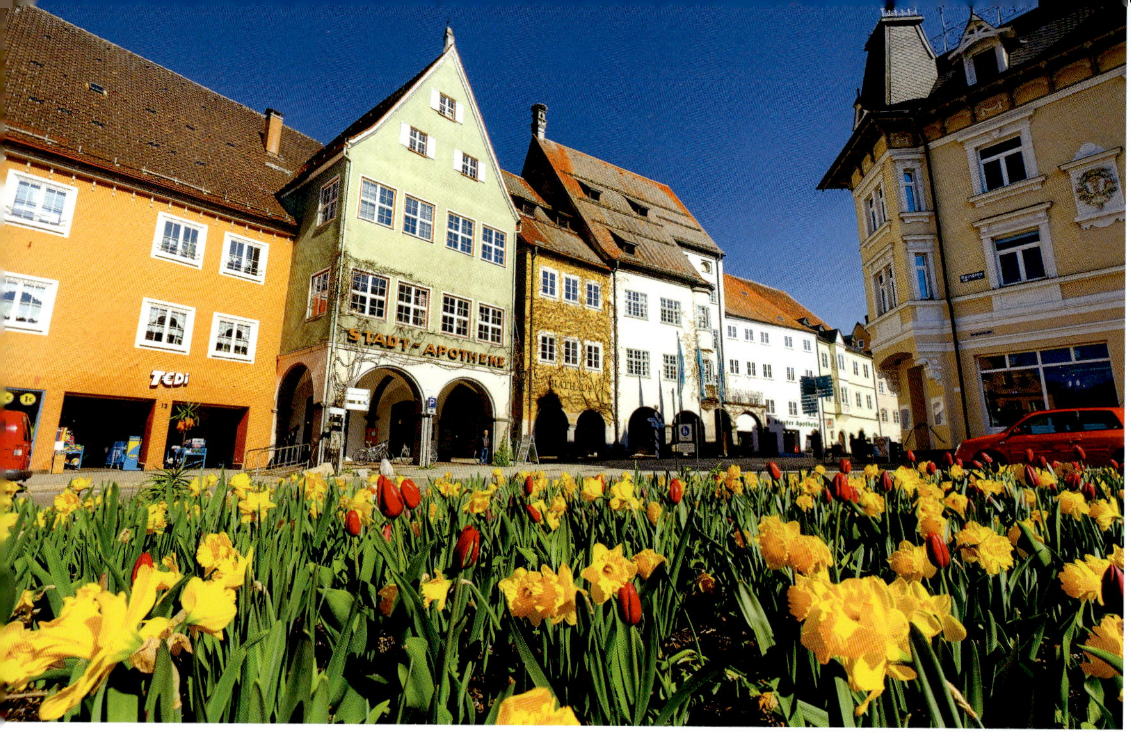

Wir besuchen Städtchen wie Isny im Allgäu (Tour 4).

Inhalt

Das Allgäu erfahren

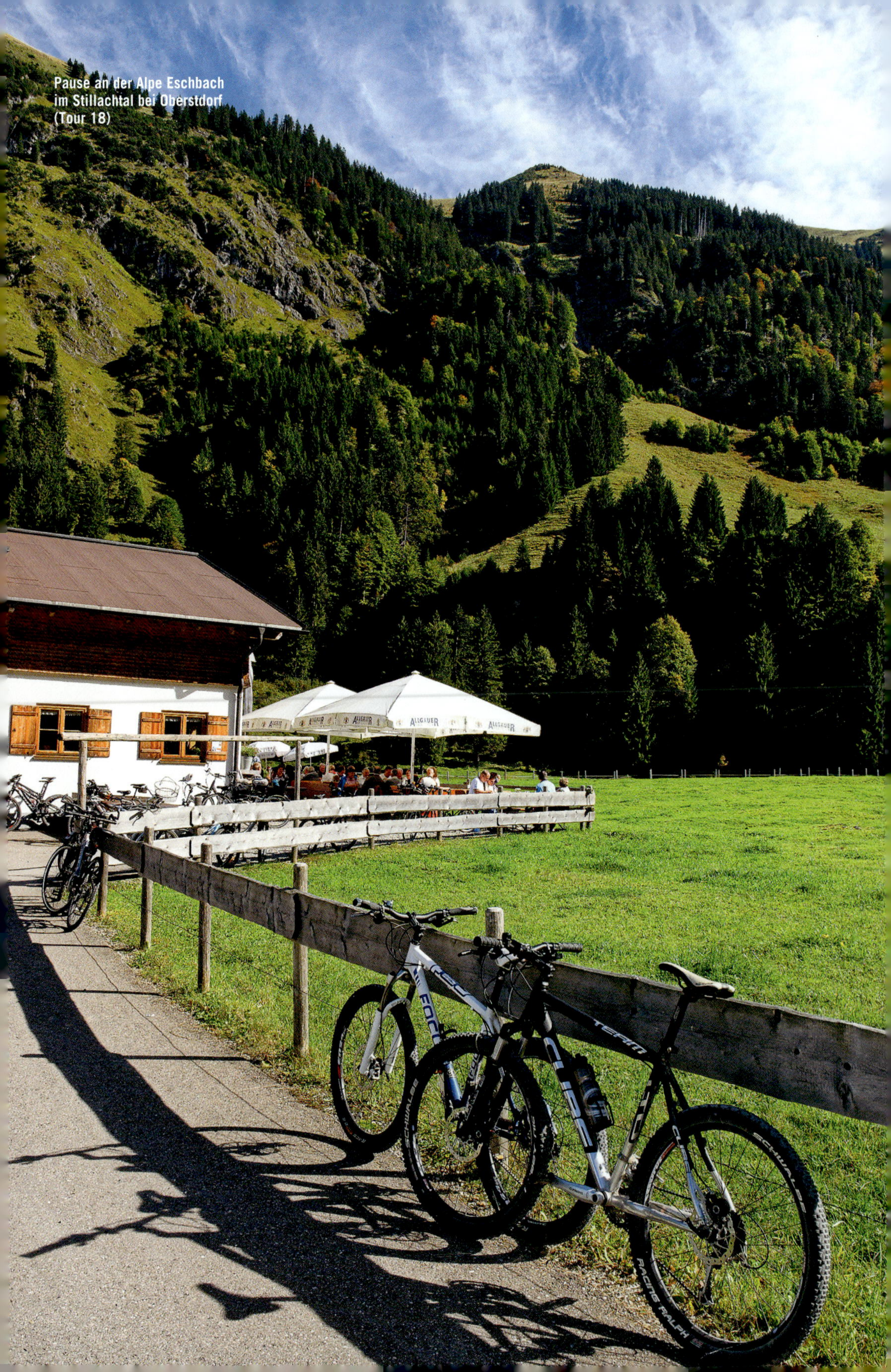

Pause an der Alpe Eschbach
im Stillachtal bei Oberstdorf
(Tour 18)

OBERALLGÄU

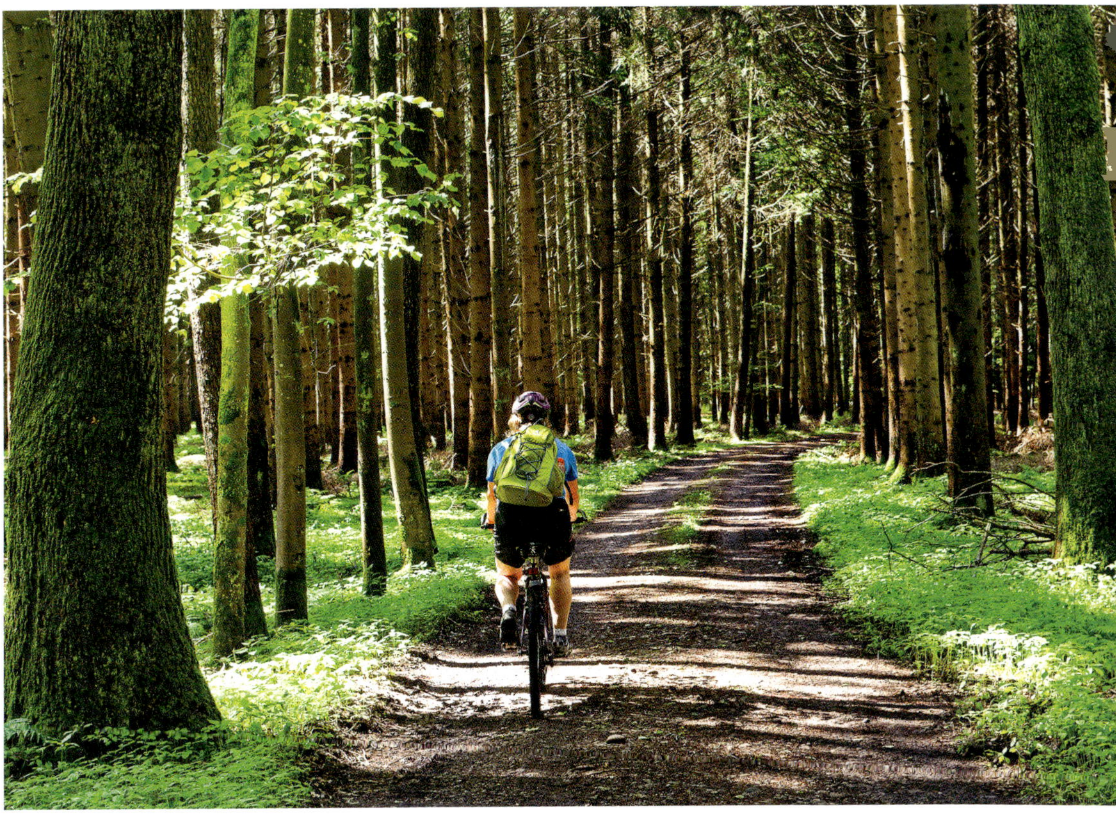

Radfahrer im Wald bei Tannheim (Tour 8)

OSTALLGÄU

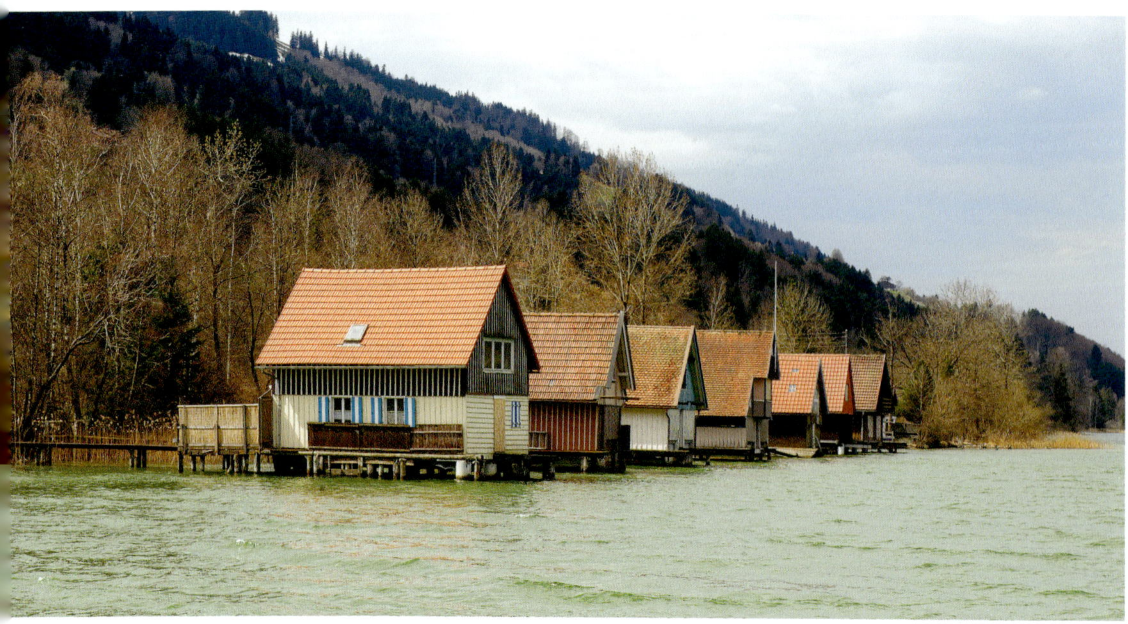

Bootshäuschen am Großen Alpsee (Tour 13)

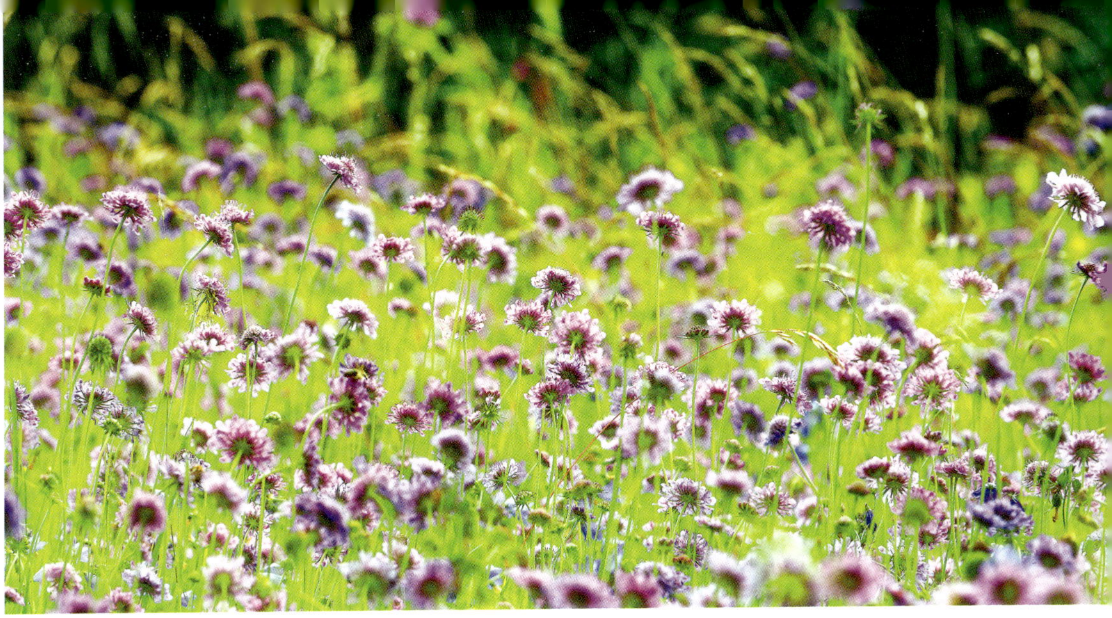

Üppig blühende Wiese mit Skabiosen (Tour 26)

Einführung

Das Allgäu erfahren

Das Allgäu erfahren – das ist ein zweideutiger Titel: Zum einen wollen wir das Allgäu auf zwei Rädern erfahren, zum anderen wollen wir mehr vom Allgäu erfahren. Und das funktioniert natürlich besonders gut als Kombination.

Unsere 30 Radtouren führen alle zu ganz besonderen Highlights im Allgäu. Die Radrunden stehen unter den Rubriken Stadtspaziergänge, Naturparadiese oder Sehenswürdigkeiten, wobei sich oft das eine mit dem anderen kombinieren lässt.

Es ist eine große Überraschung, wie viel Neues, Spannendes, Schönes, Unbekanntes und Interessantes man im Allgäu entdecken kann. In diesem Buch stehen jede Menge Tipps, Erklärungen und Hinweise auf kunsthistorisch Bedeutendes, auf kulinarische Highlights, auf Hintergrundinformationen und historische Begebenheiten.

Deshalb brauchen wir viel Zeit:

- um viele Dinge und Sehenswürdigkeiten am Wegrand zu besichtigen,
- um die Natur genau beobachten zu können,
- um in einem Biergarten oder gemütlichen Wirtshaus wieder Kraft zu tanken,
- um einfach mal in die schöne Landschaft zu schauen,
- um die Füße ins Wasser baumeln zu lassen oder ins Wasser zu springen.

Und um einfach das wunderbare Allgäu mit seiner landschaftlichen Vielfalt ausgiebig zu genießen und zu erfahren.

Das Kleingedruckte: Tourenauswahl

Alle beschriebenen Ausflüge sind Rundtouren und der Leistungsbogen für die 30 Touren ist dabei sehr breit gespannt, was Dauer, Länge, Höhenmeter und somit auch die Kondition betrifft. Radanfänger starten am besten mit den leichteren Touren. Viele gute, allgemeine Tipps gibt es übrigens auf der Homepage des Allgemeinen Deutschen Fahrradclubs (www.adfc.de).

Zwei Räder sind wichtig: Fahrräder

Wir sind die Strecken mit einem Tourenrad, einem Mountainbike sowie mit E-Bikes gefahren. Ein robustes Citybike oder Trekkingrad ist auch in

Ordnung. Dagegen ist ein Rennrad ungeeignet, denn wir bevorzugen verkehrsfreie Straßen, Wege und auch mal Pfade. Fahrräder kann man sich an vielen Stellen im Allgäu direkt ausleihen, wer ein bestimmtes Fahrrad möchte, reserviert es besser einen Tag vorher.

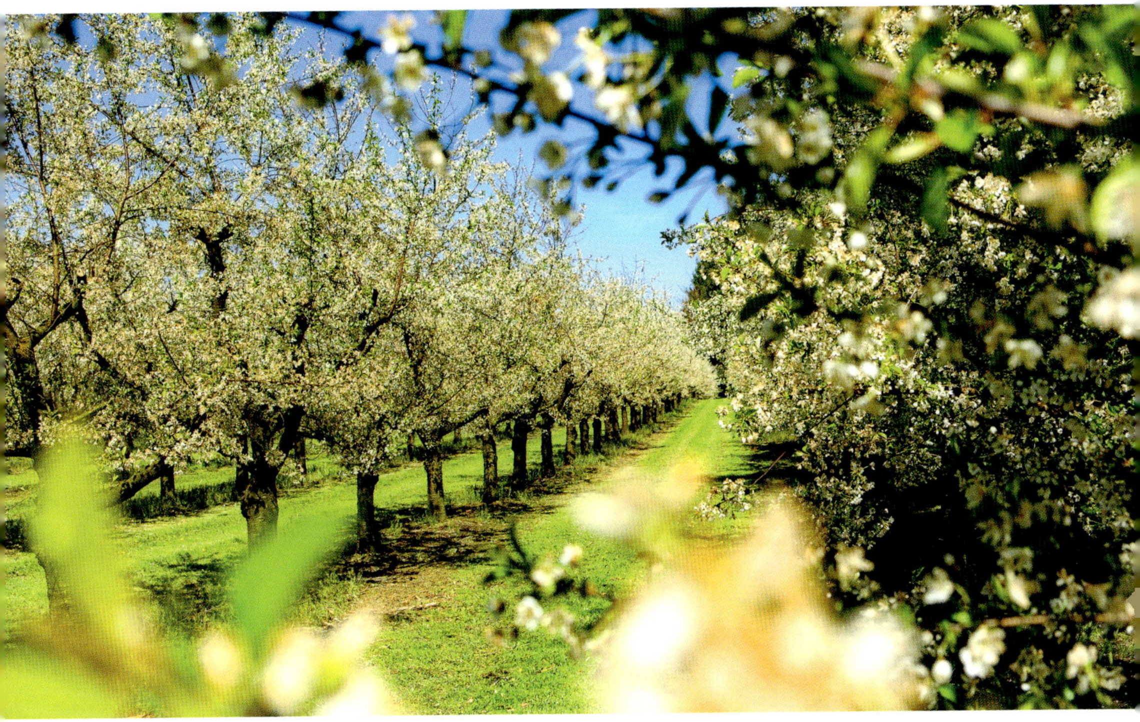

Im Frühling blühen die Apfelbäume am Bodensee besonders schön (Tour 1).

Auf unseren Touren gibt es auch einige Steigungen zu bewältigen, hier erleichtern ein paar Gänge mehr das Fahren. Gerade mit E-Bikes ist es im hügeligen Allgäu deutlich einfacher zu radeln und überdies gibt es schon ein gutes Ladestationen-Netz. Und wer höflich nach einer Lademöglichkeit in dem Gasthaus fragt, in dem er auch einkehrt, hört wahrscheinlich selten ein »Nein«. Nur seinen eigenen Stecker oder das Ladesystem sollte man dabeihaben.

Wie lange? Wie weit? Fahrzeiten und Höhenangaben

Bei der Tourenlänge und den Höhenmetern haben wir uns um genaue Recherche bemüht. Ein Tacho ist hilfreich, aber nicht nötig. Abstecher zu Besichtigungen, Einkehrmöglichkeiten oder Badestopps wurden in den angegebenen Zeiten jedoch nicht eingerechnet, die muss man zusätzlich einplanen. Für die Zeitangaben gehen wir von einer Durchschnittsgeschwindigkeit von ca. 10 km/h aus. Bei ebener Strecke geht es natürlich schneller voran, auf Steigungen dementsprechend langsamer. Selbstverständlich können sich Öffnungszeiten von Sehenswürdigkeiten oder

Gaststätten ändern. Genaue Angaben lassen sich im Internet schnell recherchieren, so ist man immer auf dem aktuellen Stand. Viele der Touren eignen sich auch für Familien mit Kindern, die sicher Fahrrad fahren können. Einige sind nicht zu lange, manche lassen sich abkürzen, die meisten führen über sehr verkehrsarme Nebenstraßen.

Verfahren ausgeschlossen: Fahrradkarten

Die Karten im Buch sind zusammen mit der Beschreibung im Text eigentlich ausreichend. Wer aber die Tour verlängern oder abkürzen will, der braucht noch eine zusätzliche Fahrradkarte zur Orientierung. Wir haben sehr gute Erfahrungen mit den Kompass-Karten gemacht, die noch dazu den Vorteil haben, dass sie fast überall erhältlich sind.

Der Hunger kommt von allein: Einkehr

Fast überall gibt es Einkehrmöglichkeiten. Verhungern oder gar verdursten muss im Allgäu niemand. Neben den von uns vorgestellten Einkehrmöglichkeiten gibt es natürlich noch eine ganze Menge mehr. Leider haben viele Wirtshäuser oft nur am Abend geöffnet, so fallen tagsüber einige sehr gute weg. Wir möchten hier auf jeden Fall erwähnen, dass wir von den vorgestellten Gasthäusern nicht gesponsert werden. Sie haben uns einfach gefallen oder wir kennen sie schon seit vielen Jahren und waren immer zufrieden damit. Bedenken sollte man, dass Ruhetage, Öffnungszeiten und Betriebsferien variieren können, genauso wie es Pächterwechsel gibt und sich Küchen verändern. So sollte man immer darauf achten, genügend zum Trinken dabei zu haben und zumindest einen Apfel, Durchhaltekekse oder einen Müsliriegel einpacken. Manchmal ist ja auch die selbst mitgebrachte Brotzeit am leckersten.

Das brauchen wir: Ausrüstung

Die Bekleidung ist von der Jahreszeit und vom Wetter abhängig. Gute Dienste erweist eine gut gepolsterte Radhose. Sie schützt unseren Allerwertesten, ist elastisch genug, um jede Bewegung mitzumachen und gleichzeitig ist sie eng genug, dass sich die Hosenbeine nicht in der Kette verheddern können. Wer sich in einer solchen Hose unwohl fühlt, für den gibt es auch gepolsterte Fahrradunterhosen. Sehr bewährt hat sich Funktionswäsche für die Oberbekleidung. Sie trocknet leichter und ist atmungsaktiv. Wegen der schattigen Waldwege nehmen wir auch im Sommer einen Pulli mit. Im Frühjahr und Herbst haben wir gerne sogenannte Windstopperjacken dabei. Sie lassen den Fahrtwind nicht durch, trotzdem schwitzt man in ihnen nicht wie z. B. unter einer reinen Regenjacke. Letztere erfüllt natürlichen ebenfalls ihren Dienst an regnerischen Tagen. Badesachen, ein kleines Handtuch und Sonnenschutz sind in den Sommermonaten wichtig, denn in eigentlich allen Allgäuer Seen und Flüssen kann man baden oder sich zumindest erfrischen. Zur Sicherheit für unsere Räder sollten wir auf keinen Fall Fahrradschlösser vergessen. Es wäre schade, wenn man nach Besichtigungen, zu denen man sein Fahrrad ja nicht immer mitnehmen kann, ein böses Erwachen erlebt.

No risk, a lot of fun: Sicherheit

Auch beim Fahrradfahren gelten ein paar Regeln, die helfen, Unfälle zu vermeiden. Ein Fahrradhelm ist zwar nicht vorgeschrieben, aber bei uns gehört er zum Pflichtprogramm. Ebenso sollte man vor dem Start immer kurz seine Bremsen prüfen, nicht, dass sich bei der Anfahrt etwas gelockert hat. Auch ein Erste-Hilfe-Notfalltäschchen hat neben dem Ersatzschlauch und der Luftpumpe (ohne Fahrradpumpe nützt das beste Flickzeug nichts!) noch Platz im Rucksack oder der Fahrradtasche. Vor allem im Herbst wird es früh dunkel, deshalb müssen wir an eine Beleuchtung denken. An vielen Mountainbikes fehlt diese. Im Fachhandel gibt es mittlerweile auch Fahrradhelme mit eingebauten Leuchtdioden. Diese entsprechen zwar nicht der Straßenverkehrsordnung, sind aber besser als gar nichts.

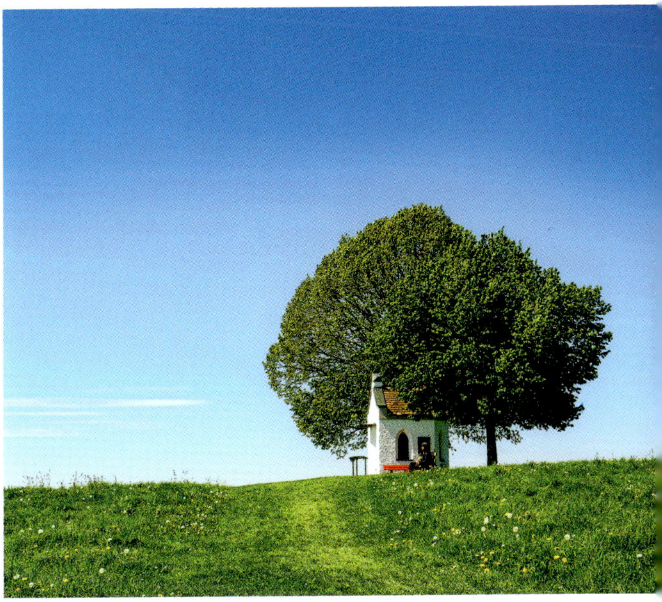

Marienkapelle über Weißensberg bei Lindau am Bodensee (Tour 2)

Bei feuchter Fahrbahn und steileren Abfahrten radeln wir vorsichtig und sehr überlegt, vor allem, wenn es sich um ungeteerte Feldwege handelt. An manchen Stellen schieben wir aus Sicherheitsgründen lieber. Das gilt übrigens sowohl für Fußgängerbereiche als auch für sensible Naturschutzgebiete. Außerdem radeln wir nicht abseits der Wege und Pfade oder querfeldein. Zudem müssen Weidegatter immer wieder verschlossen und Absperrungen akzeptiert werden.

Es geht auch ohne Stau: Anfahrt

Fast alle Ausgangsorte der Touren lassen sich mit öffentlichen Verkehrsmitteln erreichen. Das ist umweltverträglicher und erspart einem den Stau am Abend. Nur die Ausgangsorte zu den Touren 7, 16, 27 und 29 sind schwieriger oder gar nicht ohne eigenen Pkw anzufahren. Aber oft kann man sich vor Ort ein Fahrrad leihen, was vor allem für Urlauber praktisch ist, die ihren Drahtesel nicht selbst mitnehmen wollen.

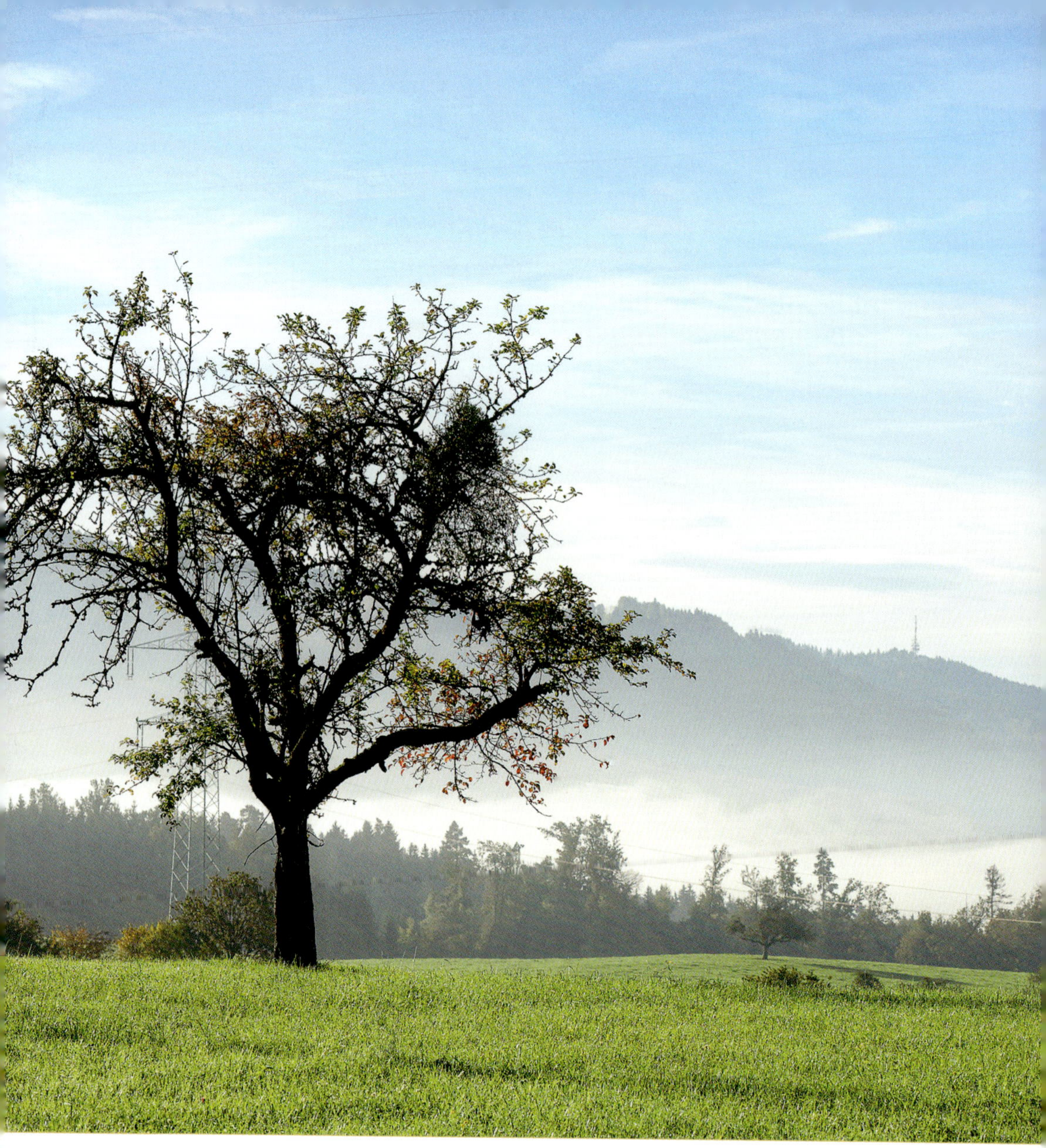

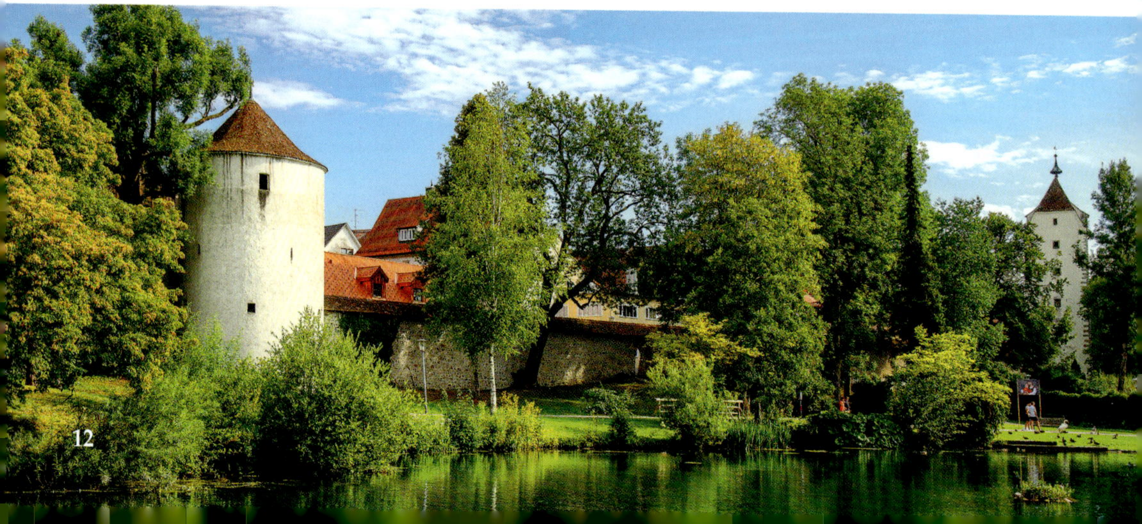

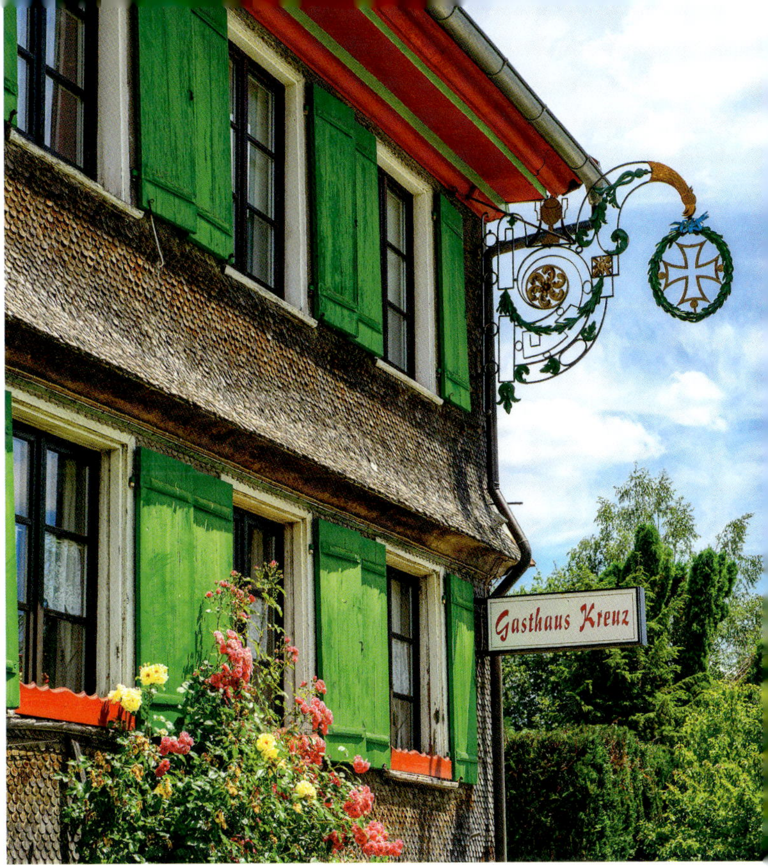

Entlang der A 96

Von den Wiesen bei Hergensweiler auf den Pfänderrücken (o. li.). Gasthaus »Kreuz« in Riedhirsch bei Heimenkirch (o. re.). Hauszeichen vom Gasthaus »Zum Rössle« in Türkheim (u. re). Stadtmauer in Isny (u. li.)

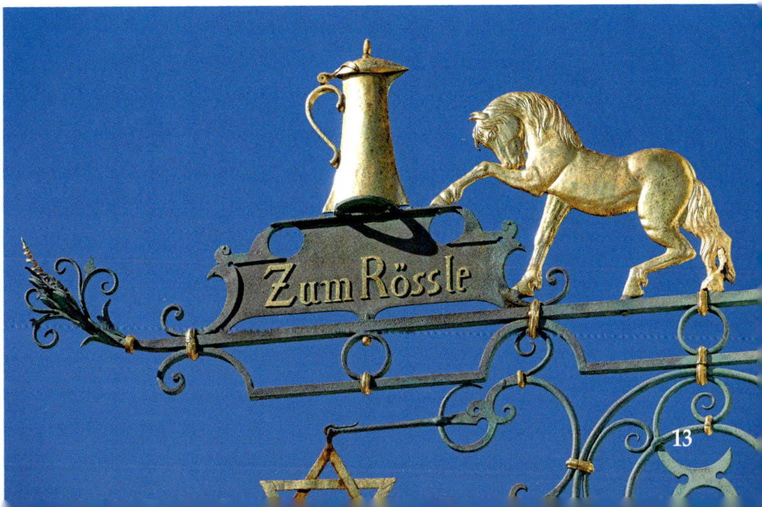

1 Von Lindau nach Kressbronn

Im Apfelreich des Bodensees

mittel | 28 km | 400 Hm | 3 Std.

Highlight: Stadtspaziergang

Ausgangs- und Endpunkt
Lindau, Bahnhof

GPS
47.544362, 9.681513

Anfahrt
Auto: Auf der Autobahn A 96 München–Lindau, Ausfahrt Lindau, Beschilderung zur Insel Lindau folgen und dann weiter der Beschilderung zum Bahnhof. Großer Parkplatz am südwestlichen Inselende in der Nähe des Bahnhofs. Bahn: Direkte Zugverbindung von München über Kempten nach Lindau.

Tourencharakter
Rundtour meist auf geteerten, aber sehr wenig befahrenen Straßen. Der Rückweg führt über den Bodenseeradweg.

E-Bike-Ladestation
Lindau: Fahrradboxen am Inselparkhaus P4 mit Stromanschluss, Ladestation an der Touristinfo, Alfred-Nobel-Platz 1 oder im Strandcafé Lindenhof, Lindenhofweg 41; Kressbronn: Schnaidter Hof, Ortsteil Gohren

Radverleih
Lindau: RadInsel, Dammsteggasse 4, Fahrradverleih bei der Jugendherberge, Herbergsweg 11

Information
www.lindau-tourismus.de

Zwischen Luxusvillen, Apfelplantagen und idyllischen Seen geht es heute ins Hinterland von Lindau. Abwechslungsreich und immer wieder gespickt mit herrlichen Aussichten über den Bodensee radelt man schließlich mit Blick auf die Bregenzer Berge – allen voran den Pfänder – entlang des Bodenseeradwegs zurück nach Lindau. Dann ist bestimmt noch genügend Zeit, die wunderschöne Altstadt zu erkunden.

Erstmal aufs Festland Wir beginnen unsere Tour am Bahnhof auf der Lindauer Insel und wenden uns, das Bahnhofsgebäude im Rücken, nach links. Wir folgen so stets in Gleisnähe dem Straßenverlauf in die Dammsteggasse und sind kurz darauf verkehrsberuhigt auf der Dammbrücke unterwegs, die das Festland mit der Insel verbindet. Rechts von uns liegt der »Kleine See«, auf dem im Sommer viele Segelboote liegen. Kaum haben wir das Ufer erreicht, geht es links in den Lotzbeckweg, zunächst noch am Bodenseeufer entlang, bis er schließlich in die größere Schachener Straße mündet. Auf ihr geht es nach links weiter. Nun radeln wir an einem ganzen Reigen prächtiger alter Villen in parkähnlichen Grundstücken vorbei, auf die wir oft nur einen winzigen Blick erhaschen.

Ab ins Hinterland Nach wenigen Minuten erreichen wir die trutzig anmutende St.-Leonhards-Kapelle, die man eher für eine kleine Burg hält. Hier verlassen wir die Schachener Straße nach rechts und radeln nun in die Enzisweilerstraße Richtung Hoyersberg. Wir überqueren die Bahngleise in den Ortsteil Enzisweiler, dann geht es leicht aufwärts zum Kreisverkehr an der großen Lindauer Straße, der wir für 200 m nach links folgen. An der Wegegabelung halten wir uns dann rechts und folgen der Beschilderung nach Bodholz in die Austraße. In Bodholz geht es gleich am Ortsanfang rechts in die Sennereistraße und dann erneut rechts in die Rathausstraße. Kurz darauf radeln wir unter den Gleisen hindurch und unmittelbar dahinter nach

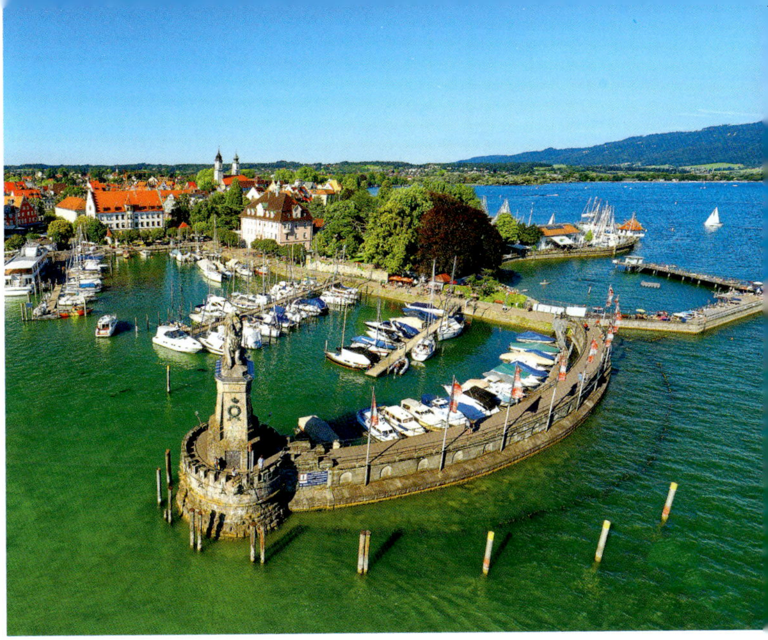

In Lindau bleibt noch Zeit für eine Besichtigung des Lindauer Hafens.

links, entlang der ersten Obstplantagen. In Reih und Glied begrüßen uns nun die Apfelbäumchen, es geht erneut über die Eisenbahntrasse und dann rechts hinauf in den Weiler Taubenberg. Das nette Café »Gauchos« lockt zu einer ersten Einkehr, wobei wir aber noch nicht einmal die Hälfte der Strecke erreicht haben. Aber eine Tasse Tee geht eben immer. Ansonsten folgen wir der Beschilderung nach Bruggach und biegen gleich nach links ab. Bergab wenden wir uns nach dem großen Reiterhof rechts, queren die Schnellstraße und radeln über Felder direkt auf den Zwiebelturm von Unterreitnau zu. Im Ort wählen wir hinter der Wallfahrtskirche St. Urban und Silvester die Straße links, die nach Bechtersweiler ausgeschildert ist. Keine 500 m später biegen wir vor dem Waldstück rechts auf die kleine Nebenstraße nach Hörbolz ab. Erst geht es am Waldrand entlang und

Allgäu-Erfahrung: Lindau

Den Bodenseehafen von Lindau markieren ein gewaltiger Bayerischer Löwe und der einzige Leuchtturm Bayerns. Auf ihn kann man steigen und dabei einen herrlichen Überblick über die Stadt bekommen. Auf der Landseite des Hafenbeckens steht der Mangturm mit seinem bunten Ziegeldach. Er war der Vorgänger des heutigen Leuchtturms. Über den Löwen hinweg entdecken wir zwei Kirchtürme. Der eine gehört zur Pfarrkirche von Lindau, dem Münster Unserer Lieben Frau. Der zweite Turm markiert die Stephanskirche, die nach der Reformation zur Evangelischen Kirche der Stadt wurde. Nach unserer Rundschau gehen wir am besten zum Bahnhof, der für seinen feinen Jugendstil berühmt ist. Vom Bahnhofsplatz schwenken wir in die Maximilianstraße ein, die große Flanier- und Einkaufsmeile der Stadt. Ihr architektonischer Höhepunkt ist das Alte Rathaus, das schon 1422 in der Zeit der Gotik erbaut wurde. Sein heutiges Renaissancegesicht bekam es etwa 150 Jahre später, als die Gotik nicht mehr dem Repräsentationsstil der Stadt entsprach. Aber das ist noch lange nicht alles, was Lindau zu bieten hat: Bei einem Bummel durch die Gassen lässt sich noch viel mehr entdecken.

dann nach einem Waldstück vorbei an einer Streuobstwiese, Hopfenanbauflächen und Apfelplantagen bis Hörbolz.

Seenlandschaft In Hörbolz halten wir uns links, zunächst dem Schild »Kressbronn/Bechtersweiler« folgend, dann aber an der Weggabelung rechts in Richtung Wettis. Kurz hinter den wenigen Häusern von Wettis erreichen wir den Degersee, von dem uns nur ein kleines Auwäldchen trennt. Wer das Strandbad besuchen möchte, muss sich rechts entlang des Sees halten. Alle anderen folgen links der kleinen Straße nach Wielandsweiler und dort weiter links der Beschilderung »Nitzenweiler«. So erreichen wir zunächst den Schleinsee, wo sich für eine längere Rast mit leckerer Kuchenzufuhr das kleine »Hofcafé« bestens anbietet. Kurz danach sind wir in Nitzenweiler. Hier müssen wir etwas aufpassen, um die zweite größere Abzweigung nach links zu erwischen. Das Schild »Atlashofen/Gattnau« zeigt uns, dass wir richtig sind. Wir passieren einen Funkturm und sind kurz darauf im Weiler Atlashofen, dessen drei Bauernhäuser einzeln zwischen Apfelreihen stehen. Die Straße endet vor der Schnellstraße, wir radeln links über einen Bach und gleich darauf rechts durch die Unterführung, nun der Beschilderung »Kressbronn/Gattnau« folgend. Mit herrlicher Aussicht über den grünen Kirchturm von Gattnau auf den Bodensee radeln wir durch Hüttmannsberg hinunter zur größeren Landstraße, der wir nach rechts auf dem Radweg folgen. Schnell sind wir in Gattnau, das Dorf gehört bereits zu Kressbronn. Wir durchradeln den Ort in westliche Richtung und folgen dann links der Beschilderung nach Kressbronn auf die kleine geteerte, landwirtschaftliche Straße zwischen Obstbäumen hindurch. Gleich darauf sind wir in einem Wohnbaugebiet von Kressbronn. Wir folgen dem Straßenverlauf bergab durch Kressbronn, halten uns an der Vorfahrtsstraße

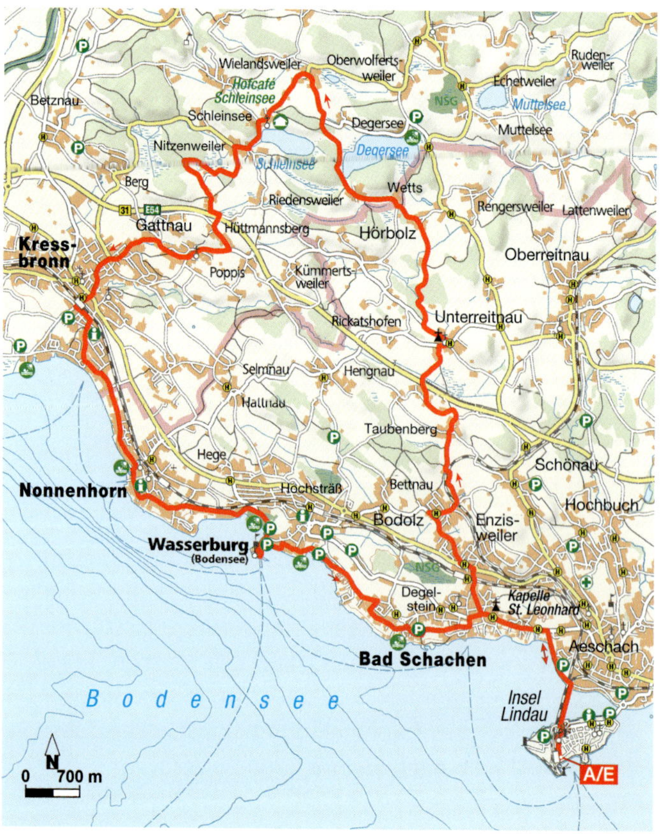

links und gleich wieder links in Richtung Ortsmitte. Kurz darauf finden wir das erste Radwegschild nach Lindau, dem wir erneut links in die Hemigkofenerstraße folgen. An der großen Ampelkreuzung (Esso-Tankstelle) queren wir die Autostraße geradeaus in die Bahnhofstraße und finden so direkt am Bahnhof mit der Touristinfo die bekannte Radwegbeschilderung nach Lindau.

Guten Appetit

Mit schöner Aussicht liegt etwas oberhalb vom Schleinsee das idyllische Hofgut Schleinsee. Die kleine Speisekarte verwöhnt uns mit viel Selbstproduziertem und natürlich hausgemachten leckeren Kuchen. Für Kinder gibt es eine riesengroße spannende Spielscheune über zwei Etagen. Das erlaubt den Eltern einen geruhsamen Kaffee auf der sonnigen Terrasse. Geöffnet März–Oktober Do–So ab 14 Uhr, ansonsten nur am Wochenende (Januar–März geschlossen).
In Lindau ist die Auswahl an Gaststätten gewaltig. Wir haben immer gerne etwas abseits vom großen Hafentrubel bei Wissingers im »Schlechterbräu« In der Grub gegessen. Egal ob wir Brotzeiten wählten oder Fleischgerichte, die Zubereitung war immer köstlich (Mo und Di Ruhetag).

Bodenseeradweg Ab dieser Stelle können wir uns eigentlich nicht mehr verfahren, denn Lindau ist nun perfekt ausgeschildert. Selbst wenn der Weg an unzähligen Stellen mal links mal rechts abbiegt und wir wirklich einmal falsch abzweigen, stoßen wir sicherlich kurz darauf wieder auf ein Radwegschild, das uns zielstrebig nach Lindau führt. Die große Richtung gibt dabei immer der Bodensee an. Diesen erreichen wir nun zunächst nach links durch die Straße Am Nonnenbach und dann rechts über die Bahnschienen auf der Seestraße.

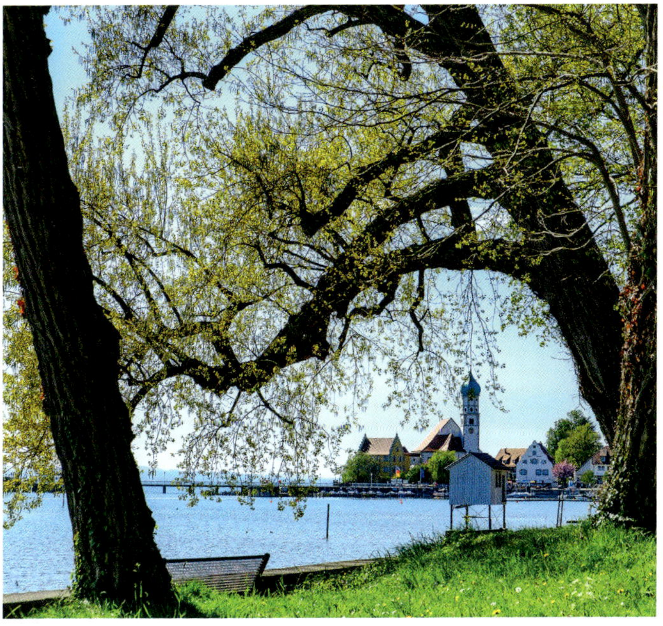

Frühling in Wasserburg am Bodensee

So überfahren wir wieder die Grenze nach Bayern und erreichen über Nonnenhorn den Ort Wasserburg, wo sich ein Abstecher auf die kleine Halbinsel zur St.-Georgs-Kirche am romantischen Hafen lohnt. Später stoßen wir dann in Bad Schachen wieder auf die Kreuzung an der St.-Leonhards-Kapelle. Ab hier kennen wir den Rückweg und so ist es ein Leichtes, den Rest des Tages für die Besichtigung der Lindauer Altstadt zu nutzen.

2

Von Hergensweiler nach Lindau

Am Grenzfluss Leiblach entlang

mittel | 27 km | 430 Hm | 3 Std.

Highlight: Naturparadies

Ausgangs- und Endpunkt
Hergensweiler, Bahnhof

GPS
47.609900, 9.770935

Anfahrt
Auto: Autobahn A 96 München–Lindau Ausfahrt Weißensberg, auf der B 12 nach Hergensweiler. Erste Einfahrt in den Ort nehmen, nach dem Bahnübergang sofort rechts zum Wanderparkplatz. Bahn: Hergensweiler hat zwar einen Bahnhof, aber dort hält kein Zug mehr. Am einfachsten ist es, die Tour von Lindau aus zu beginnen.

Tourencharakter
Rundtour meist auf geteerten, aber wenig befahrenen Straßen. In Lindau muss allerdings mit starkem Ortsverkehr gerechnet werden. Einige kleinere Steigungen sind vor allem am Rückweg zu bewältigen. Badesachen nicht vergessen.

E-Bike-Ladestation
Lindau: Fahrradboxen am Inselparkhaus P4 mit Stromanschluss, Ladestation an der Touristinfo, Alfred-Nobel-Platz 1 oder im Strandcafé Lindenhof, Lindenhofweg 41

Radverleih
Lindau: RadInsel, Dammsteggasse 4, Fahrradverleih bei der Jugendherberge, Herbergsweg 11

Information
www.hergensweiler.de

Die Gegend um Lindau ist die westlichste Ecke des Allgäus, und die lässt sich wunderbar mit dem Fahrrad erfahren. Wir radeln durch eine faszinierende Landschaft, die von den Bergen zum Bodensee abfällt und immer wieder weite Aussichten bis zu den nahen Schweizer Bergen erlaubt. So könnte diese Radrunde auch unter dem Motto Stadtbesichtigung stehen, denn für die malerisch-romantische Altstadt von Lindau, die wir stressfrei ohne Auto und Parkplatzsuche erreichen, brauchen wir viel Zeit.

Traumhafte Aussichten auf dem Hinweg Wir beginnen die Tour am ehemaligen Bahnhof von Hergensweiler, der inzwischen unter Denkmalschutz steht, und fahren leicht bergab den Gleisen entlang nach Süden. Die kleine Kapelle linker Hand auf dem Hügel ist dem hl. Antonius geweiht und heute das evangelische Gotteshaus. Sie stammt noch aus den Zeiten der Pest, bei ihr hat man die Pesttoten begraben. Wir merken sie uns für den Rückweg vor, um dann einen Abstecher zu ihr zu unternehmen. Die Aussicht von dort ist nämlich sensationell. Uns begleitet heute die Radwegbeschilderung »Leiblachtalrunde« mit der Nr. 2, sodass es nicht schwierig wird, den Weg zu finden.

Die Bahn überquerend erreichen wir in einem Bogen und nach einer scharfen Linkskurve den Weiler Mollenberg. Unsere Straße berührt den Ort nur und führt geradeaus auf ein Wäldchen zu, an dessen Rand wir vorbeiradeln. Dann geht es über weite Streuobstwiesen zum Weiler Heimholz. Wir biegen rechts ab, überqueren nochmals die Bahn und erreichen auf der Heimholzer Straße den lang gestreckten Ort Schlachters. Hier folgen wir der Hauptstraße in den Ort und biegen von dort links in die Weiherstraße ein, die uns zum Schlachterner Weiher bringt. Der sehr naturbelassene Weiher bietet sich zur Abkühlung im Sommer an. Wir fahren am Südufer des Weihers entlang, überqueren auf einer Brücke die Autobahn und biegen gleich da-

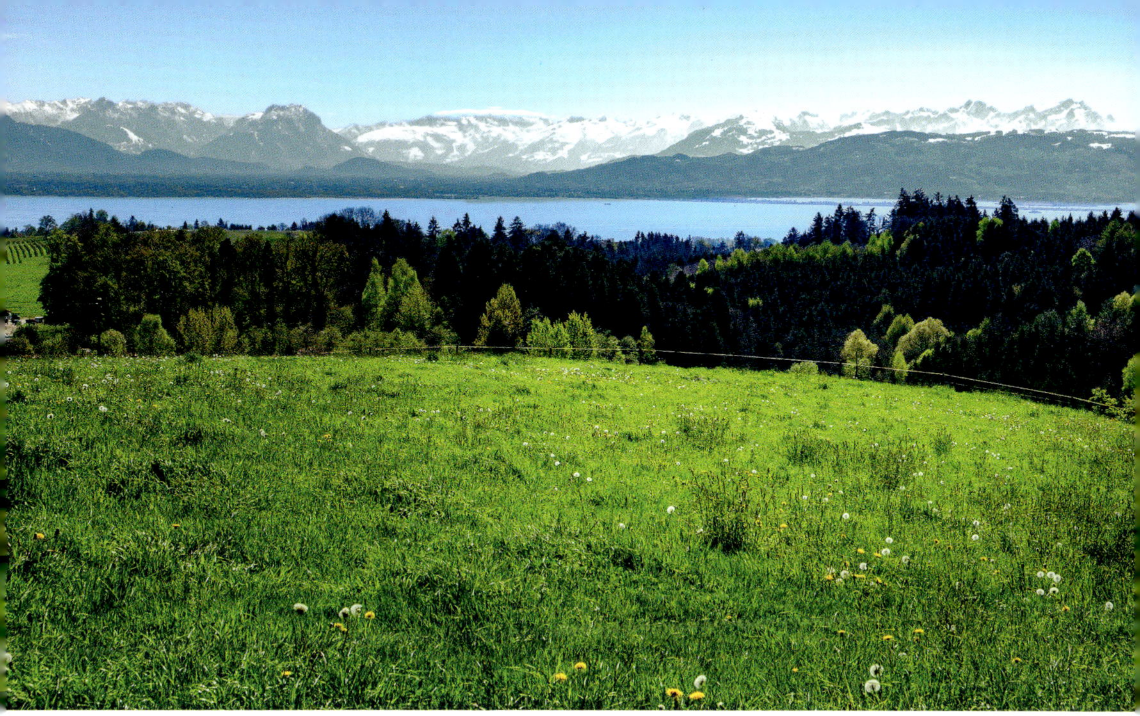

Kurz vor Lindau blicken wir weit über den Bodensee auf die nahen Schweizer Alpen.

nach links ab. Nach einem Waldstück und dem Weiler Oberhof stoßen wir auf die Mühlenstraße, in die wir nach links einbiegen. Unter der Bodensee Schnellstraße hindurch führt unser Weg zuerst zwischen Waldrand und Gewerbegebiet hindurch und dann an Apfelplantagen vorbei nach Streitelsfingen, das wir in einem Rechts-links-Bogen durchqueren. Am Ortsende mit prächtigem Blick auf den Bodensee steht das Montfort-Schlössle, ein Hotel mit Gaststube und Biergarten, das leider nur abends (Ausnahme Sonntag) geöffnet hat. Wir folgen der Straße am Hotel vorbei abwärts und erreichen dann rasch die ersten Häuser der Stadt Lindau.

Guten Appetit

In Lindau ist das kulinarische Angebot schier grenzenlos. Ein guter Tipp für Eltern mit Kindern liegt auf dem Rückweg: Die einsam gelegene Waldschenke in Hangnach ist zu einem mexikanischen Steakhaus geworden. Den wunderbaren Biergarten und die großen Kinderspielplätze gibt es aber immer noch und das mexikanische Essen, das hervorragend schmeckt, ist in seiner Schärfe dem deutschen Geschmack angepasst. Und natürlich gibt es auch Alternativgerichte auf der Speisekarte (nur an Sonn- und Feiertagen ab 11.30 Uhr geöffnet, unter der Woche erst ab 17 Uhr, Mo Ruhetag).

Auf die Insel An dieser Stelle möchten wir unsere detaillierte Wegbeschreibung beenden, denn es gibt unzählige Varianten durch das Straßengewirr, um unser Ziel, die Insel mit der Altstadt von Lindau, zu erreichen. Für den direkten Weg folgen wir am besten der Beschilderung »Lindau Insel«. Selbst wenn wir dabei einmal ein

Schild übersehen und falsch abbiegen, dauert es nie lange und ein Stück weiter taucht schon das nächste Schild auf. Die große Richtung gibt der See im Hintergrund an, überdies geht es fast immer bergab.

Die Altstadt von Lindau liegt auf einer Insel im Bodensee, und zu der kommen wir über die Brücke der Chelles-Allee. Auf der Insel halten wir uns beim Kreisverkehr rechts, radeln die Stadtmauer entlang und biegen dann irgendwo links ab. Durch die Gassen stoßen wir auf die Maximilianstraße, die »gute Stube« der Stadt mit dem freskengeschmückten Rathaus. Ein Stück weiter noch durch die Gassen und wir haben unser Ziel, den Hafen von Lindau, erreicht. Aber Achtung, einige der Gassen sind reine Fußgängerzone, hier ist Schieben angesagt.

Stadtgewirr Nach der Stadtbesichtigung (siehe Tour 1) machen wir uns auf den Rückweg. Wieder geht es über die Chelles-Allee zurück auf das Festland und dann radeln wir rechts auf der Bregenzer Straße zum Bahnübergang. Diesen nutzen wir nicht, sondern fahren zwischen den Schienen und dem Seeufer auf der Ladestraße rechts zur Eichwaldstraße, wo uns im Sommer das Strandbad Eichwald zu einem kühlenden Sprung in den Bodensee verlockt. Nach der Badeunterbrechung geht es in Fahrtrichtung weiter. Die Eichwaldstraße stößt wieder auf die Bregenzer Straße, diesmal überqueren wir sie, fahren auf ihr etwa 200 m links zurück und biegen dann rechts, dem Radwegpfeil folgend, in den Park ab. Nach den Sportanlagen wird der Weg zur Gerhart-Hauptmann-Straße, die uns auf einer Brücke über die Autobahn bringt. Bei Oberhochsteg geht es zuerst nach links, und schon nach knapp 100 m in spitzem Winkel nach rechts in den Hangnachweg. Rechts unter uns fließt der Grenzfluss zwischen Österreich und Deutschland, die Leiblach, der wir nun ein gutes Stück folgen werden. Wir fahren durch einen lichten

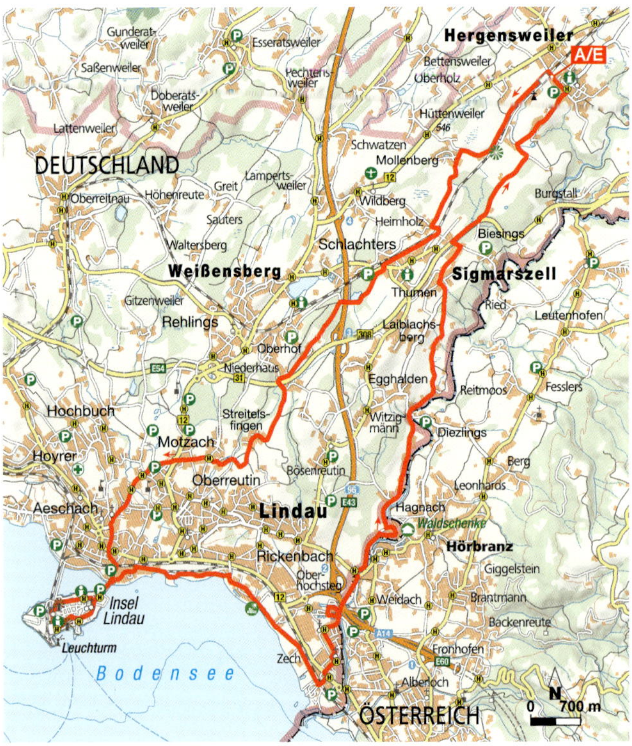

Auwald, bis uns nach etwa 750 m das Schild »Waldschenke« zu einem Abstecher lockt, sodass wir nach rechts abbiegen, um es uns im Biergarten schmecken zu lassen.

Zurück an der Straße, die jetzt Leiblachstraße heißt, folgen wir dieser mit mehr oder weniger Abstand zum Fluss. Nach einem kleinen Wäldchen steigt die Straße kurz an und wir sind in Thumen. Es liegt an der alten Landstraße, die später zur Deutschen Alpenstraße wurde, aber damals schon um die Orte geführt wurde. Alte Landstraße heißt auch heute noch die Straße in Thumen, in die wir nach rechts abbiegen. Bei der nächsten Querstraße geht es links zur B 308, eben zur Deutschen Alpenstraße. Auf dem Fahrradweg neben ihr fahren wir 500 m nach rechts. Dann biegen wir vor der großen Kurve links ab, fahren (oder schieben) den Berg hinauf und erreichen nach zwei Kurven (die erste links, die zweite rechts) wieder Hergensweiler. Fast am Dorfrand führt nach links die Pfänderstraße zu unserem Parkplatz am alten Bahnhof zurück.

Allgäu-Erfahrung: Ein kleines Naturparadies

Der Schlachterner Weiher ist nicht natürlich entstanden, sondern ein Relikt der beginnenden Industrialisierung. Das Wasser des aufgestauten Sees hat früher ein kleines Elektrizitätswerk angetrieben, um das Dornier-Werk in Lindau mit Strom zu versorgen. Strom gibt es heute genügend, das Minikraftwerk wurde abgebaut und der Weiher begann trotz der Nutzung als Fischweiher langsam zu verlanden. Das wäre eigentlich das normale Ende so eines Stausees gewesen. Das wollte man vermeiden. Die Peter-Dornier-Stiftung, Eigentümer des Weihers, überließ ihn mit einem Pachtvertrag mit symbolischer Gebühr dem Bund Naturschutz mit der Maßgabe, hier wieder ein natürliches Pflanzen- und Tierleben entstehen zu lassen. Nach einem letzten Abfischen und Auslichten des Uferbewuchses überließ man den Weiher sich selbst. Ein Teil der Landwirte, die Grundstücke in der Nähe des Weihers besaßen, erklärten sich bereit, diese nur mehr extensiv zu nutzen, sodass der Eintrag an Düngemittel stark zurückging. Die Anstrengungen wurden belohnt. Im Weiher leben heute ohne künstlichen Besatz einheimischer Fische in einer gesunden Mischung, an seinen Ufern haben sich nicht weniger als 27 Libellenarten angesiedelt. Knapp die Hälfte davon steht auf der Roten Liste der bedrohten Tierarten. Dabei ist der Weiher nicht etwa mit den üblichen Betreten-verboten-Schildern abgesperrt. Ein einziges freundliches Hinweisschild bittet darum, den kleinen See nicht mit Schlauchbooten oder Luftmatratzen zu befahren, um den Pflanzenbestand im Wasser nicht zu gefährden. Zum Baden nützt man frei zugängliche Uferbereiche. Es funktioniert, wie man sehen kann!

3 Um Lindenberg

Ebene Bahntrassen und viel Käse

mittel | 32 km | 430 Hm | 3.15 Std.

Highlight: Sehenswürdigkeit

Ausgangs- und Endpunkt
Lindenberg, Stadtplatz

GPS
47.601320, 9.886310

Anfahrt
Auto: Auf der Lindauer Autobahn A 96 Ausfahrt Sigmarszell und auf der B 308 nach Lindenberg. Parkplatz in der Austraße (gebührenpflichtig) oder weiter am Waldsee (kostenlos). Bahn: Nach Heimenkirch auf der Strecke München–Lindau und dort die Rundfahrt beginnen.

Tourencharakter
Hügelige Rundtour auf geteerten Radwegen, größtenteils auf alten Bahntrassen oder auf Radwegen neben Fahrstraßen mit einer etwas längeren Steigung am Ende

E-Bike-Ladestation
Lindenberg: Am Waldsee

Radverleih
Lindenberg: Radsport Greiner, Blumenstraße 18

Information
www.lindenberg-erleben.de

Idyllisch und auch ein bisschen bequem radeln wir über ehemalige Bahntrassen, vorbei an kleinen Sennereien und durch malerische Westallgäuer Dörfer – und erkunden so die herrliche Gegend rund um Lindenberg.

Zur Brauerei nach Mekatz Wir beginnen unsere Fahrt beim Rathaus in Lindenberg am Stadtplatz und fahren zur Sedanstraße, der wir kurz nach links zum Stadtpark folgen. Wir durchqueren den Park und radeln auf der schmalen Straße durch die beiden Gewerbebauten hindurch, die sich an den Park anschließen. Etwas nach rechts versetzt führt unser Radweg geradeaus weiter und trifft auf eine breite Straße, von der etwas nach links eine Straße und ein geteerter Weg abzweigen. Wir nehmen den Weg und merken rasch, dass wir auf dem Damm einer aufgelassenen Eisenbahnstrecke fahren, die einst von Röthenbach über Lindenberg bis Scheidegg führte. Unser

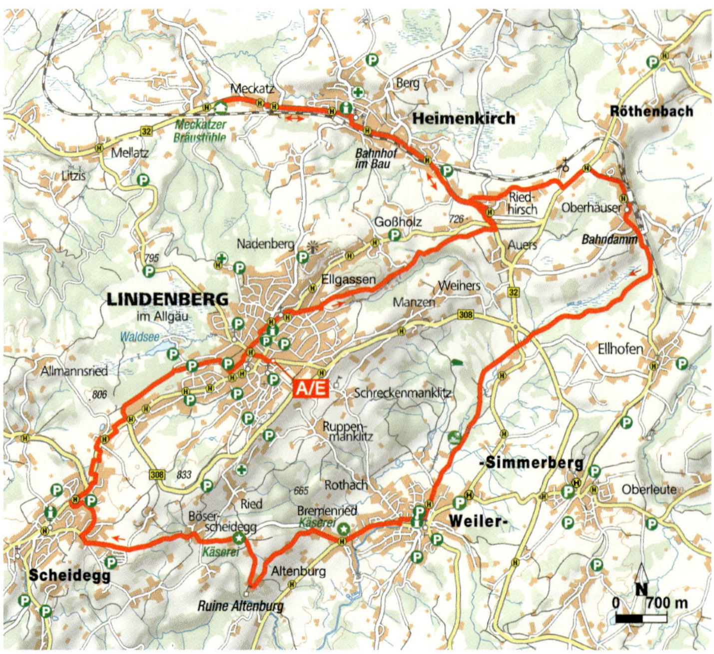

Radweg bringt uns aus dem Wohnbereich, jetzt wechseln sich Wiesen und kleine Wäldchen ab. Das auffällige große Gebäude links am Hang ist eine Humboldt-Sprachschule mit einem Jugendgästehaus, in denen fremdsprachliche Schüler in schöner Umgebung Deutsch lernen können. Bei Riedhirsch treffen wir dann auf die B 32. Über den Kreisel hinweg folgen wir ihr nach links auf einem eigenen Radweg, zunächst nach Heimenkirch und dann weiter nach Meckatz, wo wir uns auf ein leckeres Mittagessen im Wirtsgarten freuen können.

Zum Bahnhof Röthenbach

Nach dem Essen geht es zunächst auf dem bekannten Weg bis kurz vor Riedhirsch zurück. Wir passieren den Gasthof »Kreuz«, biegen beim nächsten Bauernhof links ab und fahren am Nordrand von Riedhirsch vorbei über die Felder. Der Weg trifft auf eine belebte Autostraße, die Straßenbauer haben uns aber einen Radweg daneben beschert, sodass uns der Verkehr nicht allzu sehr stört. Wir biegen links ein und finden schon nach etwa 200 m einen Tunnel, der uns auf die andere Seite führt. Hier steht eine kleine Kirche mit dem ungewöhnlichen Patrozinium Dreiheiligen. Die Kirche stammt aus der Zeit um 1475, übrig aus dieser Zeit ist ein Altarschrein mit den drei Heiligen Rochus, Wendelin und Martin. Von ihnen rührt auch der Name der Kirche her. Einen Schlüssel zur Kirche gibt es im Bauernhof daneben.

Weiter geht es an der Kirche vorbei über eine kleine Straße hinweg zu einem Gewerbegebiet, das uns wieder auf die andere Seite der Autostraße

Das Paul-Bäck-Haus in Heimenkirch

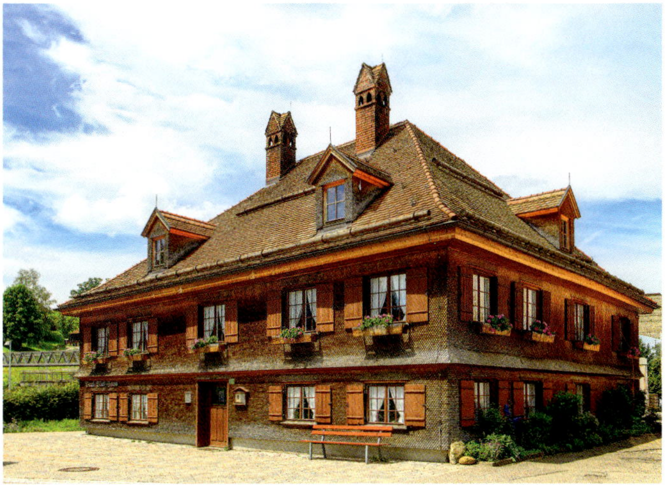

Guten Appetit

Jede Brauerei, die etwas auf sich hält, führt einen hauseigenen Braugasthof. So auch in Meckatz, wo das »Bräustüble« der Meckatzer Löwenbrauerei zu Hause ist. Die Speisekarte alleine schon ist beeindruckend. Die Gerichte, die uns dann von der sehr freundlichen und aufmerksamen Bedienung gebracht werden, umso mehr. Von einer reichen Bierauswahl geht man in einem Traditionsbräu selbstverständlich aus, nicht aber, dass wir sehr fachkompetent Auskunft erhalten, welches Bier zu den von uns gewählten Schmankerln am besten passt. Im Übrigen liegt das »Bräustüble« geradezu perfekt auf unserer Tour, wenn wir kurz vor 11 Uhr am Vormittag starten, um dann genau zum Mittagessen nach Meckatz zu gelangen.

zwingt. Hier bleiben wir nur gut 100 m, dann geht es durch einen Tunnel erneut auf die alte Seite, wo uns ein Weg entlang von nun echten Bahngleisen zum Bahnhof Röthenbach bringt. Damit es keine Irrtümer gibt: Der Bahnhof Röthenbach liegt im Ortsteil Oberhäuser, der Hauptort ist ein gutes Stück vom Bahnhof entfernt.

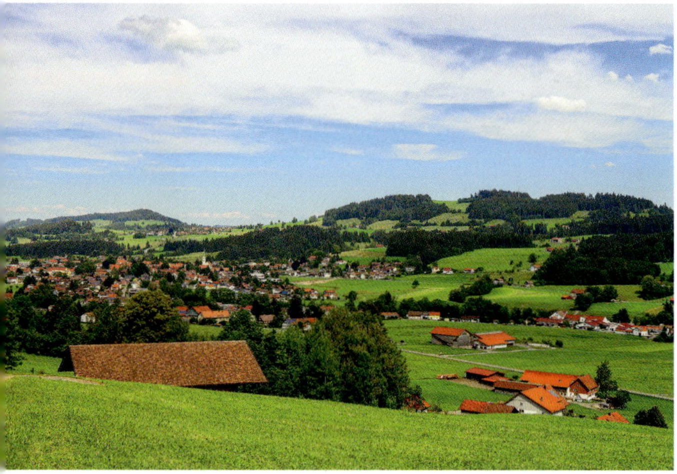

Über die grünen Hügel von Altenburg bis Weiler

Nach Scheidegg über den Rentershofer Bahndamm Vom Bahnhof aus fahren wir die Ortsstraße entlang. Am Ende des Ortsteils beginnt an einem Kreisverkehr wieder ein Radweg, den wir natürlich nutzen. Rasch stellen wir fest, dass wir wieder auf einem aufgelassenen Bahndamm unterwegs sind. Er zieht sich zuerst an der noch genutzten Bahnstrecke entlang und senkt sich ganz leicht ab. Das ist kaum merklich, erleichtert das Treten jedoch erheblich. Plötzlich fällt uns auf, dass es rechts von uns ungewöhnlich steil und tief nach unten geht. Jetzt sind wir am Rentershofer Bahndamm. Danach wendet sich unser Weg leicht nach rechts und führt durch Felder und kleine Wäldchen Richtung Weiler. Kurz vor dem Ort, er ist bereits im Hintergrund gut sichtbar, lockt uns ein Hinweisschild nach rechts zum Freibad von Weiler. Es ist ein wunderbares kleines Bad mit schattiger Liegewiese, das uns zu einem Sprung ins Wasser verführt. Eine kleine Wirtschaft ist angeschlossen und bietet Getränke sowie Brotzeiten an. Wer zum Essen einkehrt, spart sich den Eintrittspreis ins Bad!

Weiter geradeaus führt uns die Straße ins Zentrum von Weiler im Allgäu, wo schon die nächsten kulinarischen Verführungen auf uns warten. In der Konditorei Wucherer gibt es Kaffee, Kuchen und Gebäck, entgegen dem Namen zu ganz normalen Preisen. Schräg gegenüber finden wir das Westallgäuer Heimatmuseum, das in 25 Räumen das einstige Leben im Allgäu zeigt (geöffnet nur Mittwoch 10–12 und 14.30–21 Uhr).

In Weiler fahren wir über die Fridolin-Holzer-Straße zur Bregenzer Straße und folgen ihr nach Bremenried zur Abzweigung nach Scheidegg. Genau hier am Eck steht die Sennerei Bremenried, die in ihrem Lädle feinsten Allgäuer Käse anbietet. Eine gute Adresse, um sich mit lokalen Spezialitäten für den Abend einzudecken. Vom Lädle aus geht es jetzt etwas anstrengend aufwärts in Richtung Scheidegg. Wir folgen der Straße nur ein Stück und biegen dann kurz vor dem Wald links nach Altenburg ab. Der Name kommt nicht von ungefähr, hier stand nämlich im hohen Mittelalter eine Burg der Bischöfe von St. Gallen, die allerdings im späten 18. Jh. abgebrochen wurde. Die verbliebenen Reste sind noch im Wald sichtbar. Wir finden sie, wenn wir das Rad an der Kapelle abstellen und dem Wegweiser dorthin folgen.

Nach der Exkursion ins Mittelalter fahren wir den Weg, er ist für uns Radfahrer offen, weiter aufwärts und stoßen wieder auf die Straße nach Scheidegg, der wir weiter nach links folgen. In Böserscheidegg finden wir unmittelbar vor der großen Linkskurve eine weitere Sennerei, die neben dem Käse noch ausgezeichnete Buttermilch anbietet. Eine herrliche Erfrischung, wenn es recht heiß ist! Nach 1 km erreichen wir Scheidegg. Wir fahren auf der Hauptstraße ins Zentrum mit der Pfarrkirche

Allgäu-Erfahrung: Bahndamm und Lindenberg

Der Rentershofener Bahndamm soll der größte von Menschen gebaute Bahndamm der Welt sein. Ob dem so ist, sei dahingestellt. Sicher ist jedenfalls, dass der Damm für die Allgäubahn München–Lindau ab 1847 in sieben Jahren Bauzeit von über 3000 Arbeitern von Hand aufgeschüttet wurde. Der Damm ist gut 900 m lang und hat eine Sohlenbreite von 260 m, die Kronenbreite beläuft sich auf 22 m. Wie gewaltig der Damm ist, sieht man am besten vom Kreisverkehr aus. Eine breite Fahrstraße und die alte Eisenbahntrasse nach Scheidegg konnte man problemlos einfügen.

Nach der Radtour ist noch Zeit für die Kleinstadt Lindenberg. Über einige Jahrhunderte war hier das Zentrum der Allgäuer Hutmacher, die hauptsächlich von der Herstellung von Strohhüten lebten. Das sehr interessante Hutmuseum erinnert noch an diese Zeit.

St. Gallus, die mit ihrem Patron Gallus wiederum an die uralte Verbindung des Landes nach St. Gallen erinnert. Im Dorfzentrum biegen wir rechts in den Rathausplatz ab, der rasch zur Bahnhofstraße wird. Den großen Kreisverkehr überqueren wir geradeaus, passieren den Ortsteil Haus und biegen unmittelbar vor den großen Industrieanlagen links auf den schmalen Weg ab. Er führt ein paar Meter abwärts und dann rechts auf einem ehemaligen Bahndamm zurück nach Lindenberg.

4

Von Isny nach Wangen

Zwei Städte und ruhiges Bauernland

mittel | 54 km | 700 Hm | 5 Std.

Highlight: Stadtspaziergang

Ausgangs- und Endpunkt
Isny, Kurhaus am Park

GPS
47.694551, 10.039232

Anfahrt
Auto: Auf der Lindauer Autobahn A 96 Ausfahrt Buchlohe, weiter auf der B 12 nach Kempten, dann auf der Autobahn A 7 zum Dreieck Allgäu und auf der A 980 und weiter auf der B 12 nach Isny ins Ortszentrum fahren. Bahn: Von Kempten, Lindau oder Stuttgart nach Wangen, Tour dort beginnen.

Tourencharakter
Die abwechslungsreiche Radtour führt durch Moränenland und das bedeutet auch, dass sich Anstiege und sausende Abfahrten regelmäßig abwechseln. Fast durchwegs nutzen wir Radwege oder kleine Nebenstraßen, manchmal muss auch ein Feldweg herhalten, um eine Hauptstraße zu umfahren.

E-Bike-Ladestation
Isny, am Kurhaus; in Wangen am Gästeamt

Radverleih
Isny: Radverleih Veith, Neutrauchburg; Wangen: im Gästeamt oder Bike-Station Allgäu, Rotgerber Weg 11, nur nach tel. Voranmeldung (07522/98 49 30)

Information
www.isny.de,
www.wangen.de

Diese Radrunde erschließt eine unglaublich abwechslungsreiche Landschaft. Wiesen und Wälder, kleine Täler und gemütliche Dörfer, jeder Kilometer bietet ein anderes Bild. Zudem verläuft die Tour zwischen zwei sehr sehenswerten schwäbischen Kleinstädten, es gibt demnach viel zu sehen und zu erleben.

Von Isny nach Wangen Wir beginnen unsere Tour am Kurhaus von Isny und folgen zuerst den Radwegweisern nach Neutrauchburg. Hier fällt uns vor allem das prachtvolle Schloss auf, das von Franz Anton, Graf von Waldburg-Zeil, im späten 18. Jh. gebaut wurde, nachdem er die Grafschaft Trauchburg geerbt hatte. Das Schloss wurde in den letzten Jahren zum Hotel umgebaut.

In Neutrauchburg biegen wir kurz nach dem Rathaus in die Argenstraße ab. Der Straße folgend überqueren wir die Argen und stoßen kurz vor Menelzhofen auf eine Querstraße. Nach rechts erreichen wir Haubach, jetzt geht es links steil den Berg hinauf nach Hedrazhofen. Auf der Hauptstraße fahren wir nach rechts und nehmen am Ende der Bebauung links die Straße Am Seeweg. Sie führt zwischen den Seen Großer Ursee und Haldensee durch und biegt dann links ab, um am großen Campingplatz vorbei auf eine Querstraße zu treffen. Dieser folgen wir nach links nach Enkenhofen. In dem Dorf halten wir uns zuerst rechts und nehmen dann bei der Straßengabel den linken Zweig. Dadurch vermeiden wir die sehr belebte Landstraße, auf die wir erst nach einem großen Bogen wieder stoßen. Nur wenige Meter weiter können wir ihr nochmals entfliehen. Wir fahren einen kleinen Abstecher nach rechts und dann sofort wieder links und kommen wieder auf die Autostraße. Diese stößt auf eine quer laufende Straße, wir biegen links ab und erreichen Christazhofen.

Im Dorf biegen wir links in die Lindenstraße ab und nehmen nach Blideratzhofen bei der Straßengabel den linken Zweig.

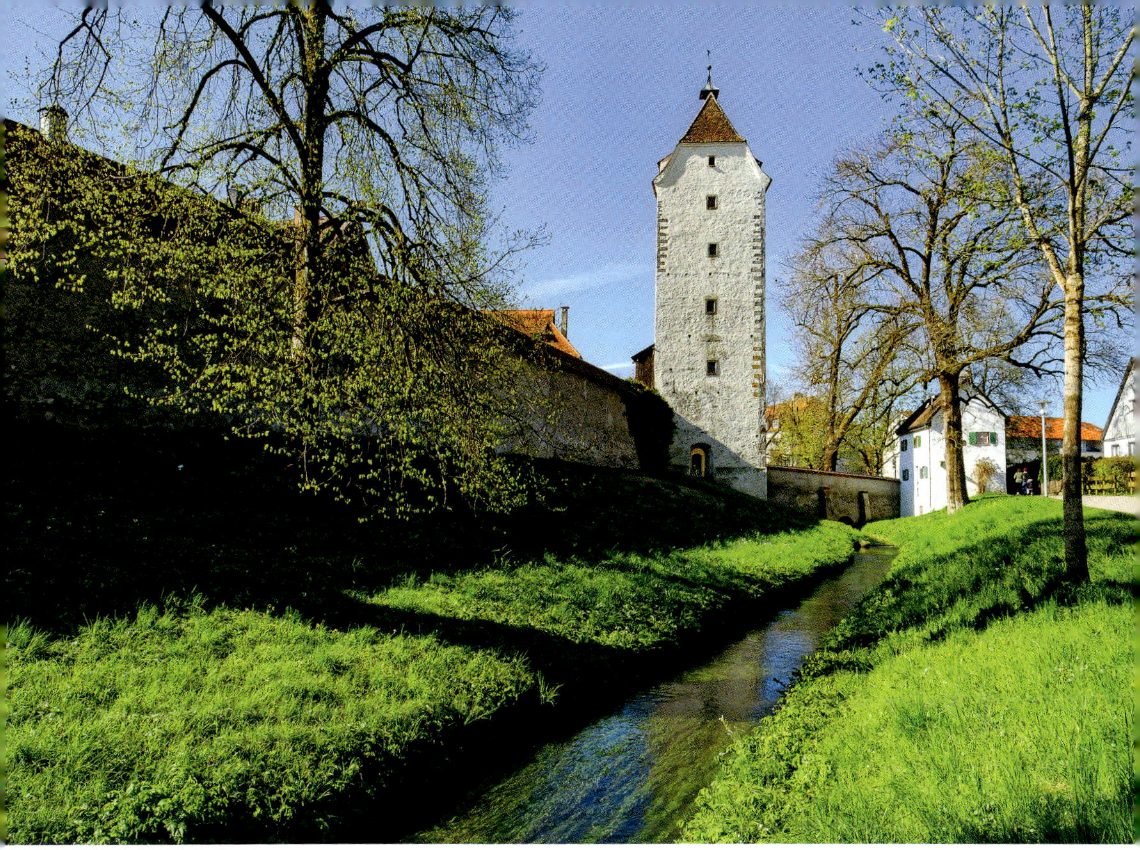

In Isny gibt es viel zu entdecken, so auch das Espantor an der Stadtmauer.

In Meggen biegen wir links ab und finden am Waldrand einen Hinweis auf das Rasenkreuz. Das schauen wir uns natürlich an. Am Waldrand entlang treffen wir auf einen gut ausgebauten Pfad, der in die Mitte des Feldes zu einer Kapelle führt. Hier hat man 1972 im Boden eine Stelle gefunden, an der kaum etwas wuchs. Die Stelle hat die Form eines großen Kreuzes. Eine Erklärung hat man, soweit wir erfahren haben, bis jetzt noch nicht gefunden. Eine Kapelle wurde erbaut und der Ort zum Ziel von kleinen Wallfahrten.

Guten Appetit

Mehr zufällig haben wir in Wangen das Gasthaus »Blaue Traube« in der Zunfthausgasse entdeckt. Die Speisekarte enthält neben der unvermeidlichen internationalen Küche vor allem schwäbische Spezialitäten in einer traumhaften Qualität. Der Zwiebelrostbraten mit Krautspätzle war ein Gedicht, genauso wie die Nachspeise – Apfelspätzle mit Eis, Zimt und Haselnüssen. Bedienung und Service waren top, so kann man das Mittagessen genießen (So Abend und Di Ruhetag).

An der Abzweigung zum Rasenkreuz vorbei fahren wir am Waldrand entlang und in einer Serpentine runter ins Tal der Unteren Argen. Auf der Talstraße halten wir uns links und kommen über Schwenden und Buchen zu einer größeren

Autostraße, auf der wir nach links Ratzenried erreichen. Das Ortsschild erschreckt ein wenig, wir denken sofort an die unwillkommenen Nager. Doch wir wurden aufgeklärt. Vor weit über tausend Jahren hat sich hier ein Herr namens Razzo ein Stück Land gerodet. Aus Razzo wurde im Laufe der Jahrhunderte Ratz und aus Rodung Ried und schon war der anrüchige Name da und lässt sich nicht mehr löschen. Das große Schloss

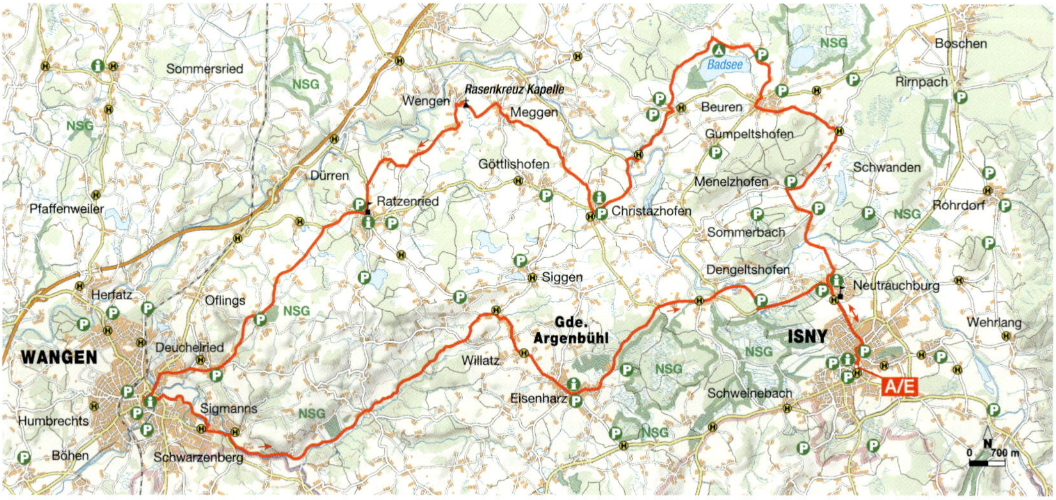

aus dem 16. Jh. beherbergt heute ein Humboldt-Institut, in dem Deutsch als Fremdsprache gelehrt wird. Interessant ist auch das Gasthaus »Zum Ochsen«. In den Gasträumen ist die alte Gerichtsstube der Herren von Ratzenried integriert.

In Ratzenried nehmen wir die Wangener Straße, biegen aber im nächsten Wald nach links Richtung Deuchelried ab. Von hier aus geht es die Straße weiter und immer bergab nach Wangen.

Von Wangen zurück nach Isny Nach einem Rundgang durch die Stadt fahren wir vom Marktplatz aus über den Postplatz und die Kornhausstraße an das Ufer der Argen und hier links zu dem großen Parkplatz auf der anderen Seite der B 32. Unser Rückweg beginnt am Kreisverkehr am oberen Ende des Parkplatzes. Nach rechts fahren wir an dem Parkplatz und der Bebauung entlang, biegen in den Ludwig-Maurer-Weg ein und überqueren zweimal die Obere Argen. Nach der zweiten Argenbrücke fahren wir rechts auf dem Sigmannser Weg vor zur Isnyer Straße. Jetzt geht es 500 m nach links, dann überqueren wir die Argen ein drittes Mal und biegen gleich nach der Brücke rechts auf die Fahrstraße ab, die zuerst an der Argen entlangführt. Dann geht es am Waldrand entlang nach Gießen und durch den Wald nach Abris und weiter über Hainzen nach Eisenharz. Hier wurde kein Eisen abgebaut, sondern zur Zeit der Landnahme gehörte das Gebiet einem Herrn Isarnhardt. Als man später den Namen nicht mehr verstand, machte man aus ihm Eisenhart.

Das Dorfgemeinschaftshaus am Hauptplatz ist ein gelungenes Beispiel der Revitalisierung eines alten Gasthauses. Dieses stand jahrelang leer. Kurz vor dem Verfall kaufte es die Gemeinde und die Bürger renovierten es gründlich. Jetzt bietet es Platz für die Vereine, für ein kleines Museum und für Dorfversammlungen.

Auf der Kirchstraße fahren wir aus dem Ort, passieren mit etwas Abstand das Harprechter Moos und stoßen auf eine quer verlaufende Straße, der wir nach rechts folgen. In Ried machen wir noch einen kleinen Schwenk, um dem Autoverkehr auszukommen. An der Straßengabel biegen wir links ab und dann sofort wieder rechts auf die kleine Straße. Sie macht einen großen Bogen und stößt dann wieder auf die Hauptstraße. Jetzt gibt es einen Radweg, der uns links nach Neutrauchburg bringt. Von hier aus fahren wir auf dem bekannten Weg nach Isny zurück.

Und auch für Wangen mit seinem hübschen Marktplatz brauchen wir viel Zeit.

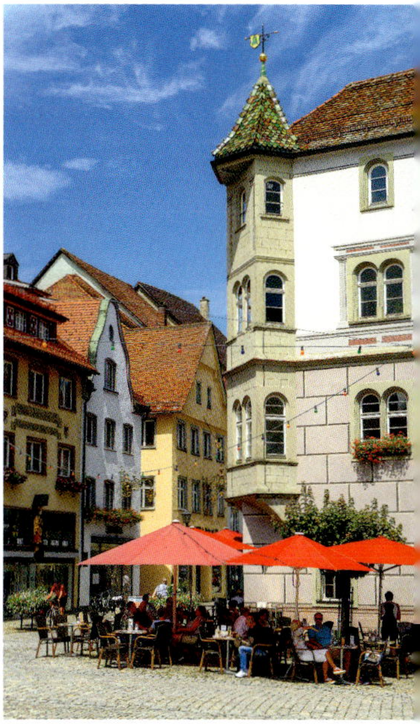

Allgäu-Erfahrung: Wangen

Wangen war über viele Jahrhunderte freie Reichsstadt und damit sehr reich. Das prägt den Ort noch heute. Drei Tore begrenzen die Altstadt mit ihrem mittelalterlichen Grundriss. Der Marktplatz war immer das Zentrum der Stadt, er ist, genau wie die Herrenstraße, Fußgängerzone. Das wuchtige Rathaus, das bis in das späte Mittelalter zurückgeht und seine Schaufassade zu Beginn des 18. Jh. bekam, ist der beherrschende Bau am Marktplatz. Daneben steht die Pfarrkirche. Sie ist den Heiligen Martin, Gallus und Magnus geweiht. Ihr Patrozinium erinnert an die Zeit, in der das Kloster St. Gallen großen Einfluss in Wangen hatte. Ganz in der Nähe steht das Martinstor, das auch Lindauer Tor genannt wird. Offensichtlich war man sich nicht ganz sicher, ob die mechanische Turmuhr verlässlich die Zeit anzeigt. Über ihr ist sicherheitshalber die gute alte Sonnenuhr angebracht. In Wangen gibt es noch unendlich viel mehr zu sehen und zu entdecken. Allem voran natürlich das Frauentor oder Ravensburger Tor am nördlichen Rand der Altstadt, das nette Haus mit den Sieben Schwaben gleich in der Nähe oder das Mühlrad mit der Stadtmauer. Es lohnt sich, einige Zeit für den Besuch einzuplanen und sich in den Gassen der Altstadt zu verlieren.

5

Rund um Kißlegg

Auf und Ab mit Aussicht auf viele Weiher

leicht | 26 km | 240 Hm | 2.30 Std.

Highlight: Sehenswürdigkeit

Ausgangs- und Endpunkt
Kißlegg, Bahnhof

GPS
47.793285, 9.881491

Anfahrt
Auto: Autobahn A 96 München–Lindau, Ausfahrt Kißlegg. In Kißlegg Ausschilderung zum Bahnhof folgen. Dort gibt es einige Parkplätze, wenn belegt, großer Parkplatz nach dem Bahnübergang (siehe Beginn der Tour). Bahn: Kißlegg liegt an der Bahnstrecke Stuttgart–Lindau, ist aber auch von München mit Umsteigen erreichbar.

Tourencharakter
Hügelige Rundtour meist auf Nebenstraßen, Forst- und Radwegen. Keine nennenswerte lange Steigung, aber doch sehr hügelig mit vielen kurzen Auf- und Abfahrten.

E-Bike-Ladestation
Kißlegg: Zweirad Wenzler, Herrenstraße 24

Radverleih
Kißlegg: Zweirad Wenzler, Herrenstraße 24

Information
www.kisslegg.de

Eine tolle Allgäu-Erfahrung zwischen idyllischen Badeseen, über hügelige grüne Voralpenwiesen, durch kleine Dörfer und das alles garniert mit stets weiter Fernsicht auf die Vorarlberger und Schweizer Berge. Das einzige Manko der Tour: Es gibt wenige Einkehrmöglichkeiten entlang der Strecke. Dafür entschädigt dann die Gemeinde Kißlegg mit ihren Sehenswürdigkeiten.

Zum ersten Weiher: Obersee Der Start dieser Radtour ist am Bahnhof von Kißlegg. Mit Blick Richtung Gleise wenden wir uns nach links und radeln auf der Bahnhofstraße zum Bahnübergang. Wir queren die Schienen und biegen unmittelbar danach für wenige Meter rechts in den Stolzenseeweg. Dann weist uns ein Radwegschild nach links, der Weg ist mit »Aitrach über Seibranz« ausgeschildert, wobei wir nicht so weit radeln werden. Wenige Meter später haben wir schon das südliche Ufer des Kißlegger Obersees an seinem Freibad erreicht. Wir wenden uns nach rechts, radeln über den Parkplatz und gleich darauf mit schöner Sicht auf den See über Wiesen in nördliche Richtung. Nach zwei einsamen Höfen erreichen wir ein Waldstück. Kaum haben wir dieses wieder verlassen, wird es auch

Guten Appetit

In Kißlegg gibt es den im modernen Ambiente ausgestatteten Gasthof »Zum Ochsen«. Dort werden diesmal nicht nur die Anhänger der deftigen Allgäuer Küche mit einem Schwäbischen Zweierlei (Geschmorte Ochsenbacke und Schweinefilet mit Spätzle) oder der Kißlegger Legende (Schweinemedaillons mit Maultaschen, Krautkrapfen und Käsespätzle) satt. Der »Ochse« ist auch bekannt für sein variantenreiches Salatbüfett, an dem man sich selbst bedienen muss.

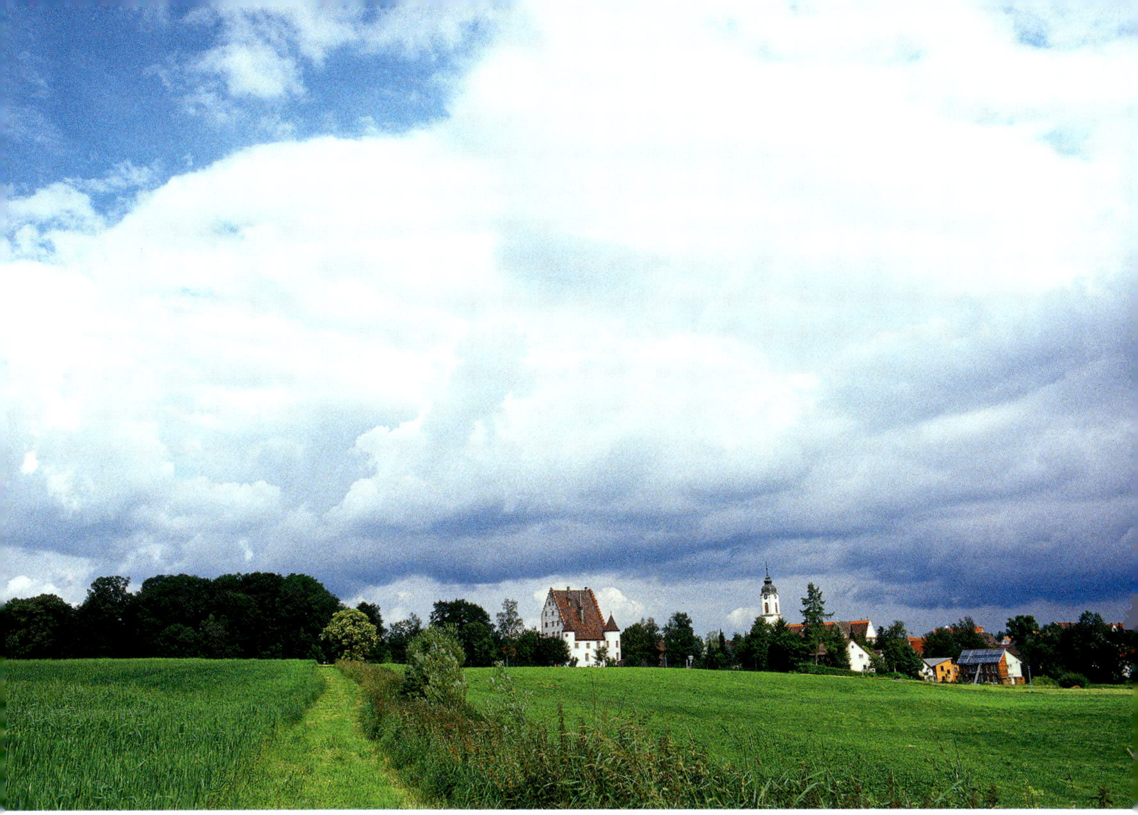

Das Alte Schloss von Kißlegg

schon hügelig. Das geht nun bis zum Ende der Tour immer so. Über die Häuser von Hasenfeld kommen wir nach Weitershofen, wo wir links bis zum Weiler Rötsee radeln.

Für eine Einkehr im Gasthof »Hirsch« ist es fast zu früh um einzukehren, aber einen kurzen Blick in die danebenliegende Marien-Wallfahrtskirche Rötsee sollte man werfen. Die kleine Wallfahrtskirche blickt auf eine über 1000-jährige Geschichte zurück. Ihre Gründung geht der Legende nach mit dem Einsiedler Ratperonis um das Jahr 950 einher. Nach vielen Umbauten sehen wir heute noch immer den von 1449 stammenden Chor. Das Gnadenbild stammt aus der Werkstatt des berühmten Reichenauer Künstlers Hans Multscher (1400–1467).

Zum zweiten Weiher: Ellerazhofener Weiher Nach der Besichtigung geht es weiter in Fahrtrichtung. An den nächsten Weggabelungen halten wir uns rechts und kommen so nach Stegrot. Im Ort folgen wir der Rechtskurve, halten uns dann aber 200 m nach den Häusern rechts. In Sonthofen geht es links zur großen Autostraße am Ortsrand von Willerazhofen. Wir queren diese und radeln nun leicht bergauf in den Ort hinein. Neben der Kirche finden wir einen netten Rastplatz direkt vor dem unter Denkmalschutz stehenden uralten Getreidekasten.

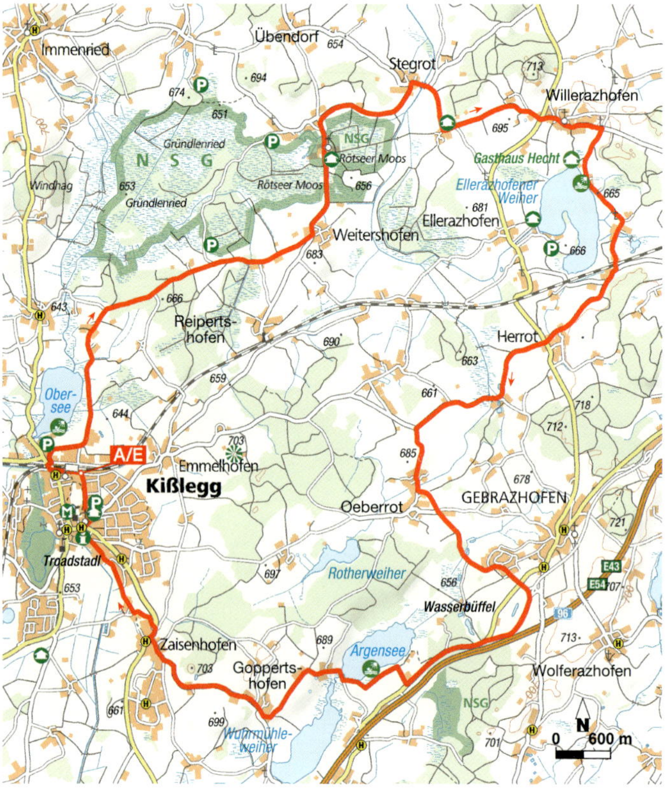

Wir verlassen den Ort auf der Straße Richtung Heggelbach, wählen aber dann gleich die erste Straße nach rechts. Ein auf der anderen Straßenseite stehendes, wunderschön restauriertes Arma-Christi-Kreuz zeigt uns, dass wir richtig sind. Jetzt rauschen wir mit herrlicher Aussicht über den Ellerazhofener Weiher und die nahen Berge abwärts zum Willerazhofener Bad. Das Gasthaus »Hecht« bremst die Hungrigen unter uns aus und die Badelustigen lockt ein Sprung ins Wasser.

Entlang des Sees kommen wir über die Bahnlinie als Nächstes nach Lanzenhofen, wo wir nach rechts radeln und neben einer kleinen Kapelle wieder ein sehr schönes Arma-Christi-Kreuz finden. Am Ortsende teilt sich die Straße, wir halten uns links und folgen der Beschilderung nach Herrot. Dort queren wir die größere Autostraße und vor uns liegt das schöne hügelige Allgäuer Voralpenland mit weiten Fernsichten. Besonders im Mai, wenn die Löwenzahnwiesen blühen, gleiten wir wie berauscht dahin. Vom Hochvogel über das Nebelhorn, vom Immenstädter Horn bis zur Holzgauer Wetterspitze, gegen Süden erhebt sich der mächtige Bergriegel der Allgäuer Alpen.

Über Höhlmühle kommen wir nach Unterrot. Dort halten wir uns erneut links und rollen dann am Wegedreieck geradeaus abwärts, bis wir im Neubaugebiet von Gebrazhofen aufwärts zu einer großen Autostraße strampeln. Bequem geht es nun nach rechts auf einem Radweg parallel zu dieser. Dabei nähern wir uns der großen Lindauer Autobahn A 96, die links von uns verläuft.

Zum dritten und vierten Weiher: Argensee Nach einem Waldstück biegen wir an der Bushaltestelle von Sigrazhofen 2 nach rechts ab, und radeln hinunter zum Argensee, wo wir uns mit einem Sprung ins Wasser erfrischen können. Für die Weiterfahrt schieben wir unsere Räder für wenige Meter auf dem schmalen Wiesen-Trampelpfad in westliche Richtung, also nach links. Der Weg führt hinunter zum Wasser, wird dann deutlich besser und mündet schließlich wieder an einer Teerstraße, der wir nun nach rechts folgen. Dabei passieren wir die sumpfige und von vielen Seerosen überwucherte Verbindung zwischen dem Argensee und dem Wuhrmühleweiher.

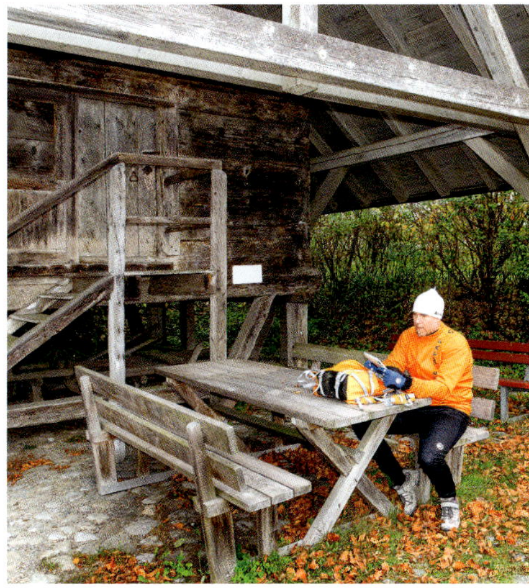

Rastplatz an einem alten Getreidestadl in Willerazhofen

Wieder bergauf kommen wir nach Goppertshofen, wo wir nun auf der Fahrt nach Kißlegg wieder die tollen Ausblicke bis ins schweizerische Rheintal genießen können. Das war dann der letzte Hügel für heute. Jetzt kann man sich nicht mehr verfahren. Kißlegg ist bestens ausgeschildert und liegt schon direkt vor unserer Nase. Durch ein kleines Industriegebiet und entlang einiger Felder erreichen wir so schnell wieder die Ortsmitte und auch der Weg zum Bahnhof, der hinter dem Neuen Schloss liegt, ist eigentlich nicht zu verfehlen. Jetzt ist noch Zeit, sich Kißlegg genauer anzusehen.

Allgäu-Erfahrung: Kißlegg

Kißlegg überrascht den Besucher mit gleich zwei Schlössern. Das eine, Altes Schloss genannt, erinnert mit dem hochgezogenen Giebel noch sehr an gotische Bauten. Seine vier Rundtürme geben ihm ein klein wenig das wehrhafte Aussehen, das man von Burgen gewohnt ist. Doch die Wehrhaftigkeit ist nur vorgetäuscht. Das Schloss ist in der zweiten Hälfte des 16. Jh. erbaut worden. Damals waren Burgen wehrtechnisch überholt, aber man konnte sich einen Adelssitz ohne Türme einfach nicht vorstellen. Das Alte Schloss bewohnt die gräfliche Familie zu Waldburg-Wolfegg und Waldsee, es kann daher nicht besichtigt werden.

Ganz anders gibt sich das neue Schloss, das etwa 150 Jahre später entstanden ist. Die Wehrhaftigkeit ist völlig verschwunden, im Inneren haben der Barock bzw. das Rokoko Einzug gehalten, nur die Fassade erinnert noch an die eben unmodern gewordene Renaissance. Es wird heute von der schönen Marktgemeinde Kißlegg als Museum genutzt und kann dienstags, donnerstags und freitags sowie an Sonn- und Feiertagen nachmittags besichtigt werden.

Die Pfarrkirche St. Gallus und Ulrich besitzt eine prachtvolle Barockausstattung, aus der vor allem die frühbarocke Madonna von Hans Zürn hervorsticht. Wenn es zeitlich möglich ist, sollte man sich den berühmten Silberschatz ansehen, der aus Gründen der Sicherheit nur mit Führung besichtigt werden kann.

6

Von Leutkirch nach Schmidsfelden

Zwei Badeseen und ein Künstlerdorf

mittel | 35 km | 420 Hm | 3.30 Std.

Highlight: Sehenswürdigkeit

Ausgangs- und Endpunkt
Leutkirch, Rathaus

GPS
47.826670, 10.024137

Anfahrt
Auto: Autobahn A 96 München–Lindau, Ausfahrt Leutkirch-West. In Leutkirch zahlreiche Parkplätze und Parkhäuser ausgewiesen. Bahn: Leutkirch liegt an der Württembergischen Allgäubahn Herbertingen–Isny.

Tourencharakter
Rundtour auf Nebenstraßen, Forst- und Radwegen über die Allgäuer Moränenlandschaft mit viel Schatten. Für eine Steilstrecke, für die man ein Mountain- oder ein E-Bike bräuchte, müssen wir schieben, sie kann aber auch umgangen werden.

E-Bike-Ladestation
Leutkirch: Allgäu Bike-Sports, Poststraße 5

Radverleih
Leutkirch: Allgäu Bike-Sports, Poststraße 5 oder Radsport Geser, Bahnhof 5

Information
www.leutkirch.de

Man könnte diese Tour sicherlich bequem zwischen Nachmittagskaffee und Abendessen runterradeln. Aber dann hätte man nur Strecke zurückgelegt. Legt man aber eine ausgiebige Badepause ein und krönt den Tag mit einer Besichtigung der Glasbläserei in Schmidsfelden, dann hat man an diesem Tag für Körper und Geist viel getan und jede Menge Neues über das Allgäu erfahren.

Badefreuden und ein Schlösschen Wir beginnen am Marktplatz von Leutkirch, fahren südwärts über die Marktstraße zur Wangener Straße und biegen dann links in die Herlazhofer Straße ab, der wir fast schnurgerade in südlicher Richtung über Felder bis nach Herlazhofen folgen. Am Ortseingang steht eine kleine, den Wetterheiligen Johannes und Paulus geweihte

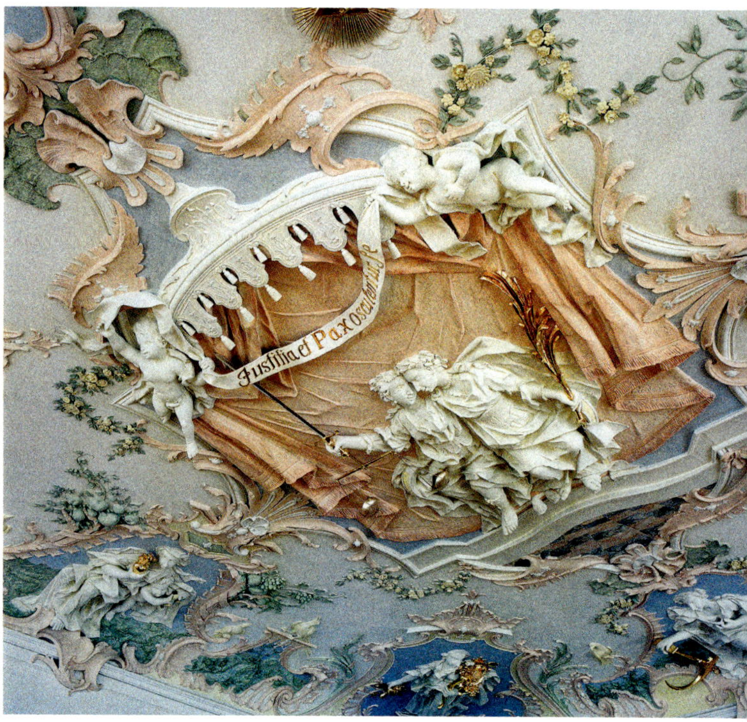

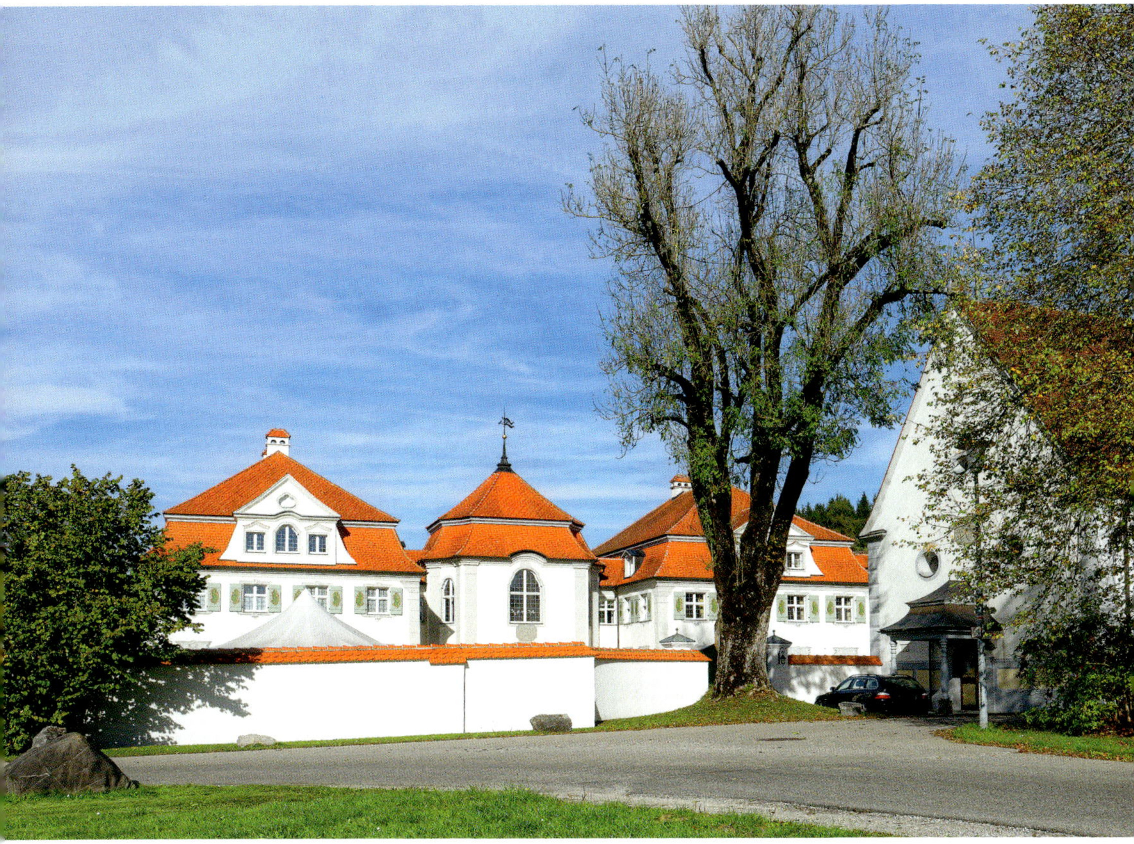

Schloss Rimpach der Fürsten Waldburg-Zeil bei Friesenhofen

Linke Seite: Der Festsaal im Alten Rathaus von Leutkirch ist reich mit Stuck ausgestattet.

Kapelle. Diese beiden Heiligen sind heute weitgehend vergessen. In der Barockzeit standen sie in hohem Ansehen, weil man glaubte, sie würden vor schädlichen Sommergewittern schützen. Kurz darauf beeindruckt die alte Linde am Gasthof »Halde«, die einen gewaltigen Stammumfang aufweist. Wir folgen der Straße über die weite Rechtskurve und biegen etwa 100 m nach dem Dorfplatz links in die Moorbadstraße ein. Sie bringt uns an zwei getrennt stehenden Einzelhöfen vorbei zu einer Straßengabel am Waldrand. Wer jetzt schon Abkühlung braucht, fährt gut 300 m nach rechts und kann sich im Moorfreibad des Hinterweihers neben dem Campingplatz erfrischen. Wir fahren an der Straßengabel nach

Guten Appetit

Wir waren etwas später dran und so haben wir bereits in Herlatzhofen im Gasthaus »Halde« zu Mittag gegessen. Die Bedienung war flink, das Bier der kleinen Brauerei Härle aus Leutkirch war gut und das Allgäuer Töpfle, ein Schweineschnitzel mit Spätzle und Rahmsoße, ein Hochgenuss (Sa, So, Di, Fr mittags und abends warme Küche, Mo und Do nur abends, Mi Ruhetag).

links, passieren den zweiten großen Campingplatz auf der Südseite des Weihers und folgen stets der weiß-gelben Wegmarkierung. Diese führt uns in ziemlich wildem Zickzack durch den Wald hindurch. Es ist ein bisschen wie bei einer Schnitzeljagd, bei der man die Hinweise einfach nicht aus den Augen verlieren sollte. Wenn wir keine übersehen haben, führen sie uns zur

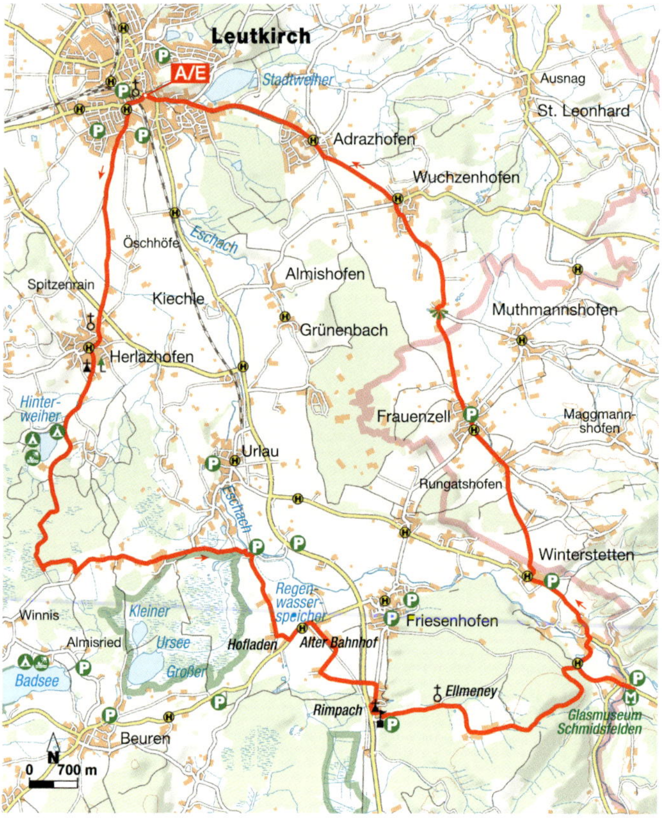

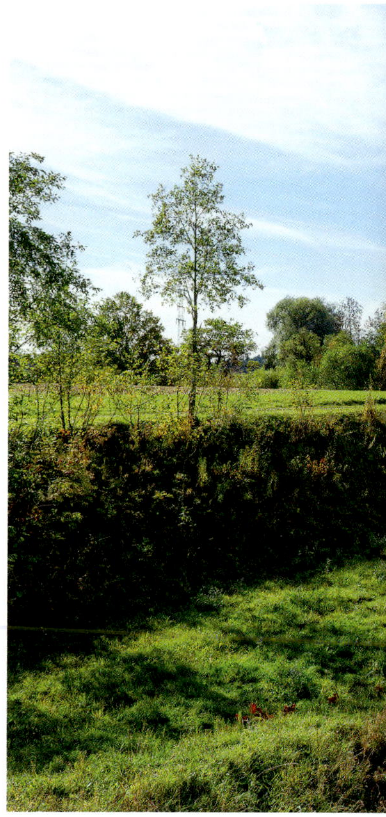

Missener Straße an den Waldrand. Hier gibt es nochmals die Möglichkeit, einen Abstecher nach rechts zum Badsee, auch Haldensee genannt, zu radeln.

Wir biegen links ab und fahren durch Missen und dann noch knapp 500 m weiter. Dort biegt die Fahrstraße scharf links ab. Wir jedoch radeln auf dem jetzt ungeteerten Weg geradeaus weiter und erreichen eine Schleusenanlage. Sie regelt die beiden Bäche Fetzach und Eschach und kann bei Hochwasser Wasser in das große Staubecken ableiten, das unübersehbar links von unserem Weg liegt. Nach der Schleuse biegen wir rechts ab, lassen also das Hochwasserbecken links liegen und erreichen den Weiler Speckenloch. Hier verleitet uns der Boschenhof mit seinem kleinen Hofladen dazu, unsere Käse- und Wurstvorräte aufzufüllen.

Nun biegen wir links in die Straße ein, die uns direkt zur größeren Autostraße bringt. Nochmals links erreichen wir den ehemaligen Bahnhof von Friesenhofen. Die Bahn ist schon längst

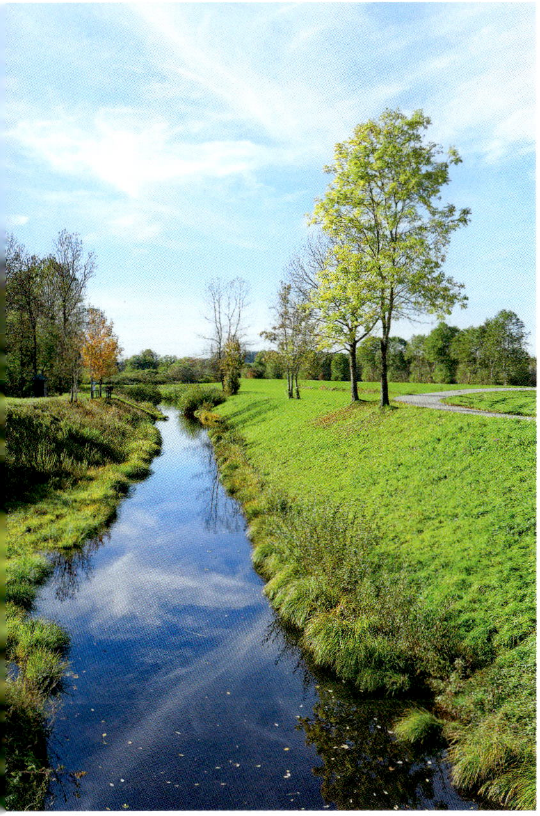

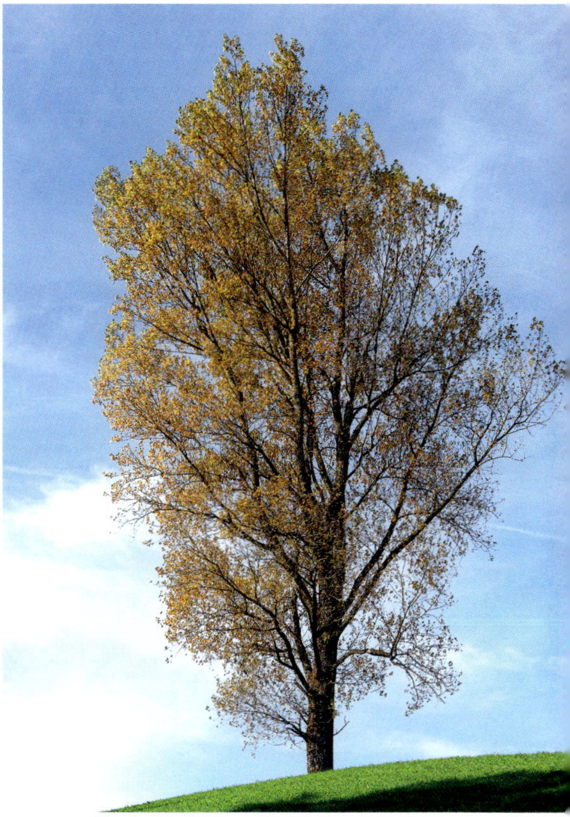

aufgelassen, aber wir können der alten Bahnlinie rechts durch ein Gewerbegebiet folgen. Am Ende der Häuser biegen wir rechts ab, fahren auf ein Gut zu und dann links zur größeren Straße, die nach Isny führt. Wir überqueren sie und erreichen nach rechts Rimpach mit seinem schönen Schloss. Erbaut wurde es im 18. Jh. als Jagdschloss des Bischofs von Chiemsee, Franz Karl Eusebius von Waldburg-Friedberg und Trauchburg. Heute gehört es den Fürsten von Waldburg-Zeil und ist, weil in privatem Besitz, nur von außen zu besichtigen. Neben dem Schloss steht die Schlosskapelle St. Leonhard, deren feine Rokokoausstattung wir wenigstens durch ein Guckloch auf der Westseite bestaunen können. Südlich des Schlosses beginnt die Straße nach Ellmeney und Schmidsfelden.

Herbstbaum am Hinterweiher bei Herlatzhofen

Links: Fetzachgraben bei Urlau

Zum Glasbläserdorf Dieser Weg bedeutet gut 150 Hm Anstieg, und das heißt schieben, wenn man nicht mit viel Kondition ausgestattet ist oder ein E-Bike besitzt. Wem das zu viel ist, der nimmt die unten beschriebene Variante.

Wir fahren zunächst auf einer bequemen Teerstraße Richtung Ellmeny. Das sind eigentlich nur vier Bauernhöfe mit einer wunderschönen Kapelle, die 1736 erbaut wurde. Nach dem Dorf endet der Teer, die Straße führt zuerst am Waldrand entlang und schwenkt dann nach rechts in den Wald hinein. Ab hier wird der Weg steil und ist überdies miserabel schlecht, sodass wohl für die meisten schieben angesagt ist. Aber ein bisschen Abenteuer darf schon sein und ist obendrein sehr lustig und abwechslungsreich. Nach einer kleinen Lichtung wird es wieder flacher, dann geht es steil abwärts zum geteerten Riedweg, der uns nach rechts direkt nach Schmidsfelden führt.

(Variante: Wir fahren von Rimpach durch das Dorf zurück, passieren die Stelle, an der wir auf die Dorfstraße gestoßen sind und erreichen Friesenhofen. Unmittelbar am Dorfeingang biegt rechts der Riedweg ab, der nach Schmidsfelden führt. Kurz vor dem Waldrand trifft der Weg von Ellmeny auf unsere Straße, dann haben wir Schmidsfelden erreicht.)

Allgäu-Erfahrung: Leutkirch im Allgäu

Leutkirch im Allgäu ist eine moderne Stadt, die sich weit in die Umgebung hinein ausgebreitet hat. Bei der großen Eingemeindungswelle 1972 wurden zahlreiche bis dahin selbstständige Gemeinden der Stadt angegliedert, sodass wir auf unserer Radtour das Stadtgebiet kaum verlassen. Damals fiel auch Schmidsfelden an Leutkirch, in dem ein Balthasar von Schmidsfeld im 19. Jh. eine Glashütte betrieben hatte. 1898 mussten seine Erben den Betrieb einstellen. Mit den Industrieglashütten, die damals an Orten entstanden sind, die verkehrsgünstiger lagen, konnte die handwerklich betriebene Hütte nicht mehr konkurrieren. 100 Jahre lagen die Häuser der Glashütte mehr oder weniger brach und verfielen zusehends. Ende des vergangenen Jahrhunderts erkannte man, dass damit ein Stück Geschichte des Allgäus Gefahr lief, verloren zu gehen. So wurden die Anlagen auf Initiative des Vereins Heimatpflege Leutkirch renoviert, instandgesetzt und wiederbelebt.
Heute kann man einem Glasbläser und einer Glasperlenmacherin bei ihrer Arbeit zusehen. Ein Museum mit angeschlossenem Laden zeigt nicht nur die unglaubliche Vielfalt dieser alten Handwerkskunst, sondern verlockt auch zum Kauf von Glaskunst.

Hier können wir uns in der alten Remise im Café erholen, ehe wir die Glasmacherwerkstätten besuchen und uns eventuell ein Andenken mitnehmen.

Landlust und Landluft Zurück geht es zunächst auf der Straße, auf der wir gekommen sind, dann nehmen wir aber nicht den Riedweg, sondern radeln weiter am Waldrand entlang und passieren dabei den Emerlander Weiher. Kurz darauf treffen wir auf eine große Landstraße und folgen ihr nach links nach Winterstetten. Im Ort geht es dann rechts Richtung Frauenzell. Beim Anstieg auf das alte Hochufer der Kürnach überqueren wir die Grenze nach Bayern. In Frauenzell müssen wir aufpassen. Im Ort biegt die Hauptstraße rechts ab, wir fahren aber geradeaus weiter Richtung Wuchzenhofen. 100 m nach dem letzten Haus von Frauenzell biegt links ein Weg ab, der direkt nach Leutkirch führt. Wir haben die Straße vorgezogen, obwohl sie etwas ansteigt. Oben in Luttolsberg ergibt sich so eine feine freie Sicht auf die Kette der Allgäuer Alpen, wie sie schöner nicht sein könnte. Von jetzt an geht es nur noch abwärts. In Wuchzenhofen biegen wir von der Hauptstraße links ab, fahren vor zur Schule und den Sportplätzen, um von dort wieder rechts in Andrazhofen auf eine Straße zu treffen, die uns gut ausgeschildert direkt ins Zentrum von Leutkirch zurückführt.

Im Glasmacherdorf Schmidsfelden dürfen wir den Handwerkern über die Schulter schauen.

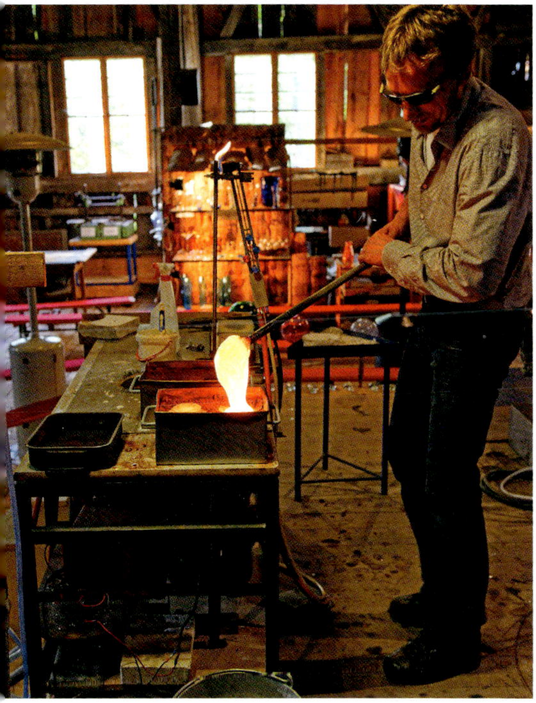

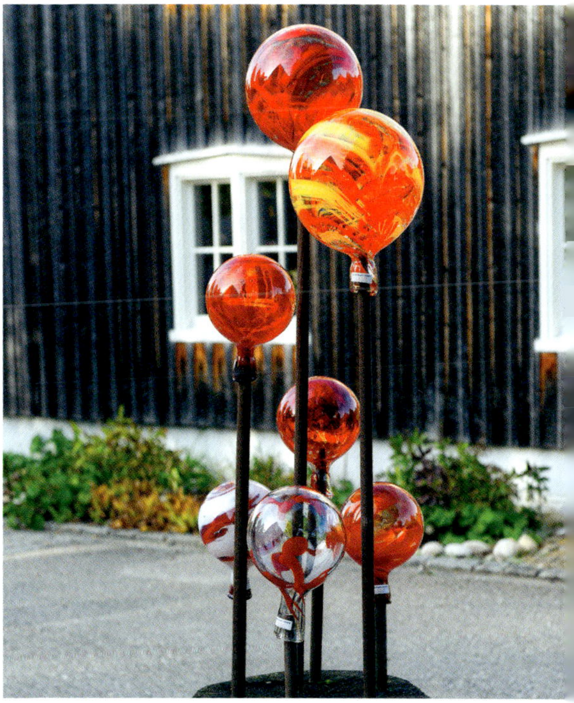

7

Um Maria Steinbach

Zwei Wallfahrtskirchen und ein Museum

leicht | 22 km | 250 Hm | 2 Std.

Highlight: Sehenswürdigkeit

Ausgangs- und Endpunkt
Maria Steinbach

GPS
47.888842, 10.138019

Anfahrt
Auto: Autobahn A 96, Ausfahrt Aitrach nach Lautrach. Auf der St 2009 weiter Richtung Süden. Wir bleiben auf dieser Illerseite und biegen gut 1 km nach der Abzweigung Illerbeuren links nach Maria Steinbach ab; großer Parkplatz gegenüber der Kirche.

Tourencharakter
Rundtour meist auf geteerten, aber wenig befahrenen Straßen und auf ungeteerten Feldwegen. Etwa 1 km müssen wir das Rad schieben, was durch einen großartigen Ausblick belohnt wird.

E-Bike-Ladestation
Illerbeuren, am Gemeindeamt

Radverleih
keiner

Information
www.vg-illerwinkel.de

Gleich über drei kulturelle Höhepunkte erfahren wir heute mehr auf dieser Radrunde. Das schwäbische Bauernhofmuseum in Illerbeuren bringt uns die bäuerliche Welt unserer Großeltern nahe und zwei Wallfahrtskirchen führen uns feinste Barockkunst vor Augen. Zwischen diesen Highlights erfreut uns das liebliche Allgäuer Voralpenland mit dem Illerhochufer.

Zurück in die Geschichte Wir beginnen unsere Radtour an der prachtvollen Wallfahrtskirche in Maria Steinbach, fahren den Kirchenhügel abwärts und unten dann links durch das Dorf. Beim Gasthof »Löwen« (geschlossen) geht es wieder leicht aufwärts auf das alte Hochufer der Iller. Kurz vor dem letzten Haus des Ortes steht auf der rechten Straßenseite eine uralte Linde. Wenn es nicht ganz am Anfang der Tour wäre, würde uns die Bank unter dem Baum zu einer Rast verleiten. Trotzdem lohnt sich ein Blick zurück, denn er zeigt uns die Wallfahrtskirche in ihrer ganzen Pracht hoch über dem Ort.

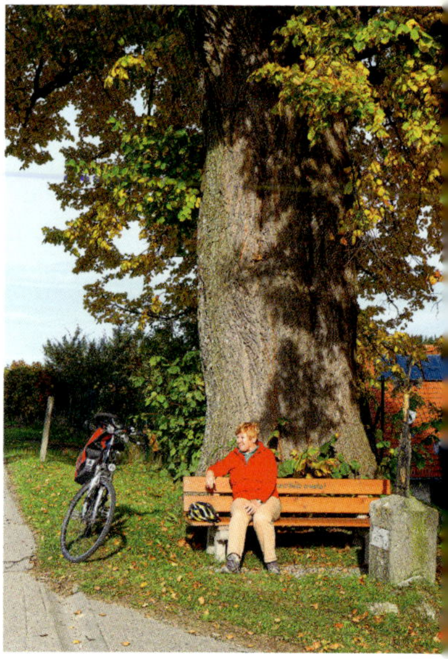

Nur wenige Meter weiter biegt rechts ein Feldweg ab, der durch den Wald nach Illerbeuren führt. Diesen Weg nutzen wir nicht, denn wir kennen ein ganz besonderes Vergnügen. Dafür fahren wir abwärts zur Hauptstraße und biegen rechts in den Rad- und Wanderweg ein, der uns parallel zur Straße im Wald nach Illerbeuren bringt. Jetzt kommt eine Überraschung. Obwohl man dem Weg sein Gefälle nicht ansieht, führt er doch ganz gleichmäßig abwärts.

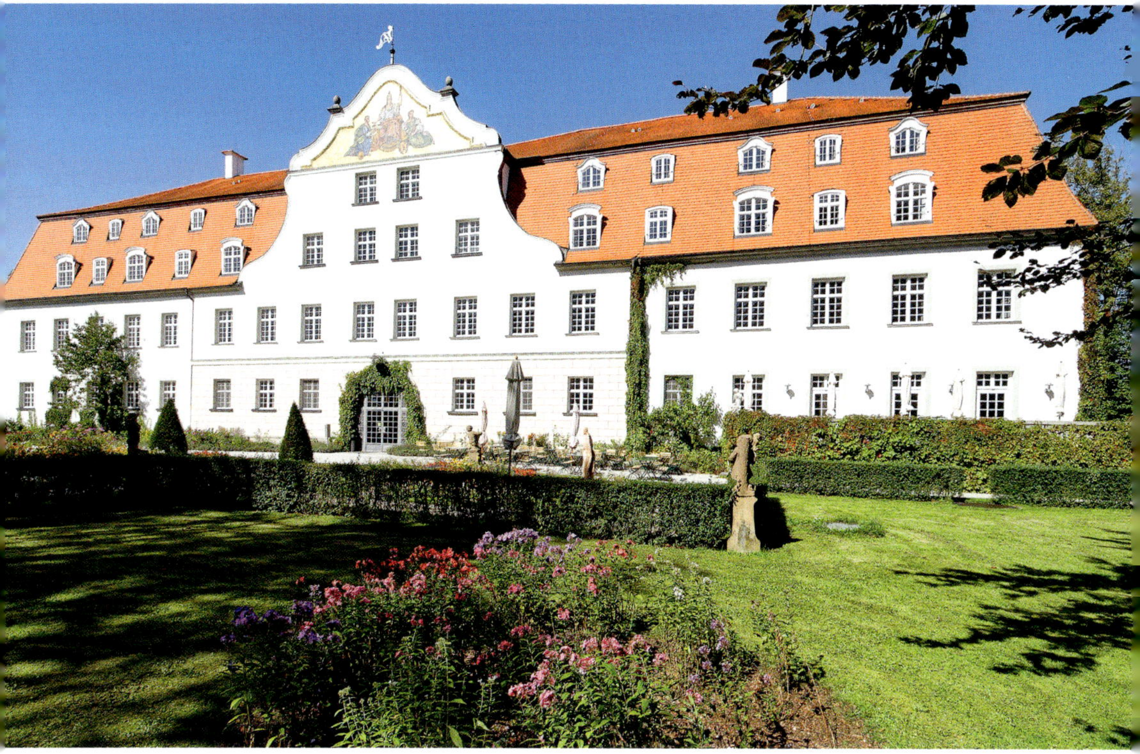

Wir gestehen es gerne, wir haben es als Genuss empfunden, rund 1 km in respektablem Tempo zu radeln, ohne einmal treten zu müssen. Das Geheimnis ist einfach, wir fahren auf der alten Bahntrasse, die bis 1972 von Memmingen nach Legau führte. Kurz vor Illerbeuren queren wir die Iller und sind schon in dem bekannten Dorf angekommen.

Das Schloss von Lautrach im Kreis Unterallgäu wurde 1781 erbaut.

Linke Seite: An der alten Linde am Ortseingang von Maria Steinbach ist gleich die erste Rast fällig.

In Illerbeuren sollten wir unsere Radrunde unterbrechen und dem in ganz Süddeutschland bekannten Schwäbischen Bauernhofmuseum einen Besuch abstatten. Der Weg zum Museum ist gut ausgeschildert.

Guten Appetit

Der malerische »Gromerhof« mit seinem bunten Fachwerk gehört eigentlich zum Freilichtmuseum Illerbeuren, ist jedoch als Gasthaus frei zugänglich. Hier legt man großen Wert auf schwäbische Küche, bietet aber auch ausgewählte vegetarische Mahlzeiten an (Mo Ruhetag).

Illererlebnissteg Nach der Besichtigung radeln wir in der Kronburger Straße weiter. Sie führt bis Wagsberg am Hochufer der Iller entlang, dann biegt sie links ab, um eine alte, schon längst ausgetrocknete Flussschleife zu umrunden. Kurz vor den nächsten Bauernhäusern biegen wir rechts ab und kommen zu einer Straßengabel vor Unterbinnwang. Wie nehmen den rechten Zweig, radeln durch Unterbinnwang und erreichen schließlich Oberbinnwang, wo die Straße nach links abschwenkt. Genau an dieser Stelle führt ein Feldweg in südlicher Richtung aus dem Dorf. Den nutzen wir und kommen nach etwa 500 m an einen Wald.

(Abstecher: Hier können wir nun einen Abstecher nach links einlegen, wobei wir ein Stück davon schieben müssen. Zunächst führt er am Waldrand entlang und macht dann einen Knick nach rechts zum Illerhochufer. Dann folgt das Schiebestück oder wir parken die Räder. Ein Stück weiter öffnet sich der Wald, der uns bisher den direkten Blick auf die Iller verwehrt hat. Wir sind am Aussichtspunkt Rotkreuz und unter uns liegen die Illerschleife bei Kaltbronn und das weite Illertal).

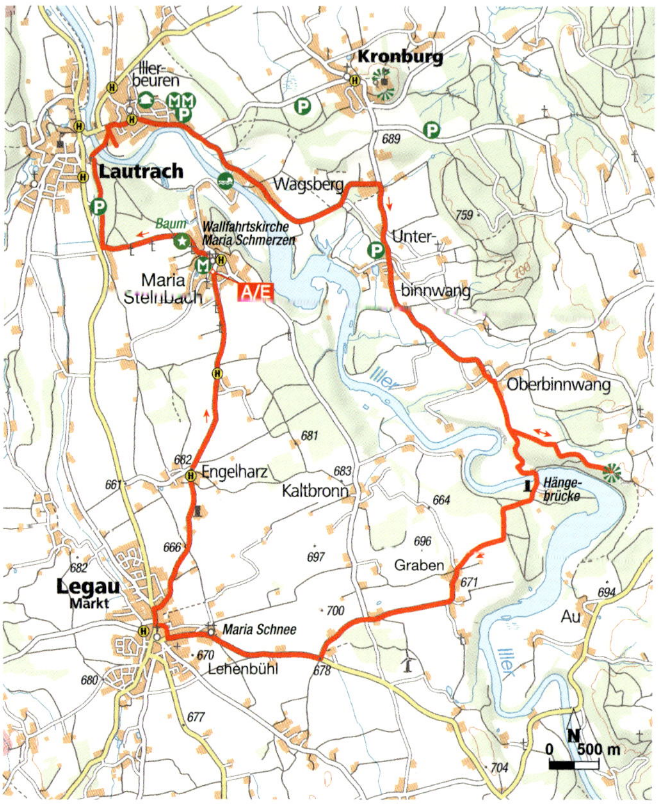

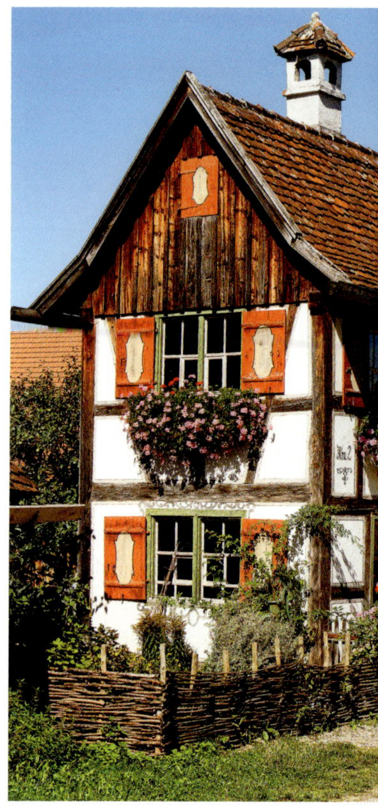

Das kleine Worringer Häusle im Schwäbischen Bauernhofmuseum von Illerbeuren

Der direkte Weg führt relativ steil mit 17 % Gefälle hinunter an die Iller (wenn viele Wanderer unterwegs sind, schieben wir besser), wo wir dann am neu angelegten Illererlebnissteg mit seinem Aussichtsturm und der 81 m langen Hängebrücke eine

Rast einlegen. Natürlich besteigen wir den Aussichtsturm und bestaunen die Fischtreppe, außerdem können wir die Füße ins Wasser strecken und Kinder haben viel Platz zum Spielen.

Dann schieben wir die Räder über die Brücke und radeln auf der anderen Flussseite wieder bergauf. So kommen wir über Felder nach Graben, wo sich die Straße nach links wendet und wir dann der Beschilderung nach Legau dem Straßenverlauf nach rechts folgen. Wir stoßen auf eine größere Autostraße, der wir nun nach rechts in den Legauer Ortsteil Lehenbühl mit der Wallfahrtskirche Maria Schnee folgen. Auch hier lohnt sich der Blick in das barocke Innere, die Kirche wurde ursprünglich als Pestkirche außerhalb des Ortes erbaut. Danach radeln wir weiter auf der Lehenbühlstraße zum Marktplatz von Legau. Nach der Pfarrkirche biegen wir rechts auf die Lautracher Straße ab,

Allgäu-Erfahrung: Bayerns ältestes Freilichtmuseum

Der Restaurator, Bildhauer und Kreisheimatpfleger Hermann Zeller stellte zur 2000-Jahr-Feier der Gemeinde Illerbeuren seine reiche heimatkundliche Sammlung zur Verfügung, sodass 1955 die offizielle Eröffnung des Bauernhofmuseums festlich begangen werden konnte. Damit wurde es zum ersten und somit ältesten Freilichtmuseum Bayerns. War es ursprünglich nur ein Haus, das den-Besuchern offenstand, so kann man inzwischen in mehr als 30 Gebäuden in die Vergangenheit schauen. Großen Wert legt die Museumsleitung auf den Erhalt alter und schon fast vergessener Arbeitstechniken, die der Besucher miterleben oder sogar erlernen kann. Einzigartig wahrscheinlich in ganz Europa ist die Lage des Museums.

Folgt man in Illerbeuren den Schildern zum Museum, so kommt man zum Dorfplatz. Auf der einen Seite steht die Kirche, auf der anderen ein Wirtshaus und ein paar schöne Bauernhäuser. Das Museum ist in einzigartiger Weise in das Dorf integriert, so gut, dass man erst beim zweiten Hinsehen den Eingang entdeckt. Einen Teil der Häuser musste man schließlich gar nicht erst versetzen, sie standen seit Jahrhunderten am Ort. Und die anderen, die man hierherbrachte, hat man so geschickt aufgestellt, dass man glaubt, sie seien immer schon hier gestanden. Das gilt auch für das Schützenmuseum, das im ehemaligen Pfarrstadel untergebracht ist. Es zeigt die Entwicklung des Schützenwesens und seiner Waffen vom Mittelalter bis in die Neuzeit.

die wir jedoch schon nach knapp 300 m wieder rechts in die Steinbacher Straße verlassen. Sie bringt uns über weite Wiesen und Felder und durch den Ort Engelharz durchwegs eben direkt nach Maria Steinbach zu unserem Ausgangspunkt zurück.

8

Von Buxheim nach Illerbeuren

Kultur zwischen Iller, Aitrach und Lautrach

mittel | 40 km | 400 Hm | 3.45 Std.

Highlight: Sehenswürdigkeit

Ausgangs- und Endpunkt
Buxheim, Kartause

GPS
48.000520, 10.133728

Anfahrt
Auto: Autobahn A 96 Richtung Lindau, Ausfahrt Memmingen-Nord, Beschilderung nach Buxheim folgen. Dort gebührenpflichtige Parkplätze an der Kartause Buxheim. Bahn: Mit dem Zug von Memmingen nach Tannheim/Baden-Württemberg, dann setzt die Tour erst dort ein.

Tourencharakter
Rundtour meist auf Radwegen und kleinen Nebenstraßen, zur Hälfte im Schatten. Zwei Steigungen sind zu bewältigen.

E-Bike-Ladestation
Buxheim, im Brunogarten am Eingang zum Kartausenmuseum; Illerbeuren, am Gemeindeamt

Radverleih
Memmingen: Heiss Radcenter, Rudolf-Diesel-Straße 18

Information
www.buxheim.de

Völlig klar, um mehr über das Allgäu zu erfahren, brauchen wir Zeit. Diese Zeit gönnen wir uns auf der mit viel Kunst und Kultur gespickten Runde zwischen Illerbeuren und Buxheim. Das Klostergestühl in Buxheim und das Bauernhofmuseum in Illerbeuren liegen direkt an der Strecke, die sich stets entlang der Grenze zwischen Bayern und Baden-Württemberg zieht.

Ins Württembergische Wir starten am Eingang zur Buxheimer Kartause und radeln zurück auf die dorthin führende Zufahrtsstraße. An der Vorfahrtsstraße wenden wir uns links und rollen auf der Hauptstraße bergab entlang des malerischen Mühlbachs. Es geht unter der Eisenbahn hindurch, danach wählen wir rechts die Illerstraße. Sie bringt uns, vorbei am Wanderparkplatz, zur Iller, wo wir etwas abenteuerlich auf einem kleinen Fußweg unterhalb der Eisenbahnbrücke schiebend zum anderen Ufer gelangen. Hier stehen wir nun schon in Baden-Württemberg und wenden uns auf dem Illerradweg für 200 m nach Süden. Gleich darauf zweigt rechts ein Weg ab, dem wir durch Arlach mit seiner kleinen Kapelle St. Michael folgen. Über Felder queren wir den Illerkanal und kommen so nach Tannheim.

Über Keltengräber entlang der Aitrach nach Aichstetten Vorbei am Bahnhof und dem auffälligen rosafarben Raiffeisenturm biegen wir unmittelbar vor der Bahnschranke links in den Härdtleweg ein. So kommen wir in den Wald, wo wir gleich darauf auf die auffälligen Hügelgräber aus der Hallstattzeit treffen. Mit ein wenig Orientierungssinn folgen wir dem Hauptweg zunächst geradeaus durch den Wald, dann halten wir uns links, bis wir in der Nähe des Illerkanals wieder auf einen größeren Waldweg treffen, dem wir weiter flussaufwärts folgen. So erreichen wir den Weiler Mooshausen. Am wunderbar restaurierten Pfarrhaus, in dem heute ein Museum untergebracht ist, biegen wir links in die Bärtlestraße ein und passieren die kleine Dorfkirche. Am Ortsausgang queren wir die größere Autostra-

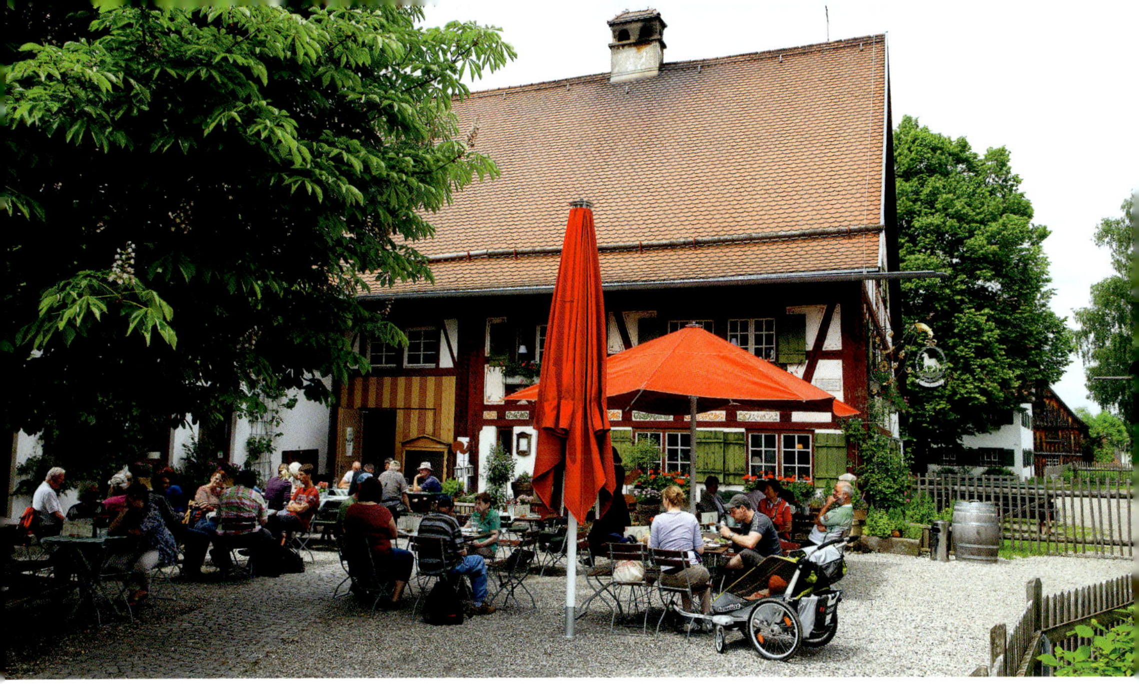

Im malerischen »Gromerhof« am Schwäbisches Bauernhofmuseum von Illerbeuren lässt es sich gut einkehren.

ße, im Anschluss die Bahnlinie und müssen etwas Kraft für den kleinen Anstieg sammeln. Wenn wir den Wald verlassen, haben wir es geschafft.

Die Straße endet an einem Bauernhof, den wir nach links und gleich wieder rechts umrunden. Nun fällt die Straße zum Haslacher Stausee hinab. Doch Vorsicht ist geboten, eine Schranke versperrt den Weg. Wir bleiben geradeaus und radeln auf dem schattigen Uferweg, den See zu unserer rechten Seite. An seinem Ende müssen wir über den kleinen Zulauf, danach radeln wir links und biegen gleich darauf erneut links ab. Nun stets geradeaus, alle Abzweigungen ignorierend, stoßen wir schließlich auf eine Autostraße. Auf ihr radeln wir nach links nun leicht bergauf und folgen dieser Straße für knapp 900 m. Dann verlassen wir die Straße rechts in einen Forstweg, der schnurgerade nach Süden verläuft und nach Aitrach ausgeschildert ist. Nach ca. 700 m biegen wir links ein und folgen dem Waldlehrpfad abwärts (Vorsicht, am Ende gibt

Guten Appetit

In Aichstetten steht das moderne Restaurant »Meyerei«, dessen gute Küche uns sehr imponiert hat. Es gibt leckere Salate, italienische Wochen und mit Käsespätzle und Zwiebelrostbraten genug Gerichte, um einen Allgäuer zu begeistern. Aber besonders gut haben wir das Schnitzel Meyerei in Erinnerung, das uns von der freundlichen Bedienung als Spezialität des Hauses empfohlen wurde. Sein angenehm kräftiger Geschmack kommt von dem Limburger, mit dem das Fleisch reichlich überbacken ist (kein Ruhetag).

es eine Schranke!), bis wir am Kneipptretbecken vorbei die Aitrach queren.

Nun radeln wir auf das große Betonwerk zu, wenden uns dann aber vor den Eisenbahnschienen rechts und folgen nun der Beschilderung nach Aichstetten auf der kleinen Landstraße. Der kleine Fluss Aitrach lässt sich neben uns oft nur erahnen, erst kurz vor Aichstetten begleitet er uns direkt am Weg.

Über Lautrach und Iller zum romantischen Museumsdorf In Aichstetten radeln wir zur Ortsmitte und halten auf die Kirche zu. Direkt vor dem Gotteshaus biegen wir links in die Kirchstraße ein und folgen ihr hinauf bis zur Hauptstraße. Auf ihr geht es nach links, dann an der Bahnschranke rechts der Beschilderung nach Lautrach folgen. Noch eine Steigung steht uns bevor, bis wir schließlich über zwei Kurven hinab nach Lautrach rollen. Durch den Ort fließt die Lautrach, der wir bis zur Hauptstraße folgen. Auf ihr radeln wir ein Stück nach rechts, queren zunächst die Lautrach, die sich hier mit der Iller vereint, und biegen dann links über die neue Illerbrücke zurück auf bayerischen Grund und Boden.

Gleich nach der Brücke geht es links und wir folgen der Beschilderung zum Bauernhofmuseum Illerbeuren. Bei einem

Allgäu-Erfahrung: Buxheim und seine Kartause

Die Kartäuser waren ein katholischer Orden, der seine einzige Aufgabe darin sah, Gott zu loben, Buße zu tun und für andere zu beten. Die Mönche lebten vollkommen abgeschnitten von der Welt in kleinen Zellen, die rund um einen Kreuzgang gebaut waren. Die Hochblüte des Ordens war das hohe Mittelalter, dann begann ein langsamer, aber stetiger Rückgang, bis im ausgehenden 18. Jh. und dann bei der Säkularisation alle Ordensniederlassungen geschlossen wurden. Die Klöster wurden verkauft, meist abgebrochen oder verfielen ganz einfach. Eines der wenigen Klöster Europas, das zumindest als Bau erhalten blieb, ist Buxheim bei Memmingen. Dort können Besucher den Kreuzgang mit den Mönchshäuschen besichtigen und sich in einem Museum über den Orden informieren. Die größte Sehenswürdigkeit ist jedoch das prunkvolle Chorgestühl, das von Ignaz Waibl im späten 17. Jh. geschnitzt wurde. 1883 wurde das Kunstwerk von dem damaligen Besitzer des Klosters, Graf Waldbott von Bassenheim, nach England verkauft. 1980 konnte es zurückerworben werden, sodass es nach einer aufwendigen Restaurierung wieder an seinem alten Platz zu bewundern ist.

Rundgang durch das Freilichtmuseum tauchen wir tief in die bäuerliche Vergangenheit ein. Wir entdecken Unbekanntes, manchmal fast schon Vergessenes und einiges, was sich bis heute erhalten hat. Die wunderbaren historischen Bauernhäuser sind liebevoll mit Blumen geschmückt, es gibt eine sehr schöne Einkehrmöglichkeit und viele Veranstaltungen vor allem an den Wochenenden.

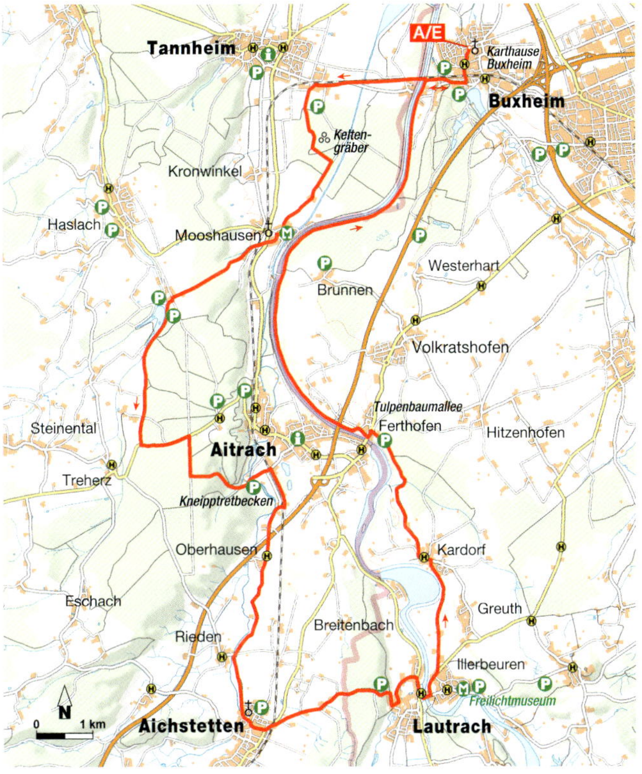

Auf dem Illerradweg zurück

Nach der Besichtigung radeln wir zurück zur Memminger Straße, der wir nun für 100 m nach rechts folgen, bevor wir dann links in Richtung Kardorf einbiegen. Über Felder geht es am Illerstausee entlang, von dem wir aber zwischen den Bäumen hindurch nur wenig zu sehen bekommen.

In Kardorf halten wir uns links, unser nächstes Ziel ist Ferthof. Auf dem Weg steht uns die letzte Auffahrt bevor. Sie ist schnell geschafft, und flott geht es hinunter nach Ferthof. Im Ort geht es nun wenige Meter nach links, dann gleich wieder rechts auf den Illerradweg. Buxheim, unser Ausgangsort, ist hervorragend ausgeschildert. So kommen wir nun an die Iller und radeln herrlich einsame 9 km entlang dem Fluss abwärts. Das müssen wir genießen. Vorbei an Staustufen und dem Illerbruch erreichen wir wieder die Eisenbahnbrücke, die wir vom Hinweg kennen. Nun ist es nicht mehr weit zurück zur Kartause Buxheim, für die hoffentlich noch etwas Zeit übrig ist, denn dieses wunderbare Klosterkleinod ist es wert, besichtigt zu werden.

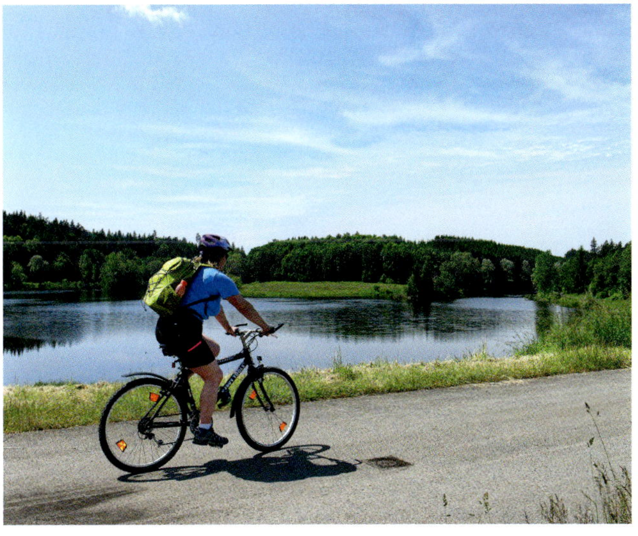

Radfahrerin am Haslacher Stausee, dem Hochwasserrückhaltebecken des Rappenbachs

9 Von Memmingen nach Ottobeuren

Eine Reichsstadt und eine Reichsabtei

mittel | 36 km | 330 Hm | 3 Std.

Highlight: Stadtspaziergang

Ausgangs- und Endpunkt
Memmingen, Marktplatz

GPS
47.986342, 10.181085

Anfahrt
Auto: Auf der Lindauer Autobahn A 96, Ausfahrt Memmingen-Ost Richtung Stadtzentrum fahren und in einem der zahlreichen Parkhäuser parken.
Bahn: Memmingen ist aus allen Richtungen mit der Bahn gut erreichbar.

Tourencharakter
Mit leichtem Auf und Ab, wie im Voralpenland üblich, führt unser Weg durch das Bauernland zwischen Memmingen und Ottobeuren. Ein Stück vor unserem Ziel wird der sonst immer gute Weg ungewöhnlich schlecht und weil er noch dazu sehr steil ist, steigen wir Normalradler ab und schieben. Dafür entschädigt uns eine lange Strecke nach Ottobeuren mit ihrem steten Gefälle. Insgesamt wenig Schatten.

E-Bike-Ladestation
Memmingen: Schrannenplatz

Radverleih
Memmingen: Heiss Radcenter, Rudolf-Diesel-Straße 18 (auch Ladestation); Ottobeuren: Annes Bike Shop, Marktplatz 10 (auch Ladestation)

Information
www.memmingen.de, www.ottobeuren.de

Ein kleines, aber interessantes Naturschutzgebiet, weite Wiesen und Felder auf flachen Hügeln begleiten uns nach Ottobeuren, das von seinem gewaltigen Kloster geprägt ist. Der Rückweg führt uns auf einem ehemaligen Bahndamm durch das Tal der Günz zurück nach Memmingen, wo wir dann noch viel Zeit haben, die Stadt zu besichtigen.

Zur Reichsabtei Start ist am Marktplatz von Memmingen, wo wir durch die Kalchstraße Richtung Bahnhof fahren. Eine Unterführung bringt uns auf die andere Seite der Gleisanlagen. Unmittelbar nach der Unterführung biegen wir rechts in spitzem Winkel in die Freudenthalstraße ein, die vor dem städtischen Schwimmbad endet. An ihm vorbei kommen wir über die Kastanienallee zum breiten Tiroler Ring. Hier geht es etwa 250 m nach rechts, dann biegen wir links in die Riedbachstraße ein. Sie bringt uns zu den auffälligen Bauten der Firma Rohde & Schwarz. Genau gegenüber zweigt links der schmale Hoppenriedweg ab, auf dem wir über Wiesen und Felder zum Naturschutzgebiet Benninger Ried kommen. Das wollen wir uns genauer ansehen und deshalb fahren wir zum Ortsrand von Benningen und biegen bei dem Parkplatz links zur Riedkapelle ab. Das ist eine uralte Wallfahrtskirche, die auf ein legendäres Hostienwunder zurückgeht. Vor der Kapelle führt ein Trampelpfad über eine feuchte Wiese zu einem Holzsteg, von dem man das aus dem Boden quellende Wasser gut beobachten kann, das das Benninger Ried zu einem Feuchtgebiet macht. Das Benninger Ried steht unter Naturschutz, aufwendige Renaturierungsmaßnahmen sorgen dafür, dass es in seiner Einmaligkeit erhalten bleibt.

Wir kehren zum Parkplatz zurück und nehmen den Kapellenweg, der die Memminger Straße kreuzt und dann zur Raiffeisenstraße wird. Immer weiter geradeaus passieren wir die Dorfkirche. Dann beginnt die Alpenstraße, die schließlich zur Straße Am Zeil wird. Auf ihr fahren wir einen Haken nach links und erreichen die große Ortsumgehung. Wir überqueren sie und

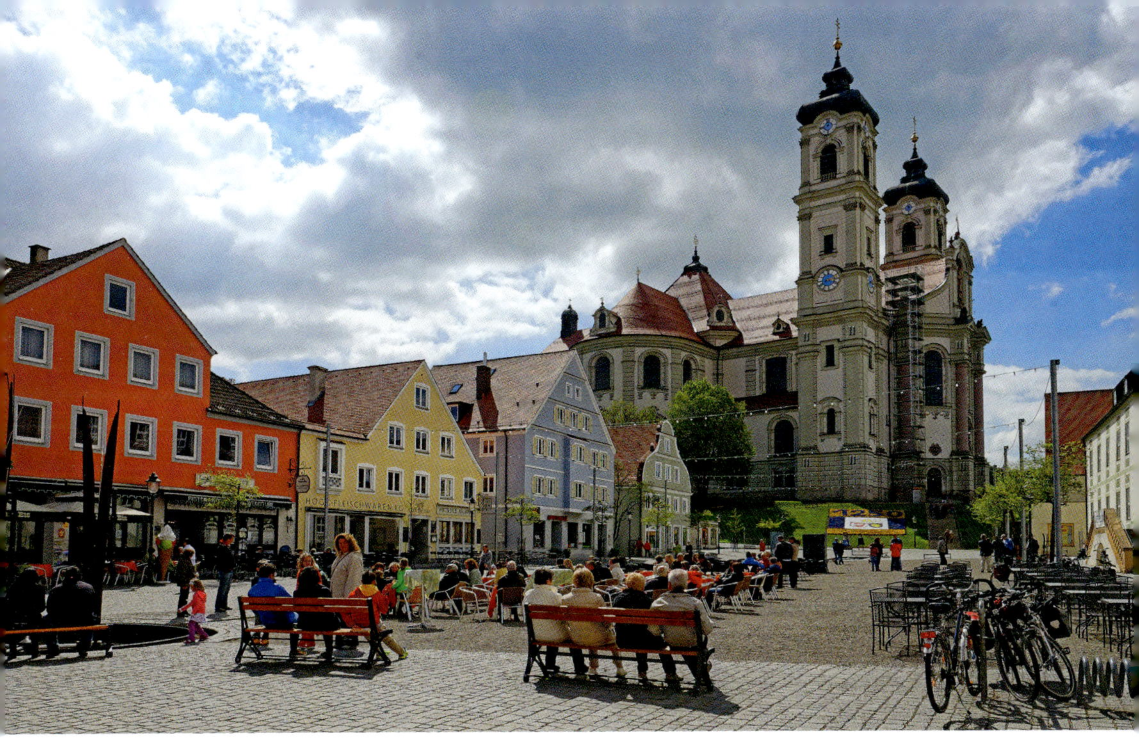

Am Marktplatz von Ottobeuren dominiert die Klosterkirche.

dann beginnt der lange, schön geteerte Hetzlinshofer Weg über die Felder. An einem Bildstock vorbei passieren wir Hetzlinshofen, können aber noch einen Abstecher ins Dorf zum Gasthof »Rössle« machen, das allerdings mittags nur am Wochenende geöffnet hat. Egal, ob geöffnet oder nicht, die Aussicht von hier

Allgäu-Erfahrung: Memmingen

Die Stadt Memmingen hat unglaublich viel für ihre Besucher zu bieten. Zwei Rundwege, bestens beschildert, führen durch die Stadt (»Roter Weg«) bzw. durch die Grünanlagen am Rand der Altstadt (»Grüner Weg«). Unbedingt gesehen haben muss man natürlich den Marktplatz mit dem prachtvollen Steuerhaus und dem nicht minder großartigen Rathaus. Der offene Stadtbach bringt uns zum Schrannenplatz mit dem Fischerbrunnen und von hier aus in die Lindentorstraße zum Siebendächerhaus. Das war das ehemalige Haus der Gerber, die einzelnen Dachetagen dienten zum Trocknen ihrer Felle. Vom Marktplatz erreichen wir auch die Martinskirche, die mit einem reichhaltigen Chorgestühl aufwarten kann. Die zahlreichen fein geschnitzten Figuren zeigen Gestalten aus der griechischen Mythologie, aus dem Alten und Neuen Testament und aus der Kirchengeschichte.

Ein Besuch der Stadtmauer, die heute noch fast die ganze Altstadt umfasst, kann die Besichtigung abschließen. Das schönste Stück findet man hinter dem Marktplatz am Zollerngarten. Durch die vielen Grünanlagen lässt es sich bequem der Mauer entlang von Tor zu Tor folgen.

oben ist wunderschön. Denn das Gasthaus steht am höchsten Punkt des Dorfes, an dem einst ein Schloss thronte. Ein als Kapelle gestaltetes Denkmal erinnert daran. Wir fahren auf unseren Radweg zurück und erreichen die Gleise der Illertalbahn mit dem aufgelassenen Bahnhof von Woringen. In die Hauptstraße biegen wir links ein und folgen ab hier dem gut ausgeschilderten Weg nach Ottobeuren. Er bringt uns bergauf zuerst an den Rand von Goßmannshofen und dann nach Albishofen. Hier biegen wir links in die Allgäuer Straße ein, um schon nach etwa 100 m rechts in die Niebeser Straße abzubiegen. Dieser folgen wir zuerst durch eine Feld- und Wiesenlandschaft. Sie wandelt sich nach einem kleinen Wald in eine Almlandschaft. Hier geht es steil auf schlechtem Weg aufwärts. Wer kein Mountainbike oder kein E-Bike hat, steigt am besten ab, um zu schieben. Zum Glück ist diese schlechte Wegstrecke nur knapp 500 m lang. Dann begleitet uns wieder der Teer unter den Rädern. Wir durchqueren ein flaches Tal und darauf einen kleinen Wald, um dann fast unvermittelt zu einem Parkplatz zu kommen, der uns einen schönen Blick auf Ottobeuren mit seiner riesigen Klosteranlage gewährt. Bergab sausen wir dann in den Ort direkt zur ehrwürdigen alten Abtei (Klosterkirche ab 9 Uhr geöffnet, das Klostermuseum im Sommer täglich von 10–12 und 14–17 Uhr). Am Kloster vorbei radeln wir abwärts zum Marktplatz von Ottobeuren mit seinem prächtigen Rathaus. Hier bietet sich reichlich Gelegenheit zum Mittagessen.

Das große Benediktinerkloster von Ottobeuren erinnert an ein Schloss.

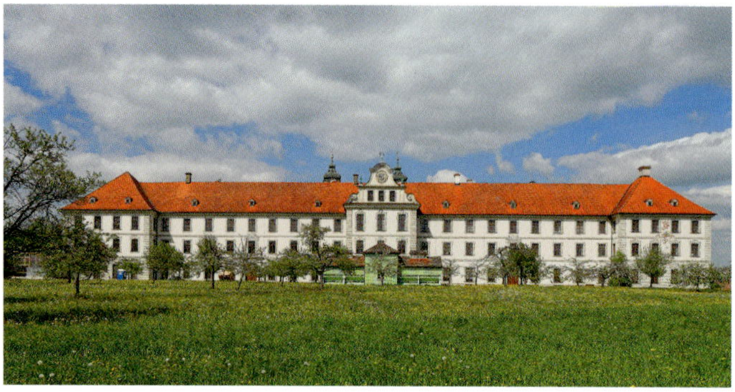

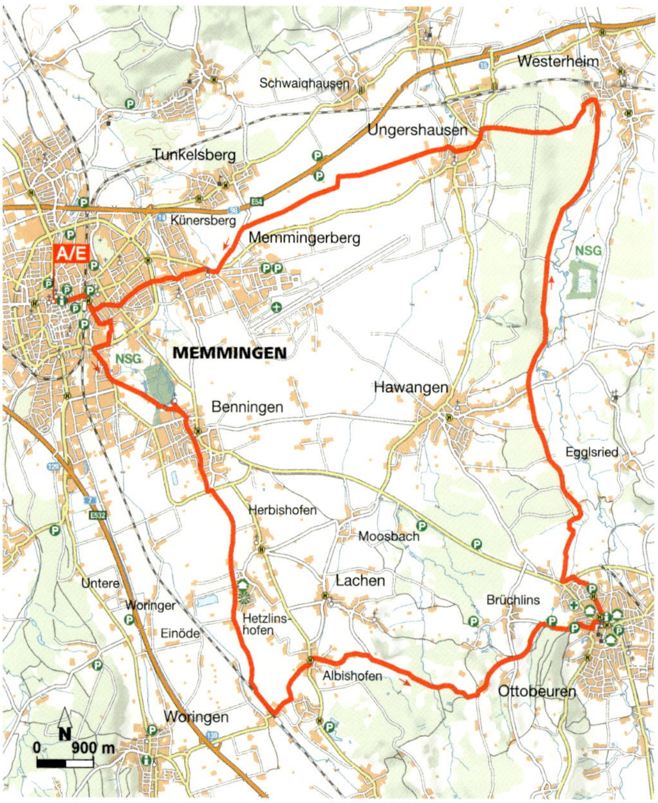

Zurück am Günztalradweg

Von der Rupertstraße oberhalb des Ottobeurener Marktplatzes zweigt die Bergstraße ab, der wir leicht bergauf aus dem Ort folgen. Kurz vor der großen Umgehungsstraße fahren wir links auf einen kleinen Radweg und überqueren die Straße auf einer kleinen Holzbrücke. Nach der Brücke geht es etwa 200 m nach links, dann zweigt rechts der Günztalradweg ab. Bestens ausgeschildert führt er immer am Westrand des Günztales entlang, in das ca. 8 km entfernte Westerheim. Dort biegen wir links in die Ungerhauser Straße ab. Am Waldrand beginnt das zweite ungeteerte Wegstück unserer Tour, aber keine Angst, dieses ist auch mit einfachen Rädern gut zu befahren. Nach dem Wald kommt der Teer zurück, wir fahren zur Hauptstraße von Ungershausen, wenden uns nach links und überqueren den Krebsbach. Noch ein paar Meter, dann biegen wir rechts in die Vöhlinstraße ein. Dem Radwegsymbol folgend geht es aus dem Ort hinaus und dann schnurgerade über die Felder. Der Weg macht einen kleinen Haken nach links, über den Wiesen können wir die Flugzeuge am Flughafen Memmingen starten und landen sehen. Das war früher ein wichtiger Fliegerhorst des Militärs, heute dient er zivilen Zwecken. 2018 nutzten ihn immerhin weit über eine Million Passagiere.

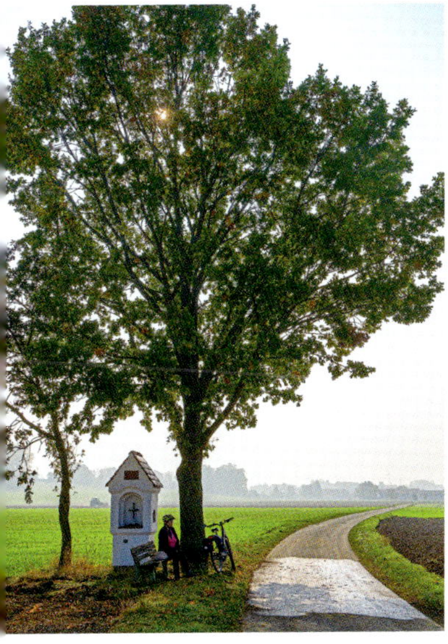

Bildstock zwischen Benningen und Hetzlingshofen im Morgennebel

Guten Appetit

In Ottobeuren haben wir im Gasthof »Zum Mohren« am Marktplatz hervorragend gegessen. Der Wirt, er steht selbst in der Küche, kocht bodenständige Allgäuer Küche in einer unglaublichen Qualität. Wer eine Variation probieren möchte, versucht den Schwabenteller, eine Mischung aus Krautkrapfen, Käsespätzle mit Pilzsoße darüber und Maultaschen. Das toprenovierte Haus aus dem späten 16. Jh. gehört außerdem zu den ältesten Häusern von Ottobeuren (kein Ruhetag). Darüber hinaus gibt es in Memmingen zahlreiche Gaststätten und Cafés aller Art, genauso in Ottobeuren.

Wir treffen auf eine Autostraße und fahren nach links zu einem Verkehrskreisel. Ab dort radeln wir stets den Schildern »Memmingen, Altstadt« nach und erreichen schließlich durch die Vororte von Memmingen die uns bekannte Freudenthalstraße, die uns wieder zur Bahnunterführung und damit zurück zum Marktplatz von Memmingen bringt.

10

Von Mindelheim nach Bad Wörishofen

Auf dem Pfarrer-Kneipp-Weg

leicht | 39 km | 160 Hm | 3.30 Std.

Highlight: Stadtspaziergang

Ausgangs- und Endpunkt
Bahnhof Mindelheim

GPS
48.045119, 10.501149

Anfahrt
Auto: Von München auf der Autobahn A 96 Richtung Lindau, Ausfahrt Mindelheim, weiter ins Stadtzentrum von Mindelheim, der Bahnhof ist ausgeschildert. Dort einige Park&Ride-Parkplätze. Bahn: Mindelheim liegt an der Bahnlinie Augsburg–Lindau und an der Mittelschwabenbahn.

Tourencharakter
Rundtour meist auf Radwegen und kleinen Nebenstraßen, kurzer Abschnitt über einen Waldweg. Eine Steigung zu Beginn, ansonsten vorwiegend eben.

E-Bike-Ladestation
Mindelheim: Maximilianstraße 24 (beim Rathaus); Bad Wörishofen: Kurhaus, Hauptstraße 16 und Parkhaus Kurpromenade, Hauptstraße 44

Radverleih
Mindelheim: Radpavillon Gebr. Steinmaier, Landsberger Straße 36

Information
www.mindelheim.de

Zwischen Wertach und Mindel radeln wir heute durch einige der schönsten schwäbischen Städtchen, die wir großzügig zum Randbereich des Allgäus zählen. In Mindelheim, Türkheim und Bad Wörishofen stehen viel Kunst, Kultur und Sehenswürdigkeiten auf dem Programm.

Von der Mindelburg ins herzogliche Türkheim Wir starten vom Bahnhof in Mindelheim und kehren gleich dem Stadtzentrum mit der darüber thronenden Mindelburg den Rücken zu, denn die Stadtbesichtigung behalten wir uns als krönenden Abschluss vor. Mit Blick auf den Bahnhof geht es nach links auf den Zeppelinweg. An einem Supermarkt treffen wir auf eine große Straße, der wir auf einem Radweg nach rechts unter den Bahngleisen hindurch folgen. Auf diesem Weg verlassen wir Mindelheim und gleich steht die erste Steigung an. Bergauf kommen wir in den Wald und verlassen den Radweg bald nach

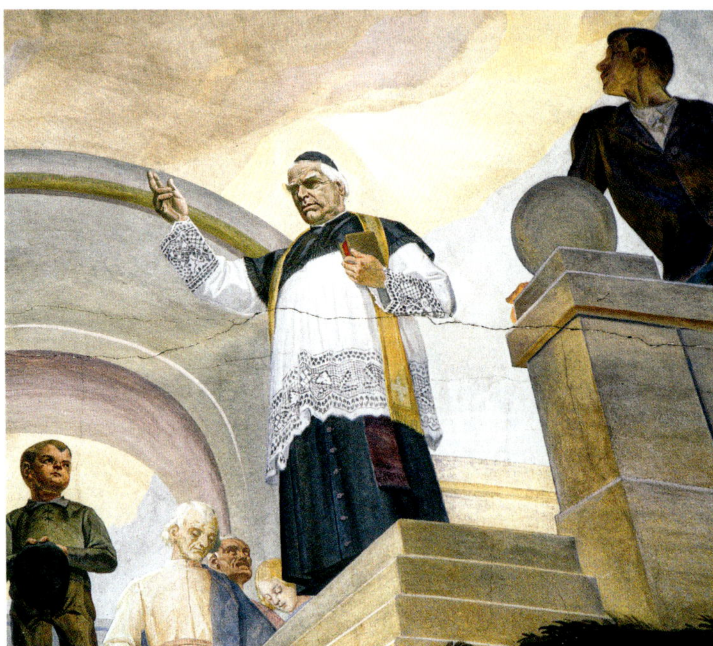

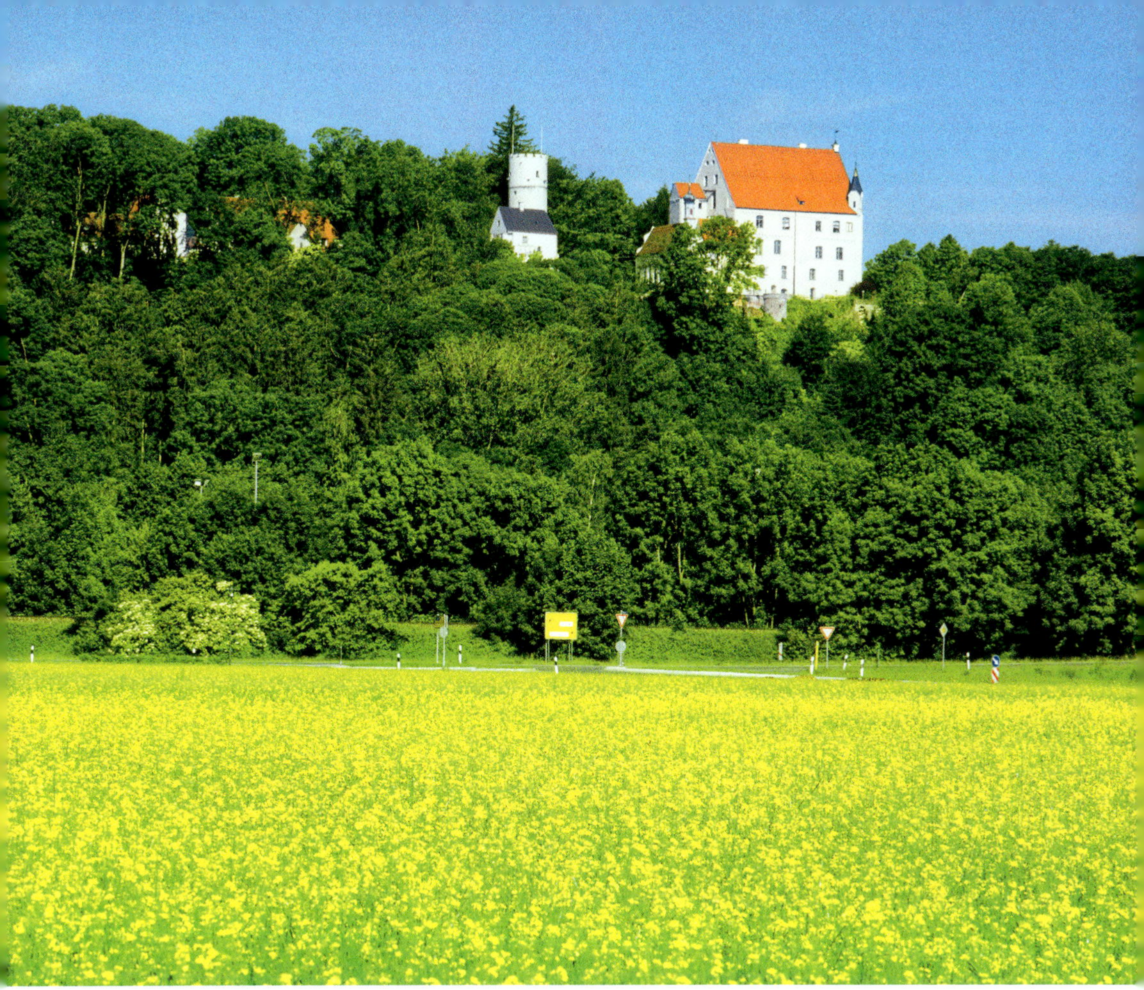

links auf einer kleinen Nebenstraße, die nach St. Anna ausgeschildert ist. So erreichen wir den kleinen Weiler, in dem wir neben Bauernhöfen und einer Wirtschaft eine ausgesprochen hübsche Wallfahrtskapelle finden. Hinter der Kapelle radeln wir nun in den Waldweg hinein, der sofort etwas nach links führt und dann quer über eine Wiese verläuft, wobei der Weg hier kaum sichtbar ist. Gleich darauf wird der Weg im Wald wieder breiter, bleibt aber von Wurzeln durchsetzt. An der Wegkreuzung geht es geradeaus weiter. Wir verlassen den Wald und rollen bergab an einigen Fischweihern vorbei zu einer geteerten Straße, die wir an einem Kneipptretbecken erreichen.

Dieser Straße folgen wir nach links und radeln durch eine relativ junge Allee aus Linden- und Ahornbäumen unter der Eisenbahn hindurch, um danach rechts in den Ort Oberrammingen einzubiegen. Wir treffen auf die breite Hauptstraße, die wir etwas nach rechts in den Frauenweg queren. Nun geht es schnurgeradeaus über Felder, an einigen Kiesweihern vorbei,

Die Mindelburg thront hoch über Mindelheim.

Linke Seite: Ein Fresko von Sebastian Kneipp in der Bad Wörishofener Pfarrkirche St. Justina

bis wir den Ortsrand von Türkheim im Neubaugebiet in der Laternenstraße erreichen. Auf dieser und der Altbürgermeister-Wiedemann-Straße geht es bis zur großen Wörishofener Straße, wo wir links durch das Ludwigstor mit seinen königlichen Wappen in die Altstadt von Türkheim radeln. Nun gönnen wir uns ein bisschen Zeit für die Besichtigung des wirklich sehr schönen Schwabenstädtchens, das offiziell jedoch nur ein Markt und keine Stadt ist.

Im Kurpark von Bad Wörishofen

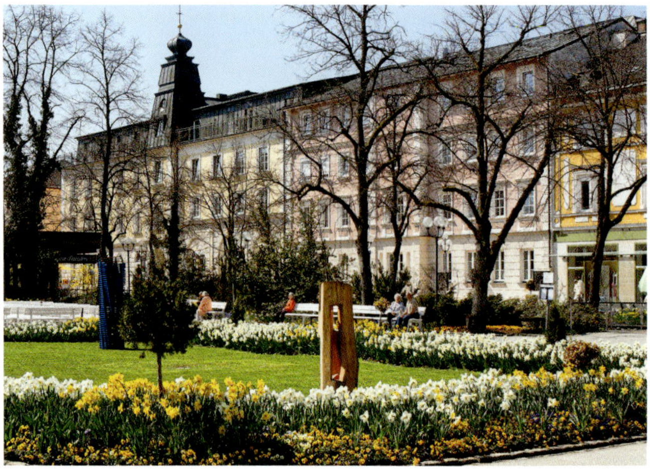

Auf dem Pfarrer-Kneipp-Weg

Für die Weiterfahrt wählen wir dann die Grabenstraße, die gegenüber des Alten Schlosses und des heutigen Rathauses beginnt. Stets der Hauptstraße folgend erreichen wir so die Wertach und biegen dort rechts auf den Flussuferweg ein, der nun zugleich Jakobsweg und Pfarrer-Kneipp-Weg ist. Unser Weg führt durch den Auwald, der jedoch heute kaum mehr bei Hochwasser überflutet wird, dazu ist die Wertach zu stark re-

Allgäu-Erfahrung: Türkheim und sein Schloss

Die Gegend um Türkheim war schon zu keltischen und römischen Zeiten besiedelt, dann übernahmen zuerst die Alamannen und schließlich die Franken die Herrschaft über das Land. Man vermutet heute, dass sich ein Siedler aus Thüringen hier niederließ und leitet von ihm und nicht von den Türken, die es damals noch gar nicht gab, den Namen ab.

Kurfürst Ferdinand Maria übergab die Herrschaft Türkheim 1666 seinem Bruder Maximilian Philipp. Als der Kurfürst 1679 überraschend starb, wurde Maximilian Philipp bis 1680 Vormund seines Neffen Max Emanuel. Nach der Volljährigkeit seines Neffen machte er etwas für die damalige Zeit sehr Ungewöhnliches: Er zog sich mit seiner Frau Maurita Febronia vom Hof zurück und residierte fortan in Türkheim. Sein Verzicht auf Macht und Einfluss in München bedeutete nicht, dass er nicht seinem Stand als zweiter Mann Bayerns entsprechend leben wollte. Und so erlebte Türkheim in den gut 25 Jahren der herzoglichen Herrschaft eine Blütezeit, die den Ort heute noch prägt. Sei es das Große und das Kleine Schloss, das ehemalige Rathaus oder die prachtvoll ausgestattete spätgotische Kirche, allenthalben strahlt der Glanz vergangener kurfürstlicher Zeit bis heute.

guliert. Wir passieren ein Kneippbecken, das wir bequem zur Erfrischung nutzen können, und kommen an ein mehrstufiges Stauwehr. Beim Zollhaus, wo einst Brückenzoll für die Wertachbrücke kassiert wurde, geht es unter der Landstraße hindurch, und gleich darauf unter der Eisenbahn und der Autobahn. Dann geht es weiter zum Wörishofener Stausee, der manchmal auch als Irsinger Stausee bezeichnet wird. Obwohl die ersten Schilder rechts nach Bad Wörishofen weisen, bleiben wir in Seenähe und radeln am Wanderparkplatz hinauf zum Ufer des auf-

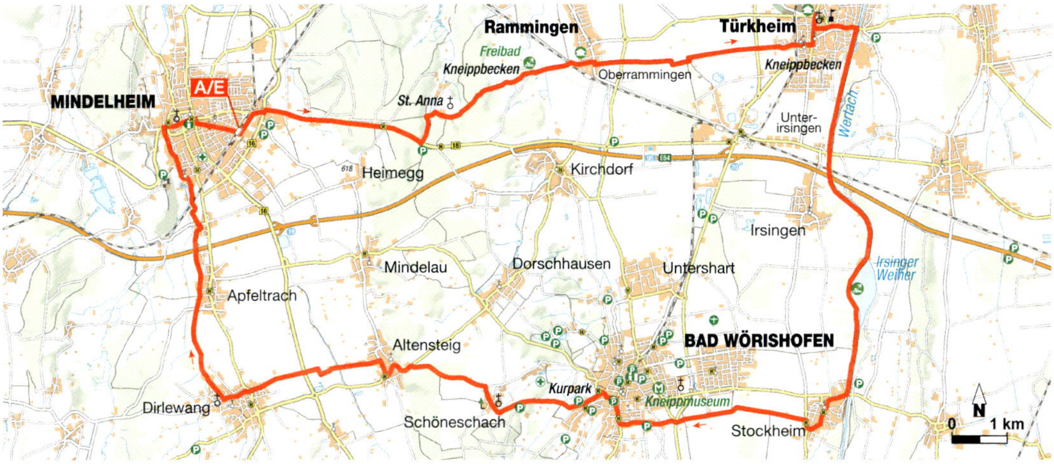

gestauten Sees, um auf dem Wertachdamm weiterzufahren. So erreichen wir den Ortsteil Stockheim und biegen hier rechts in die Dorfstraße ein. Nun folgen wir der Radwegbeschilderung nach Bad Wörishofen durch den ganzen Ort, dann weist uns ein Radwegschild nach links über die Felder. Schnurgerade geht es nun in westliche Richtung und schließlich treffen wir nach einer Unterführung und der Alleedurchfahrt auf den Ortsrand des kleinen Kurstädtchens. Nach rechts können wir einen Abstecher in das Zentrum unternehmen, um z. B. die Wirkungsstätten Pfarrer Kneipps genauer zu besichtigen. Danach muss man entweder zu diesem Punkt zurückkommen oder weiter in westlicher Richtung den Wiedereinstig in diese Tour am Rande des Kurparks finden.

Entlang der Mindel Alle anderen bleiben nach der Allee weiter geradeaus und folgen der Schlingerstraße bis zu ihrem Ende. Dann biegen wir rechts auf die Gammenrieder Straße, die zur Hauptstraße wird. Dort folgen wir dem Linksknick der Vorfahrtsstraße und erreichen so den Beginn des Kurparkviertels. Dabei wenden wir uns auf der Straße noch wenige Meter nach rechts, dann biegen wir links auf den nur für Fußgänger und Radfahrer freigegebenen Weg ein. Er führt uns am Kurparkrand entlang, vorbei an großen Villen und schließlich, rechts haltend, am großen Steigenberger Hotel Sonnenhof. Dann haben wir das Ortsende von Wörishofen erreicht und radeln durch eine Birkenallee zu unserem nächsten Ziel: Schöneschach. Leicht

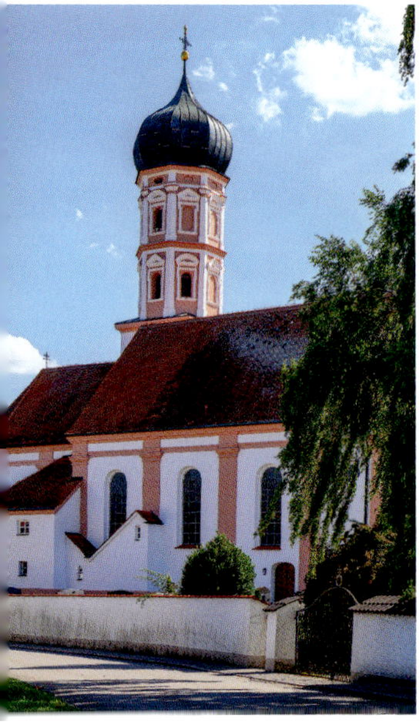

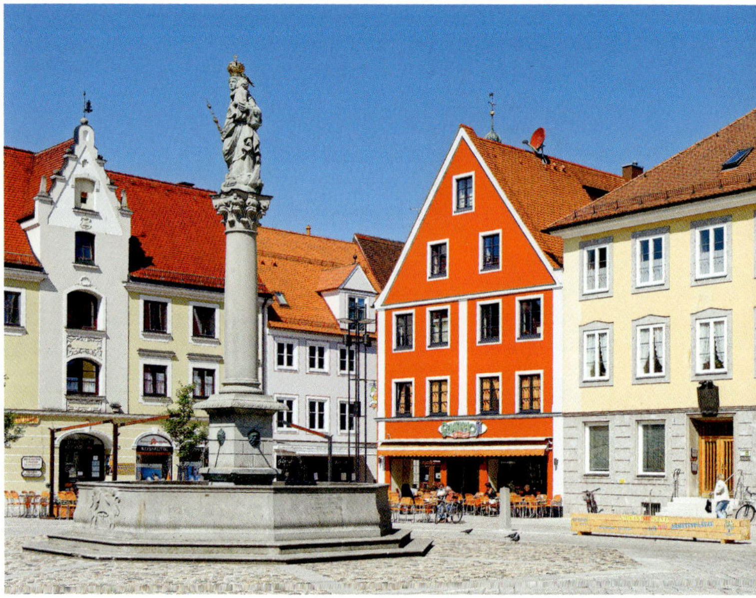

Die Pfarrkirche St. Michael steht in Stockheim.

Rechts: Am Marienplatz in Mindelheim finden wir einige nette Gasthäuser.

aufwärts sind wir rasch dort und finden neben der kleinen St.-Wolfgang-Kirche die fast 400-jährige Friedenslinde, die 1648 nach Beendigung des Dreißigjährigen Krieges gepflanzt wurde.

Weiter geht es auf der Straße, die zwischen der Linde und der Kirche aus dem Ort führt. Der Weg führt nach links und wir erreichen nach einem Waldstück eine größere Vorfahrtsstraße. Auf ihr geht es nun links, steil bergab nach Altensteig hinunter. Dort finden wir schon die ersten Wegweiser nach Dirlewang und Mindelheim. Dafür biegen wir in Altensteig rechts in die Adlerstraße, wählen dann jedoch links die Bürgermeister-Mayr-Straße als Radweg über Dirlewang nach Mindelheim. Wieder geht es vollkommen flach dahin, aber mit einigen Kurven über Felder, dann sind wir in Dirlewang. Den Fluss Mindel erreichen wir, wenn wir geradeaus durch den Ort fahren. Zunächst überqueren wir ihn, dann biegen wir rechts in den Römerweg ein. Kurz hinter den Tennisplätzen geht es schließlich direkt am Ufer entlang Richtung Norden. Dabei zeigt sich die Mindel als erstaunlich abwechslungsreicher Fluss. An einigen

Stellen rauscht sie direkt über einige Steine abwärts, an anderen Stellen wird sie breit und das Wasser scheint wie auf einem modrigen Ententeich still zu stehen. So geht es an Apfeltrach vorbei, unter der Autobahn hindurch und schließlich rechts-links haltend immer am Wasser entlang. Südlich von einem Fischweiher erreichen wir ein Schleusen- und Kanalsystem, mit dem früher das Wasser zur nahen Moosmühle umgeleitet wurde. Für uns geht es zwischen dem Sportplatz, der Mindel und dem höher gelegenen Fischweiher, der einst den Burgherren als Nahrungsquelle diente, entlang. An der Schule biegen wir links in die Georgenstraße ein und passieren den großen Parkplatz, von dem die Wanderwege hinauf zur Mindelburg führen. Ganz am Ende der Georgenstraße stoßen wir auf den Altstadtring im Zentrum von Mindelheim. Ihm folgen wir noch für 150 m nach links und biegen dann rechts durch das Stadttor in die Maximilianstraße ein.

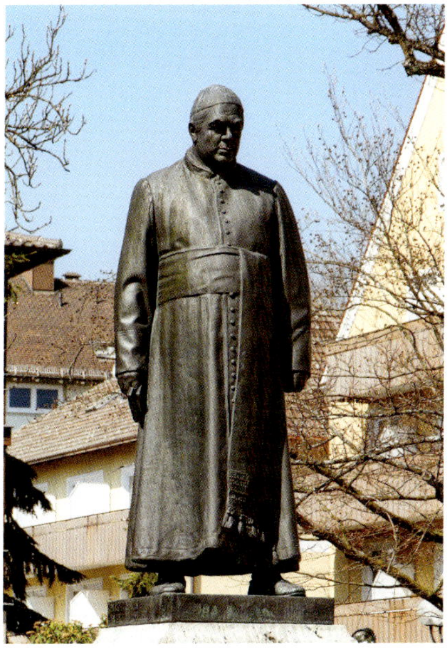

Denkmal für Sebastian Kneipp, Bad Wörishofens berühmtesten Pfarrer.

Guten Appetit

Das Gasthaus »Rössle« in Bad Wörishofen liegt direkt im Zentrum gegenüber dem Kurhaus und hat einen schönen Biergarten vor dem Haus. Es bietet durchgehend warme Küche an, nachmittags aber mit einer kleineren Karte. Die Gerichte sind gut bürgerliche Hausmannskost, mit einem kräftigen Allgäuer Einschlag. Bereits die Suppe »Rössle Krafthaferl« mit Ochsenfleisch, Brätspätzle, Flädle, Wurzelgemüse und Backerbsen macht erstaunlich satt. Zudem bietet die Karte noch jede Menge Schnitzelvariationen an, sogar Sellerieschnitzel für Vegetarier. Es ist also sicherlich für jeden etwas dabei!

Nun dürfen wir den Rest des Tages gerne in der malerischen Altstadt von Mindelheim verbringen oder dort in einem der zahlreichen Straßencafés einkehren. Mindelheim hat an Museen und Sakralbauten einiges zu bieten. Am anderen Ende der Prachtstraße verlassen wir die Altstadt durch das obere Tor und biegen rechts auf die große Straße ein. Dann folgen wir am Kreisverkehr der Beschilderung zum Bahnhof und erreichen so nach wenigen Minuten unseren Ausgangsort.

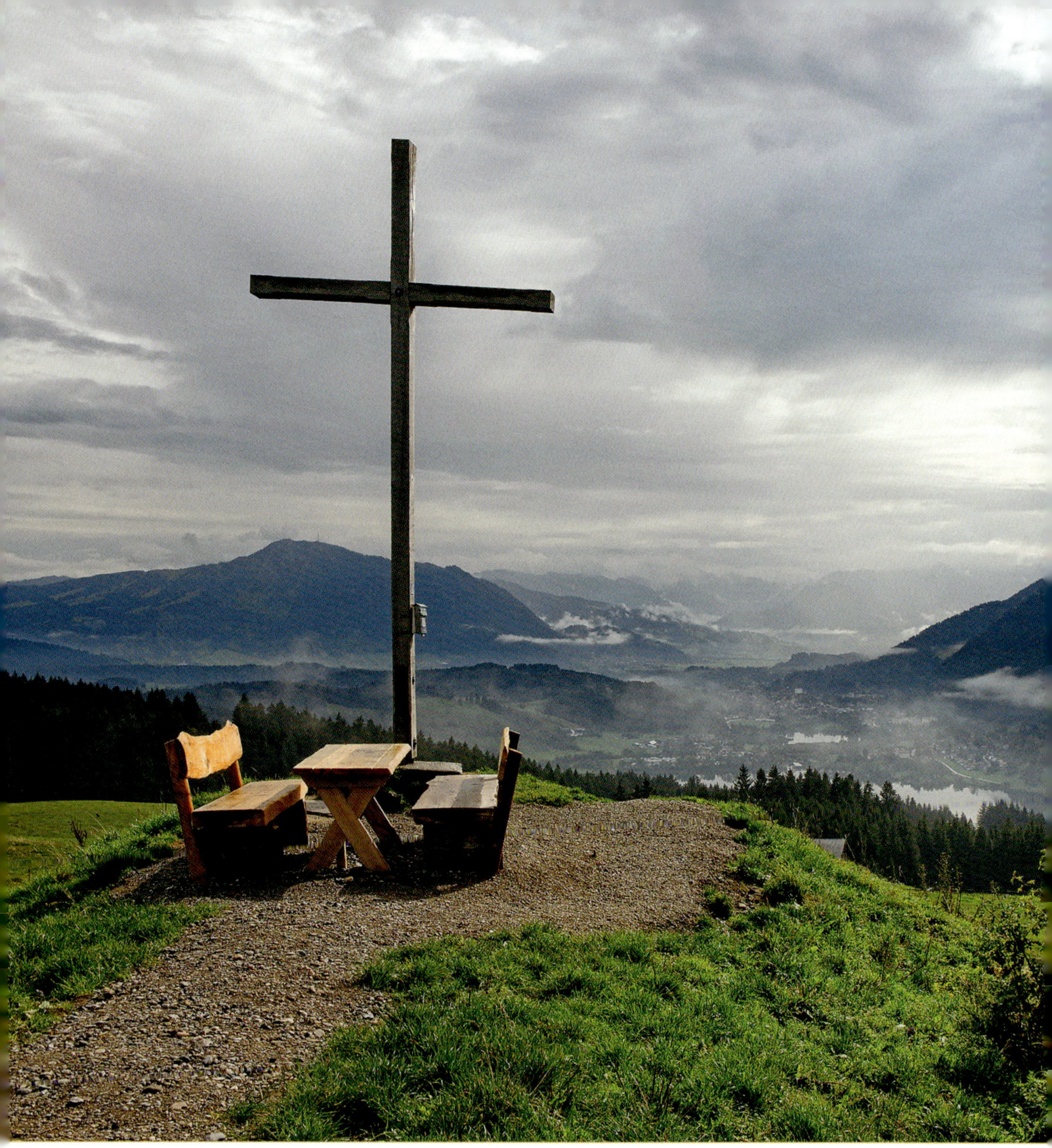

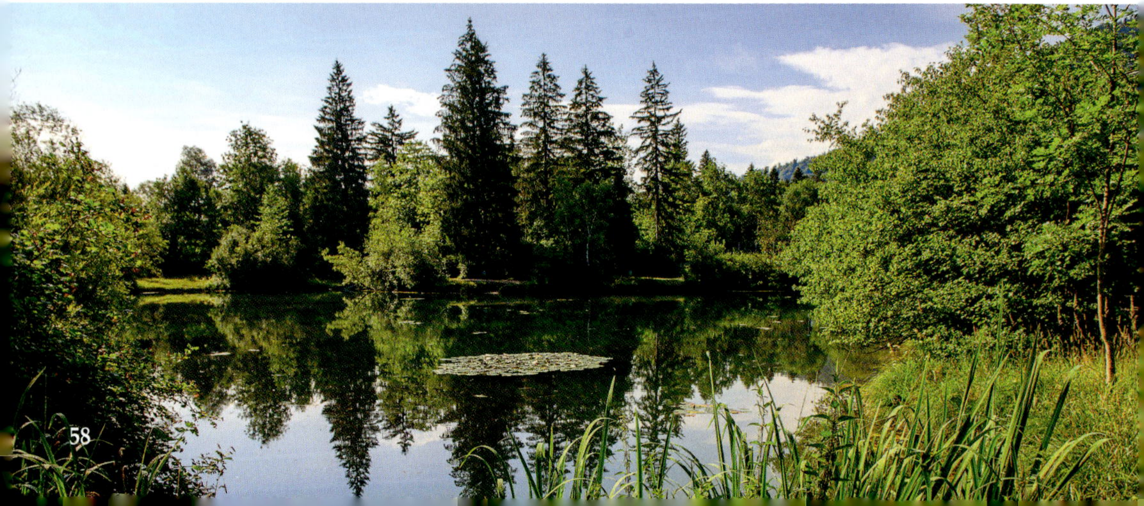

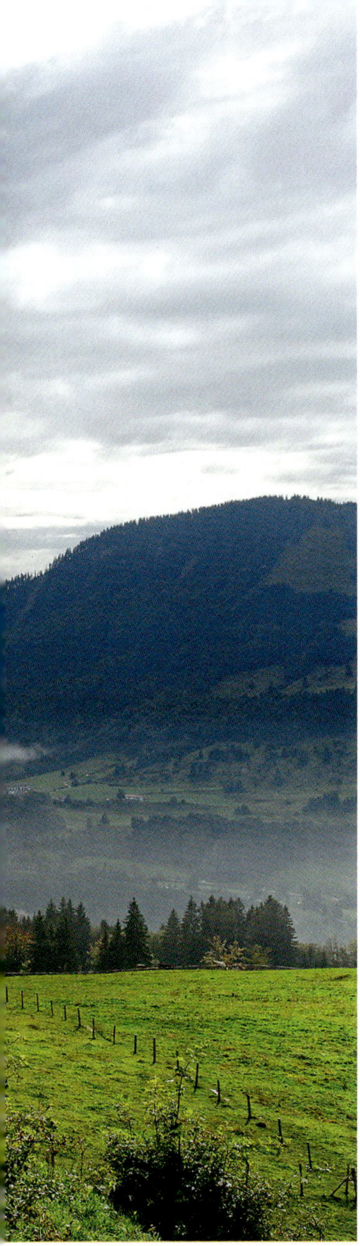

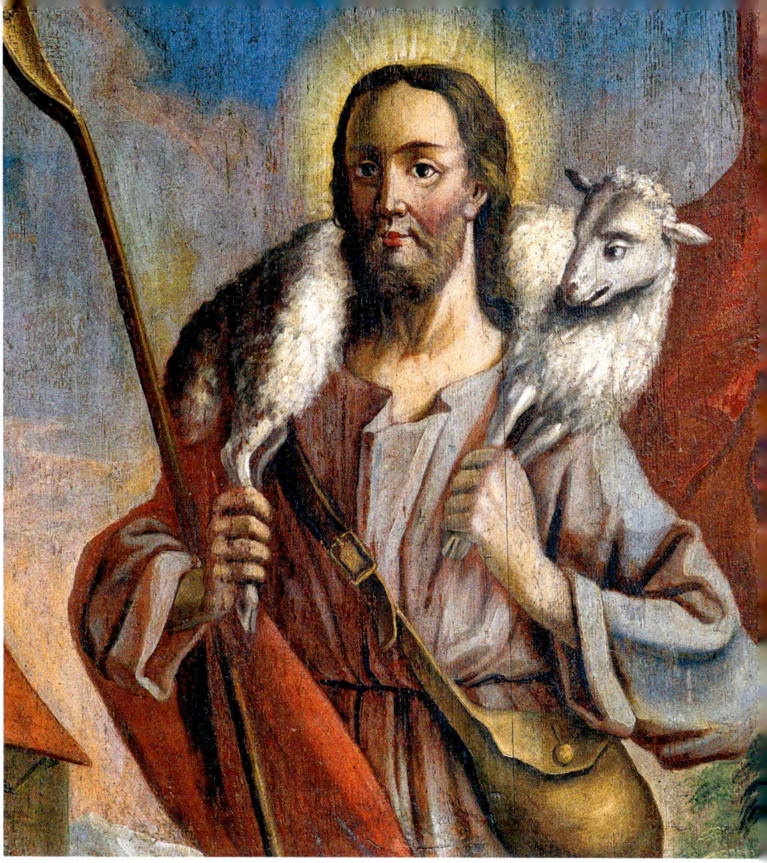

Oberallgäu

Bei der großen Alpsee-runde können wir zum Aussichtpunkt Köpfle oberhalb der Siedelalpe fahren (o. li.). Christus als guter Hirte – Gemälde in der Grabkapelle von St. Stephan in Bühl am Alpsee (o. re.). Schilderwald am Großen Alpsee (u. re.). Im Auwaldpark bei Immenstadt (u. li.)

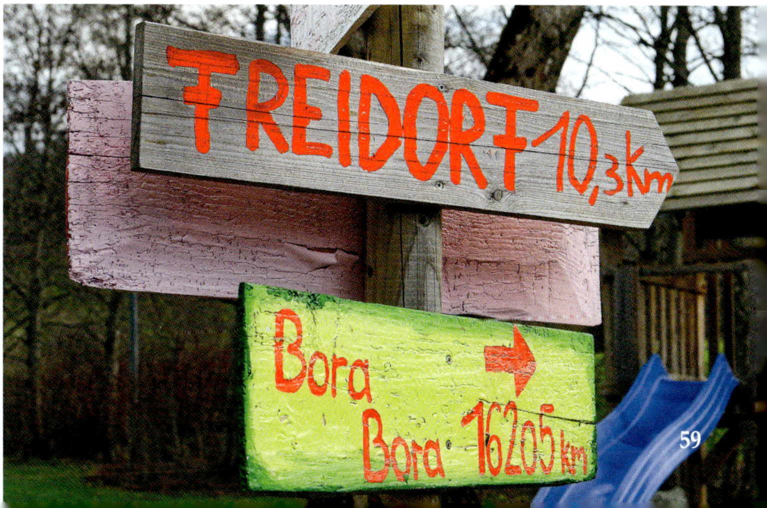

11

Von Dietmannsried nach Altusried

Im Kluftinger Land

leicht | 27 km | 370 Hm | 2.30 Std.

Highlight: Sehenswürdigkeit

Ausgangs- und Endpunkt
Dietmannsried

GPS
47.808837, 10.290037

Anfahrt
Auto: Autobahn A 96 bis Memmingen und weiter auf der A 7 nach Norden, Ausfahrt Dietmannsried. In die Ortsmitte zum Rathausplatz. Dort einige Parkplätze vorhanden. Bahn: Zug von München oder Augsburg Richtung Kempten, Haltestelle Dietmannsried.

Tourencharakter
Reizvolle Rundtour überwiegend auf verkehrsfreien Radwegen und einigen Nebenstraßen. Ein paar wenige Steigungen im Bereich des Illerhochufers.

E-Bike-Ladestation
Altusried: Rathaus

Radverleih
keiner

Information
www.dietmannsried.de, www.altusried.de

Die Krimiromane und die Fernsehserie rund um den eigenbrötlerischen Kommissar Kluftinger haben mittlerweile Kultstatus. Wir besuchen auf dieser eher kurzen Tour die Heimat des Romanhelden, der zwar überall im Allgäu ermittelt, aber eben der Geschichte nach in Altusried zu Hause ist. Landschaftlich sehr reizvoll führt ein Teil der Strecke überwiegend einsam entlang der Iller.

Nach Reichholzried Los geht es am Rathausplatz in Dietmannsried. Wir nehmen die Krugzellerstraße und folgen ihr ein kurzes Stück nach Westen, dann biegen wir rechts in die Reichholzrieder Straße ein, die – wie könnte es anders sein – aus Dietmannsried über Felder und vorbei an einigen Bauernhäusern direkt bis nach Reichholzried führt. Dort begrüßt uns als Erstes die kleine Kirche St. Georg mit ihrem netten Zwiebelturm. Vor dem Gasthaus »Rössle« biegen wir links in die St.-Georg-Straße ein, folgen dieser um die Kurven und halten uns dann rechts auf die Illerstraße, die uns in nördlicher Richtung aus dem Dorf bringt.

Guten Appetit

Der Gasthof »Zum Bären« in Altusried fällt schon von Weitem durch seine bemalte Fassade auf. Ein Besuch enttäuscht nicht. Zu Mittag wird schwäbische Küche angeboten, das Schweinenackensteak mit Speckbohnen war ein Hochgenuss. Keine Frage, dass es zum großen Renner des Hauses wurde (Mo und Di Ruhetag).

Spannung an der Hängebrücke Wieder geht es über die Felder, wir sind nun auf dem offiziellen Illerradweg unterwegs. Der wendet sich gleich nach einem größeren Hof nach rechts und wir erreichen über eine scharfe Linkskurve den kleinen aufgestauten Sachsenrieder Weiher, der jedoch nicht immer viel Wasser führt. Viel besser noch als dieser kleine See sind jedoch die Aussichten, die uns auf dieser Fahrt begleiten. Gleich nach dem See radeln wir im Zickzack durch Sachsenried und kommen zum fast schönsten Aussichtspunkt der Strecke. Weit schauen wir über die Iller in Richtung Süden zu den Allgäuer Bergen. Gleich danach geht es links nach Pfosen an das Illerufer hinunter (ein Abstecher zu einem weiteren Aussichtspunkt ist zu Fuß möglich), wo uns die spannende Querung des Flusses mittels der Hängebrücke erwartet. Früher gab es hier einen Fährbetrieb, der vor allem Jakobspilger und Ausflügler übersetzte. Dieser wurde jedoch Anfang 2000 eingestellt. Mit viel ehrenamtlicher Eigenleistung und einigen Fördergeldern erbauten die anliegenden Gemeinden diese Brücke neu. Heute ist diese Bürgerbrücke ein Anziehungspunkt für Tagesausflügler, Radfahrer und Wanderer.

Auf der anderen Seite sind wir im Weiler Fischers und nun geht es das Illerhochufer hinauf, wo wir ebenfalls im Zickzack über Hörgers in die Ortsmitte von Altusried gelangen.

Über den Altusrieder Gemeindeweg Nach der Dorfbesichtigung verlassen wir Altusried auf der Hauptstraße, auf der wir

Dick ist der Altusrieder Gemeindeweg im Herbst mit Buchenblättern bedeckt.

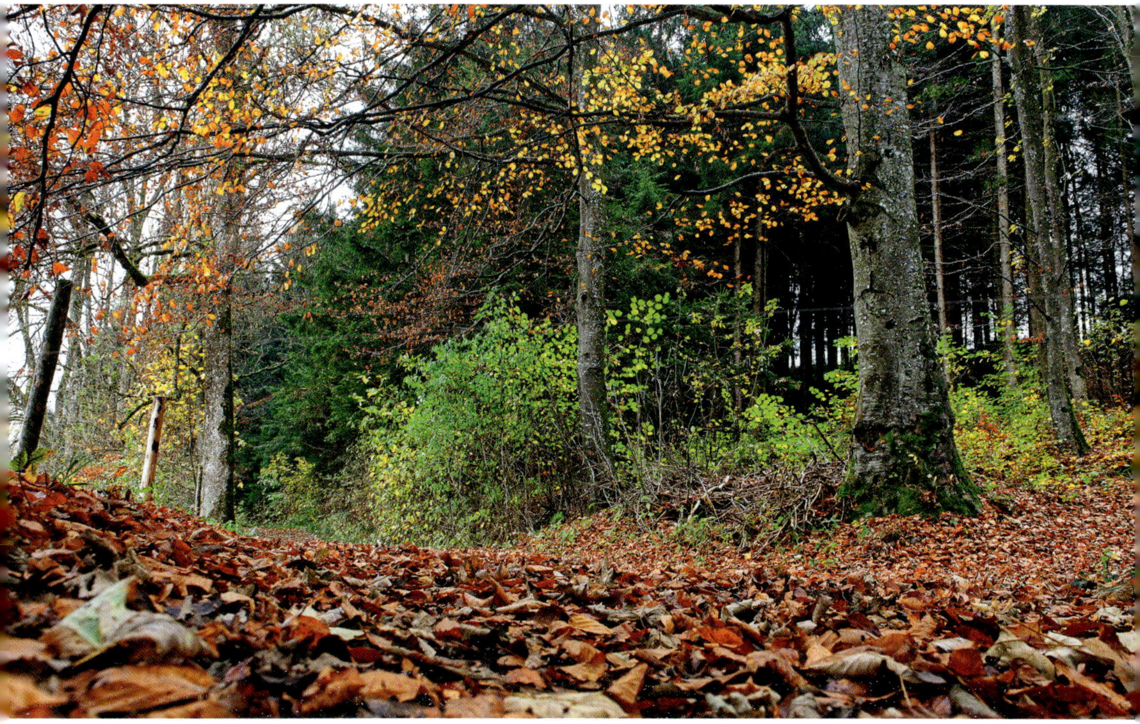

gekommen sind. Bei der großen Kurve nehmen wir geradeaus die Andreas-Hofer-Straße, der Radweg ist nach »Wiggensbach/Depsried« ausgeschildert. Bergab verlassen wir Altusried und biegen dann unmittelbar vor dem Freibad links in die kleine Straße ein. An der alten Gansmühle mit ihrem Weiher und der kleinen Kapelle halten wir uns rechts und radeln nun auf einem Feldweg zwischen Feldern und dem Waldrand. In der Wiesensenke fließt der Altusrieder Bach, dabei ist er mehr zu erahnen als zu sehen. Stets geradeaus in östlicher Richtung gabelt sich an einem großen frei stehenden Baum der Weg. Wir halten uns rechts und treffen in Depsried wieder auf eine geteerte Straße. Wir durchqueren den Weiler und radeln weiter immer noch Richtung Osten. Die kleine Straße mündet in Gries in einer größeren Autostraße. Dieser folgen wir für gut 500 m nach rechts und biegen dann links in die Straße zum Klärwerk ein. Gleich nach dem Kies- und Betonwerk können wir rechts haltend an das Flussufer radeln.

Biber an der Iller Nun hat uns die Iller wieder und begleitet uns mit ihren Auwäldern in nördliche Richtung. Wer genau aufpasst, kann an den Bäumen Bissspuren von Bibern finden. Die kleinen Nager haben trotz der starken wirtschaftlichen Nutzung des Illerwassers den Fluss wieder für sich entdeckt. Vor ihnen ist auch so mancher große Weidenbaum nicht sicher. Die nachtaktiven Tiere wird man aber tagsüber kaum zu Gesicht bekommen. Aber wir haben einige Biberrutschen ins Wasser gesehen. Das sind deutlich niedergedrückte Graswege, die zur Iller führen. In einem Nebenarm des Flusses haben wir sogar einen kleinen Biberbau entdeckt.

Nach dieser herrlichen Wasserfahrt erreichen wir den Ortsrand von Krugzell, wo wir in Brückennähe der Iller wieder auf die Straße stoßen, die wir vom Hinweg bereits kennen.

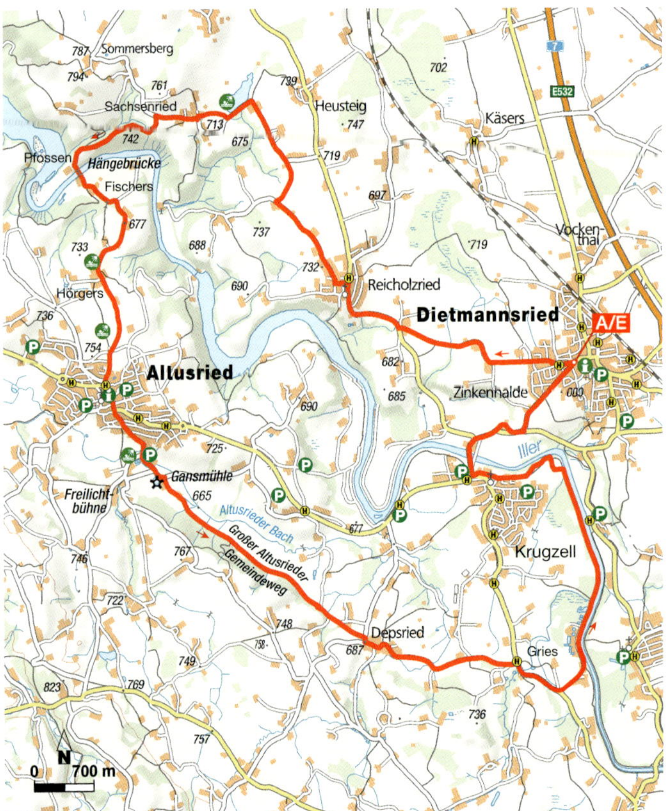

Nun müssen wir nur wieder aufwärts nach Dietmannsried radeln und schon sind wir nach einer entspannten Radrunde an unserem Ausgangspunkt zurück.

Unten: Im Gasthof »Zum Ochsen« in Dietmannsried befindet sich heute eine Pizzeria.

Allgäu-Erfahrung: Kommissar Kluftinger

Sie sind wahre Bestseller: die Bücher rund um den Allgäuer Kommissar Kluftinger des Autorenduos Michael Kobr und Volker Klüpfel. Die beiden Schriftsteller waren unter den ersten, die sich dem Schreiben von Heimatkrimis zuwandten. 2003 erschien der erste Band, *Milchgeld*, dem bis heute viele weitere folgten. Die Romanfigur Kluftinger lebt in Altusried und ermittelt meist quer durch das ganze Allgäuer Gebiet. Dabei greifen die Autoren immer wieder auf Allgäuer Sehenswürdigkeiten und Landschaften, zu historischen Geschichten und Legenden zurück. In Altusried wird in den Sommermonaten an jedem zweiten Freitag um 16 Uhr eine unterhaltsame Krimiführung angeboten, die ca. zwei Stunden dauert. Anmeldung erforderlich. Man kann sich aber auch den Flyer bei der Gästeinfo herunterladen und einige der Stationen im Ort wie das Milchwerk Stegmann, die katholische Pfarrkirche oder das Musikheim selbst besuchen.

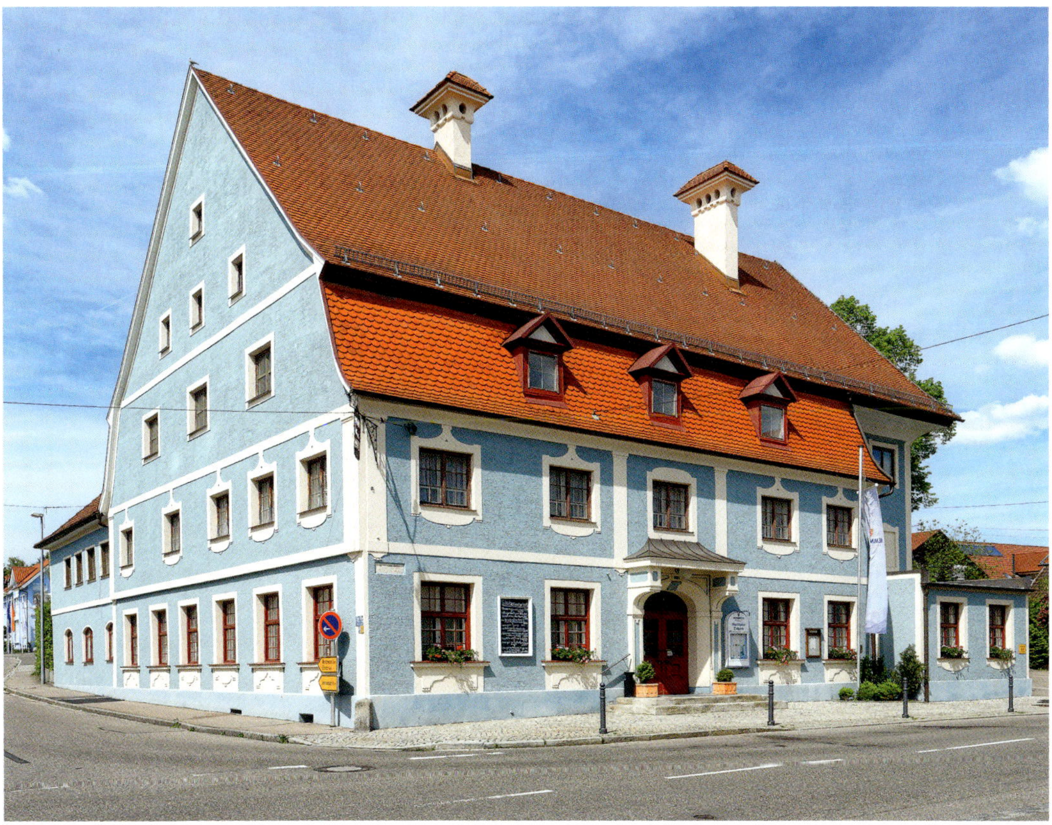

12

Kempten und der Niedersonthofener See

Um die Allgäuer Metropole

leicht | 32 km | 200 Hm | 3.00 Std.

Highlight: Naturparadies

Ausgangs- und Endpunkt
Kempten, Illersteg am Illerstadion

GPS
47.728638, 10.318258

Anfahrt
Auto: Von München auf der Autobahn A 96 nach Memmingen und weiter auf der A 7 oder ab Buchloe über die B 12 nach Kempten zum Illerstadion. Dort kostenfreie Parkplätze. Bahn: Zahlreiche Verbindungen von München oder Augsburg nach Kempten. Vom Bahnhof dann über die Wiesstraße und Eicherstraße zum Illerradweg radeln.

Tourencharakter
Reizvolle Rundtour entlang der Iller und dem Niedersonthofener See. Überwiegend auf ungeteerten Radwegen und schmalen Nebenstraßen.

E-Bike-Ladestation
Bikebox, absperrbare Schließfächer und reichlich Steckdosen an Illersteg, Grabengasse und Stiftsplatz in Kempten

Radverleih
Kempten: Allgäu Natours, Kesselgasse 1a, Like E-Bike, Feichtmayrstraße 37

Information
www.kempten.de

Eine Traumtour mitten durchs Allgäuer Herzstück. Umgeben von Hügeln und trotzdem schön flach, mit Möglichkeit zum Baden im Niedersonthofener See und zum krönenden Abschluss viel Zeit für die Besichtigung von Kempten, der Metropole des Allgäus.

Zum Illerradweg Auf dem Illersteg in Kempten queren wir den Fluss und radeln auf der Kemptener Altstadtseite Richtung Süden. Um den richtigen Einstieg in den Illerradweg zu finden, folgen wir der Beschilderung mit dem kleinen weißen Quadrat. Sie führt uns zunächst durch die Illerstraße und geradeaus in die Brennergasse, die in die Seuterstraße übergeht. Wir folgen dem Straßenverlauf über den Alten Holzplatz in die Kesselstraße. An ihrem Ende, wenn die Straße ansteigt, halten wir uns links auf den schmäleren Radweg, der uns unter den Brücken hindurchführt. Wir passieren einige Wehre, die einst

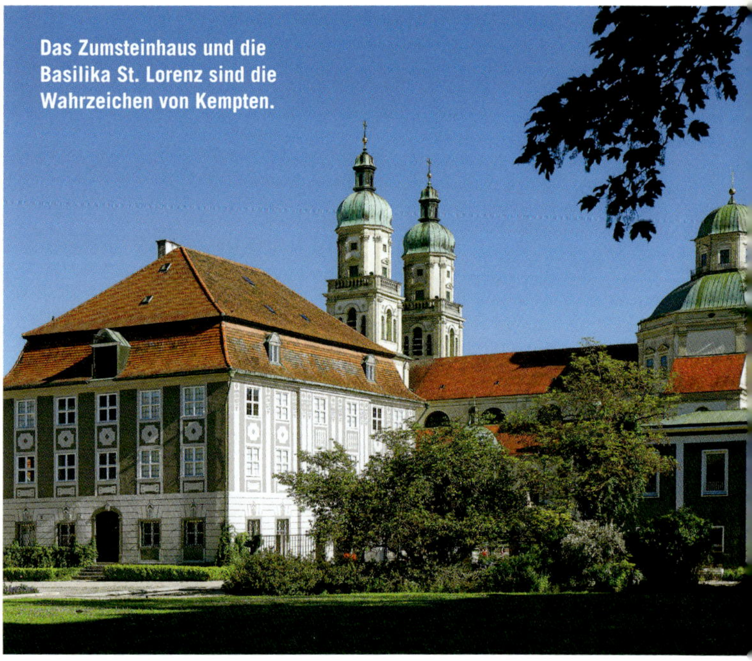
Das Zumsteinhaus und die Basilika St. Lorenz sind die Wahrzeichen von Kempten.

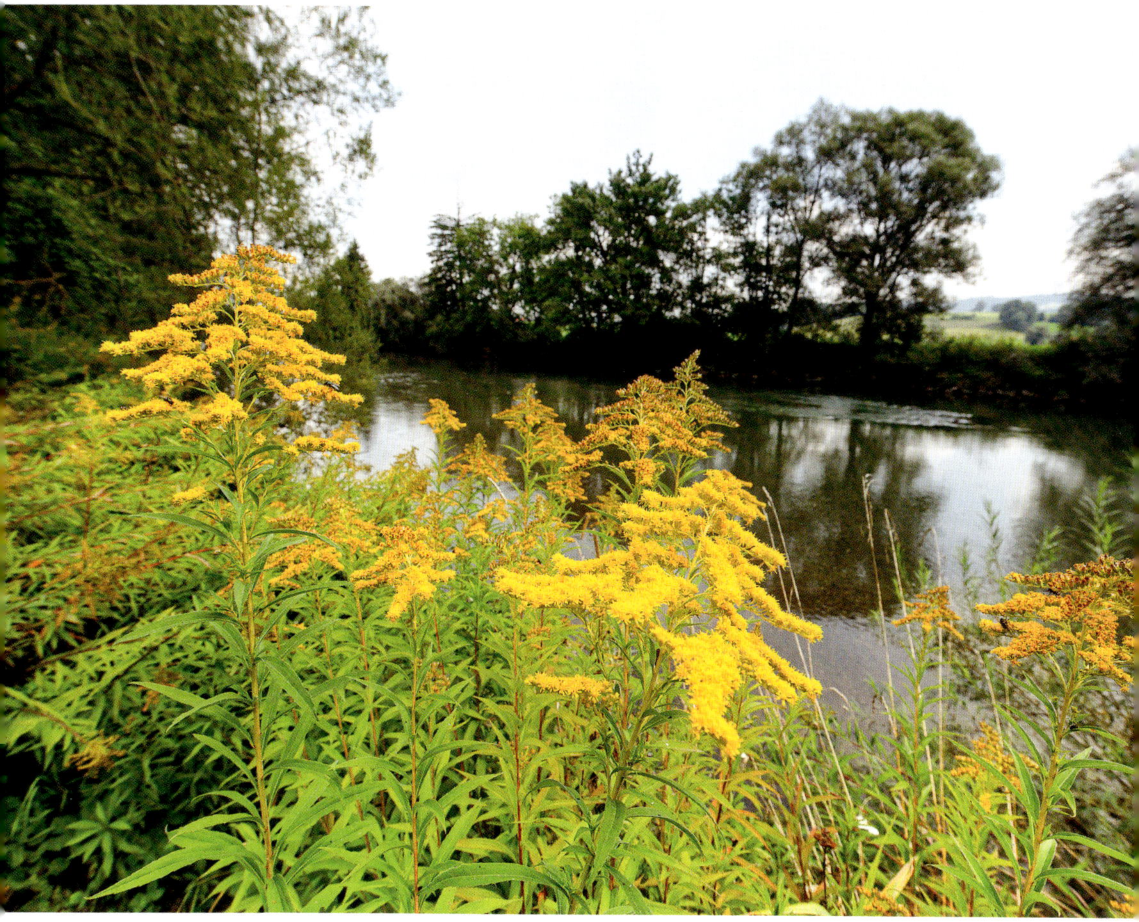

vor allem für die in Kempten ansässige Textilindustrie erbaut wurden, heute jedoch nur noch Strom produzieren. Die Textilindustrie hatte ihren Ursprung im großflächigen Flachsanbau des Allgäus. Der Begriff »Blaues Allgäu« (Flachs blüht blau) stammt aus dieser Zeit. Zuerst gab es nur Hauswebereien, die den Flachs zu Leinen verarbeiteten. Der kleine, aber gerade für Bauern wichtige Nebenerwerb brach durch die Mechanisierung und den Import billiger Baumwolle zusammen. Diese wurde dann im 19. Jh. in den größeren Textilbetrieben der Stadt Kempten weiterverarbeitet. Außer einigen zum

Die Kanadische Goldrute hat sich an der Iller ausgebreitet.

Guten Appetit

Das Landgasthaus »Seehof« liegt direkt an unserem Radweg an einer großen Liegewiese. Diese Lage bringt große Vorteile und die Wahl: Zuerst einen Sprung ins Wasser und dann essen, oder umgekehrt? Das hängt natürlich etwas von der Tageszeit ab. Zum Essen bietet sich die Terrasse an, die einen schönen Blick über den See auf die Allgäuer Berge bietet. Die Gaststube ist gemütlich mit hellem Holz gestaltet, die Speisekarte bietet neben den üblichen internationalen Gerichten auch Allgäuer Spezialitäten an.

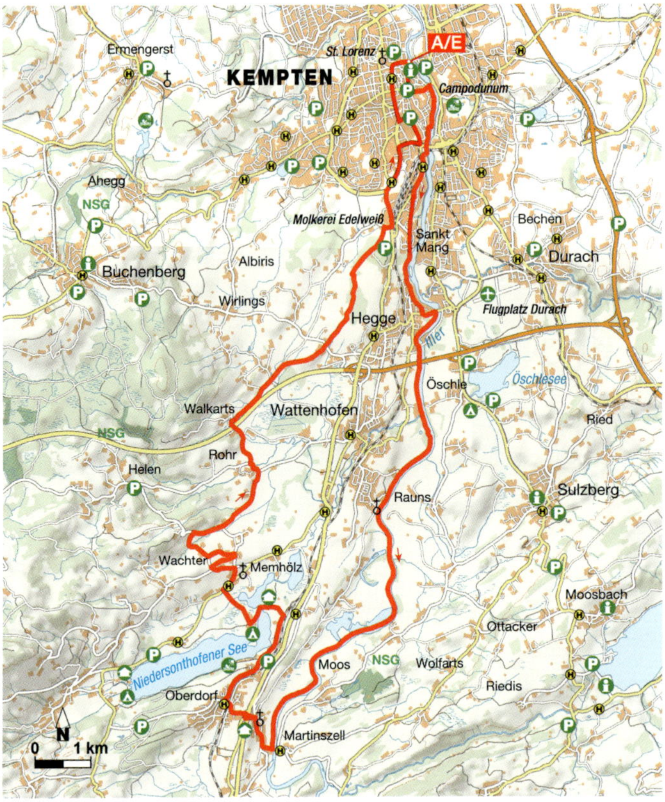

Allgäu-Erfahrung: Niedersonthofener See

Als ein wahres Naturidyll entpuppt sich der Niedersonthofener See. Eingebettet in malerische Landschaft sind die dahinter aufragenden Berge zum Greifen nah und das Wasser ist klar und sauber. Der See ist im Gegensatz zu dem östlich davon gelegenen Rottachspeicher als Relikt der Eiszeit natürlich entstanden. Auf einem Wanderweg oder auch mit dem Fahrrad lässt er sich ohne große Anstrengung umrunden, damit wir seine landschaftlichen Reize voll auskosten können. An immerhin vier Badeplätze können wir dabei in der warmen Jahreszeit zum Schwimmen gehen.

Teil verfallenen, zum Teil modern umgebauten Industriegebäuden ist jedoch nicht mehr viel aus dieser Zeit übriggeblieben.

Flott geht es an der Iller entlang. Für die nächsten Kilometer begleiten uns der Fluss und seine Auwälder. Wir passieren die kleine, fast einsam liegende Kirche St. Cosmas und Damian von Rauns. Ein Blick in ihr hübsches Inneres zeigt schöne gotische Figuren, darunter die Kirchenpatrone. Die Altäre stammen zwar aus späterer Zeit, harmonieren aber hervorragend mit den wertvollen Skulpturen.

Nach einer weiteren Flussbiegung sehen wir am gegenüberliegenden Ufer den Kirchturm von Ried. Nun ist es nicht mehr weit und wir verlassen bei Flusskilometer 116,8 die Iller nach rechts auf den Feldweg. Das nächste Ziel, den Kirchturm von Martinszell, haben wir direkt vor Augen. So erreichen wir die Illerstraße, die wir aufwärts zum ehemaligen Gasthof »Adler« fahren. Direkt am Gasthof biegen wir links ein, fahren oder schieben die Serpentinen hinauf und können die breite B 19 sicher durch eine Unterführung nach Oberdorf queren.

Den Ort durchradeln wir zunächst auf der Vorfahrtsstraße, biegen dann aber nach den Gleisen rechts in die Seestraße ein. So sind wir gleich darauf am Niedersonthofener See beim Landgasthof »Seehof« mit seinem

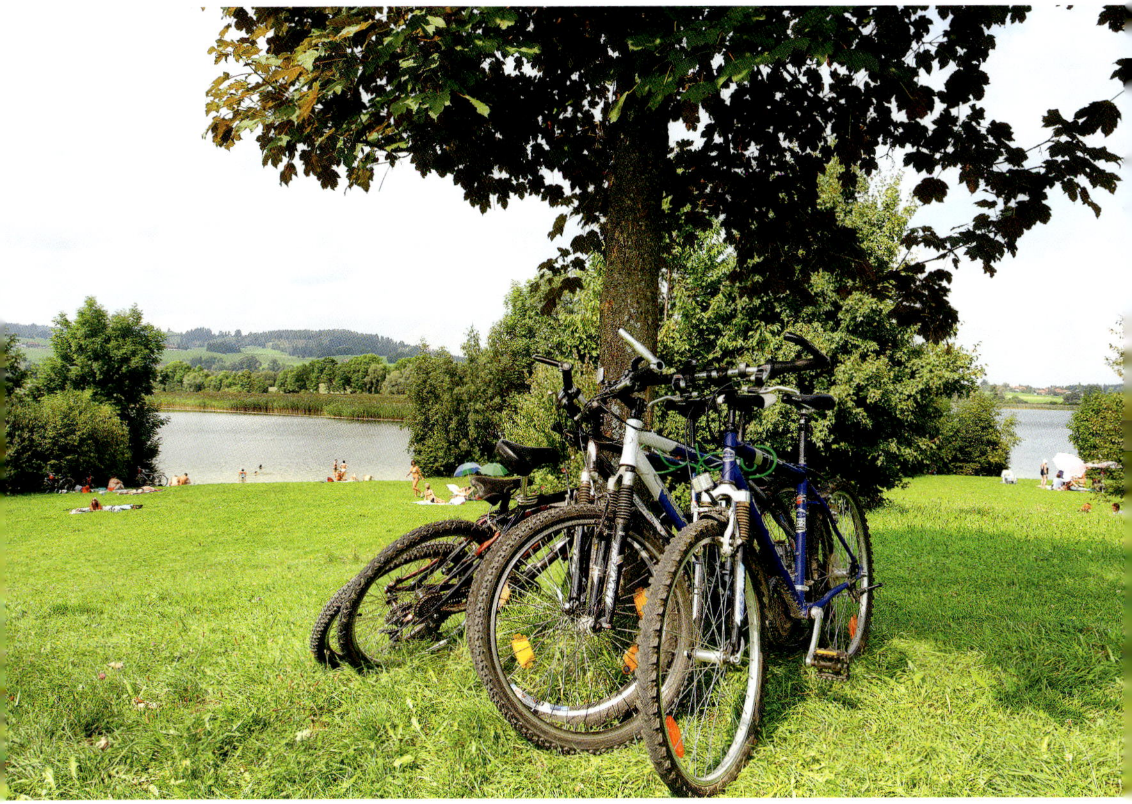

großen Badegelände. Ideal für eine Mittagspause und anschließend für eine Abkühlung im See!

Die herrlichen Badeplätze am Niedersonthofener See sind bequem mit dem Fahrrad erreichbar.

Zurück nach Kempten Nach der Pause radeln wir auf dem Weg geradeaus weiter. An der nächsten Wegabzweigung biegen wir links zum See hinunter ab. Ein kleiner Steg verbindet den Mittleren und den Oberen See. Wir kommen zum Weiler Insel mit dem Campingplatz, vor dem wir nach rechts abbiegen. Danach steuern wir auf die Kirche von Memhölz zu. Vor dem Gasthaus »Zum Ochsen« nach links und gleich wieder rechts sind wir kurz darauf in Wachters. Nun weiter über Wies, immer der Teerstraße nach, bis unser Weg bei Rohr in eine weitere Teerstraße mündet. Hier links, durch Rohr und der Beschilderung nach Walkerts folgen. Gleich nach der Unterquerung der B 12 biegen wir rechts ab und radeln nun stur für 3,2 km geradeaus über alle Kreuzungen. Nach dem kleinen Anstieg biegen wir an der Kreuzung rechts ab und fahren durch die Siedlung »Am Gersbühl« abwärts, bis wir an der Molkerei Edelweiß wieder auf eine große Kemptener Ausfallstraße treffen. Nun folgen wir links der Radwegbeschilderung ins Zentrum Kemptens. Die Altstadt liegt an der Iller und so finden wir leicht zurück.

13 Große Tour um den Alpsee

Wadenzwicker im Hügelland

schwer | 40 km | 850 Hm | 4.30 Std.

Highlight: Sehenswürdigkeit

Ausgangs- und Endpunkt
Bühl am Alpsee, AlpSeeHaus

GPS
47.569513, 10.193228

Anfahrt
Auto: Auf der B 12 oder der A 7 nach Kempten, weiter auf der A 7 zum Dreieck Allgäu, weiter auf der A 980 zur Ausfahrt Waltenhofen und auf der B 19 nach Immenstadt, dann weiter auf der B 308 nach Bühl. Dort rechts zum AlpSee-Haus-Informationszentrum an den Alpsee abbiegen. Gebührenpflichtige Parkplätze hinter dem Haus. Bahn: Mit dem Zug nach Immenstadt. Von dort zusätzlich 2 km Anfahrt entlang der Konstanzer Ache über den Kleinen Alpsee zum Großen Alpsee.

Tourencharakter
Sehr lohnenswerte, aber anstrengende Rundtour, mit vielen Steigungen auf den ersten zwei Dritteln der Wegstrecke. Abkürzungsmöglichkeit erst im letzten Drittel. Sehr gutes Trekkingrad oder Mountainbike, noch besser E-Bike empfehlenswert.

E-Bike-Ladestation
Informationszentrum AlpSee-Haus

Radverleih
Immenstadt: Myrtens Zweiradladen, Bahnhofstraße 5

Information
www.alpsee-gruenten.de

Neben dem Forggensee gehört der Große Alpsee zu den größten Wasserflächen des Allgäus. Er ist auf seiner Südseite umrahmt von hohen Bergen und auf seiner Nordseite von einem weitläufigen Hügelsystem, das auch respektable Höhen aufweist. Zwangsläufig hat so eine ausgedehnte Rundfahrt stets sportlichen Charakter, was jedoch in Anbetracht der uns erwartenden landschaftlichen Schönheit die Mühe wert ist.

Die erste Hügelhürde Wir starten vor dem AlpSeeHaus und radeln auf der Brücke mit der Figur des hl. Nepomuk über die

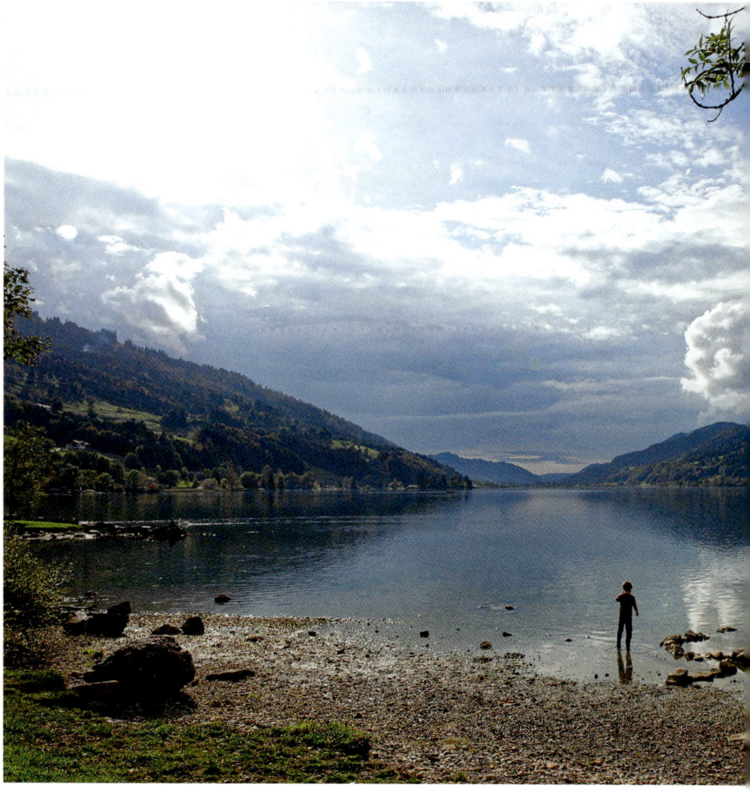

Konstanzer Ache. Dahinter geht es nur leicht rechts haltend in den Ortsteil Hub hinein, wo wir die Bahngleise queren. Auf der Hauptstraße geht es zwischen den Häusern hindurch und wir queren die Staatsstraße mithilfe einer Unterführung. Nun steht gleich die erste und längere Auffahrt bevor. Wir wenden uns nach links und folgen der Wanderwegbeschilderung nach »Zaumberg/Missen« auf einem zum Teil recht schmalen Wiesenpfad, der uns jedoch sicher aufwärts bringt. Einmal müssen wir dabei auf die andere Straßenseite wechseln. Die wunderbaren und weiten Aussichten über den See entschädigen uns für die Atemlosigkeit. An einem einsamen Haus können wir dann schließlich nach links auf eine kleinere geteerte Straße einbiegen, die uns zum Weiler Zaumberg bringt.

Linke Seite: Einen der schönsten Blicke über den Großen Alpsee genießen wir von Bühl.

Unten: In Zell bei Buflings gibt es den berühmten gotischen Flügelaltar von Hans Strigel d. Ä.

Guten Appetit

Ja, leicht wird es nicht, der guten Küche und dem leckeren Bier im »Schäffler Bräu« an der Hauptstraße in Missen-Wilhams zu widerstehen. Vor allem, weil nach der Pause noch ein Anstieg bevorsteht. Aber der ofenfrische Missener Krustenbraten in Dunkelbiersoße oder die Käsespätzle mit viererlei Käsesorten und Schmelzzwiebeln sind jede Sünde wert (keine Ruhetage bis auf drei Wochen Urlaub im Spätherbst, Mi und Do aber erst ab 15 Uhr).

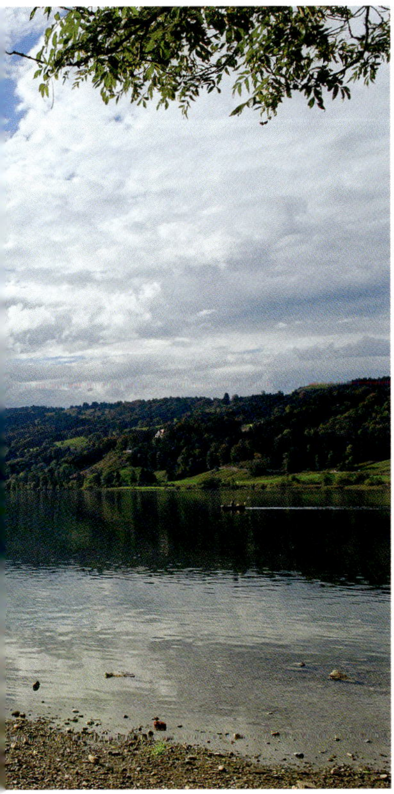

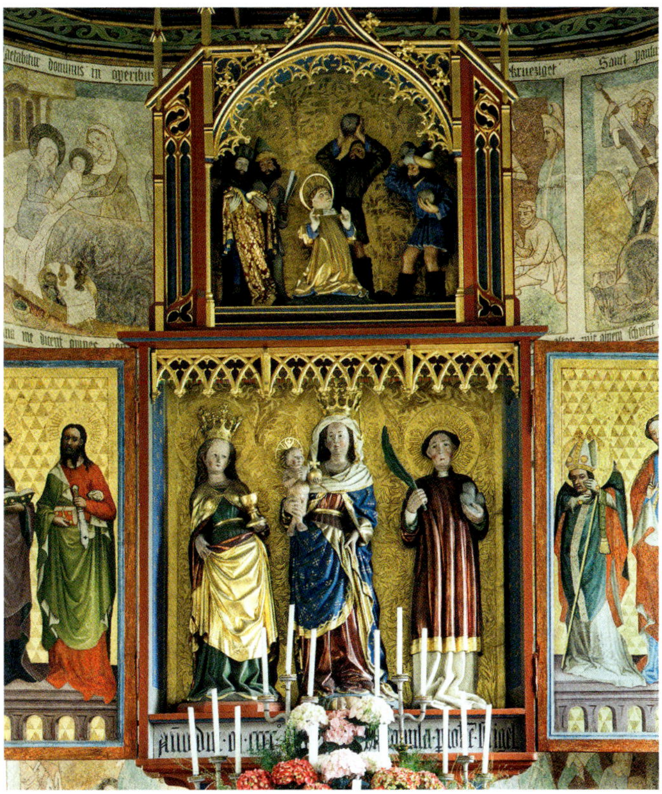

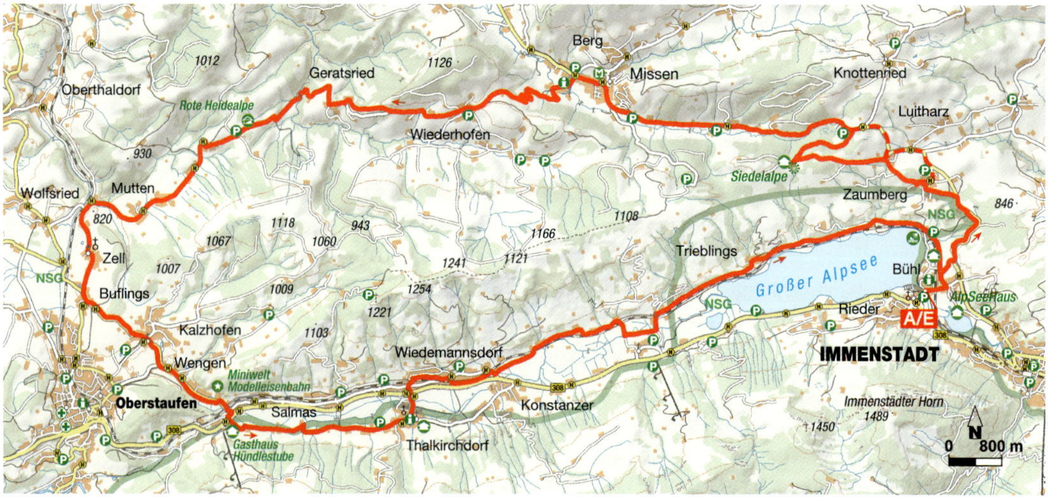

Hier haben wir uns für eine spannendere, wenn auch schwieriger zu befahrende Wegstrecke entschieden, denn wir versuchen ja gerne Autostraßen zu vermeiden. Dieses Teilstück ist jedoch für E-Bike-Fahrer nicht geeignet, bremsen uns doch zwei Viehsperren aus, zu deren Überwindung das Rad hochgehoben werden muss. Wem das zu schwer ist, der folgt einfach in Zaumberg der Straße in nördliche Richtung und stößt so wieder auf die größere Staatsstraße. Dort geht es dann links nach Missen weiter.

Die Abenteuerlustigen unter uns, die auch ein paar zusätzliche Höhenmeter nicht scheuen, wenden sich in Zaumberg nach links und nehmen dann an den letzten Häusern nach rechts den aufwärtsführenden Forstweg, der Beschilderung »Pfarralpe/Siedelalpe/Missen« folgend. Zum Glück spenden die Bäume Schatten, denn es wird uns kaum eine Verschnaufpause gegönnt. Trotz des steinigen Untergrundes kommen wir gut voran und können auch immer wieder einen Blick über den See erhaschen. Schließlich wird es etwas flacher und wir erreichen die ersten Almwiesen. Wir queren sie durch Viehsperren, die hier als Wippe zum Einsatz kommen. Dann führt der Weg in Sichtweite zur Siedelalpe leicht abwärts zu einer größeren querenden Alpstraße.

Ehrlichkeit spart Muskelkater An dieser Stelle sollte jetzt jeder für sich ganz ehrlich seine Kondition abwägen. Wer bis hierher schon zu kämpfen hatte, pfeift auf falschen Ehrgeiz, beendet die Tour auf der Siedelalpe mit einer zünftigen Brotzeit und feinster Fernsicht, um nachher einfach auf gleichem Weg wieder abwärts zum Startpunkt zu rollen.

Ansonsten biegen wir rechts auf die Alpstraße ein, lassen also die Siedelalpe aus und schon führt der Weg abwärts, bis auch wir am Schlettenmoos auf die große Autostraße treffen. Nun können wir ihr nicht mehr ausweichen, aber zum Glück geht es nach links meist flott bergab und so erreichen wir schnell den Ort Missen-Wilhams, der vor allem wegen dem Agrarreformer und Politiker Carl Hirnbein bereits früh seinen touristischen Aufschwung erlebte. Wer Hunger hat, kann hier gut im »Schäffler Bräu« einkehren.

Mehr Höhenmeter Wie radeln auf der Hauptstraße durch Missen und biegen nach den Tennisplätzen links in die ansteigende Straße nach Wiedenhofen ein. Aus dem Tal betrachtet schrecken die Serpentinen ab, aber versprochen, die angeblichen 20 % Steigung haben wir hier wirklich nicht vorgefunden! Stattdessen wird die Aussicht auf Missen und den sich dahinter emporreckenden Hauchenberg immer schöner, und ehe man es sich versieht, haben wir schon den Scheitelpunkt in Wiedenhofen erreicht. Unser nächstes Ziel ist Geratsried, Radwegschilder weisen den Weg.

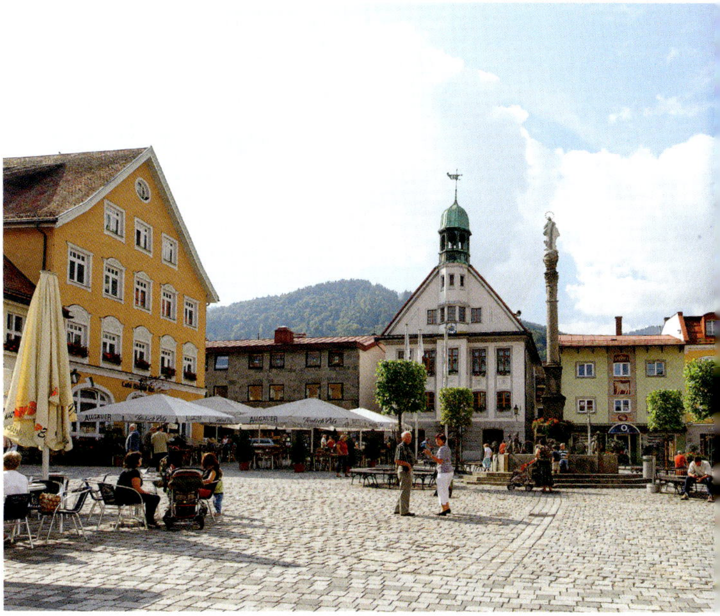

Am Ende der Radtour können wir den Tag in Immenstadt ausklingen lassen.

Jetzt müssen wir uns nicht anstrengen. Leicht bergab führt der Weg an einer alten Eschenbaumreihe entlang, links haben wir weite Sicht über die einzelnen Alphöfe hinauf zur Thaler und Salmaser Höhe, die sich als Berg zwischen uns und dem Alpsee entpuppen. In Geratsried endet die für den öffentlichen Verkehr freigegebene Straße. Wir aber freuen uns weiterhin an dem Sträßchen, das obendrein immer noch abwärtsführt. Unten queren wir die Jugetach und schon steigt der Weg bis zur Roten Heidealpe wieder an. Bitte daran denken: Unbedingt immer die Weidegatter schließen, denn sonst haben die Alperer große Mühe, ihre entlaufenen Kühe wieder einzufangen.

Grandiose Fernsicht und der Kunstschatz von Zell Wenige Meter hinter der Roten Heidealpe erreichen wir dann an einem Wanderparkplatz den wohl schönsten Aussichtspunkt der Rundfahrt. Der Blick reicht weit nach Westen hinein in die Schweizer und österreichische Bergwelt. Kein Wunder, dass sich von hier so viele Wanderer auf den Weg hinauf zur Kalzhofner Höhe machen, wo die Fernsicht noch um ein vieles besser sein soll!

Für uns ist hier aber der anstrengendste Teil der Strecke geschafft. Es geht flott weiter und wir rollen über Mutten, vorbei an vielen blumengeschmückten alten Allgäuer Bauernhäusern abwärts, bis zur Bahnstrecke. Hier halten wir uns links, überqueren jedoch nicht die Schienen, sondern wählen den schmalen Fuß- und Radweg, der steil die Böschung hinaufführt. Dann geht es wieder eben weiter direkt in den Weiler Zell, wo wir unbedingt eine kulturelle Verschnaufpause an der kleinen St.-Bartholomäus-Kirche einlegen sollten.

Das Kirchlein mit seinem spitzen Turm ist ein kunsthistorisches Kleinod, wie man es nur selten findet. Die Innenwände sind völlig mit Fresken aus dem späten 15. Jh. bedeckt. Drei gotische Altäre bester Qualität zeugen von der hoch entwickelten Schnitzkunst dieser Zeit.

Allgäu-Erfahrung: Carl Hirnbein

Im Allgäu hatte sich neben der Landwirtschaft als Zuerwerb der Flachsanbau entwickelt. Doch zu Beginn des 19. Jh. kam ein gewaltiger Einbruch, denn in England hatte man den mechanischen Webstuhl erfunden, auf dem Baumwolle verarbeitet wurde. Dem Leinen war eine Konkurrenz erwachsen, die für die Allgäuer Weber den Untergang bedeutete, 1842 war der Markt praktisch völlig zusammengebrochen.

Normalerweise wäre im Allgäu die Not groß geworden, hätte nicht der 1807 in Wilhams geborene Carl Hirnbein rechtzeitig neue Ideen gehabt. Er stellte die Almwirtschaft von der Fleischerzeugung auf Milchwirtschaft um und ließ die Milch zu Käse verarbeiten. Um die Qualität seines Käses dem europäischen Standard anzupassen, engagierte er Käsemeister aus der Schweiz und aus Holland. Diesen Käse verkaufte er in ganz Europa. Die Menge, die er benötigte, konnte er schon lange nicht mehr selbst erzeugen. So regte er andere Bauern an, Käse nach seinem Vorbild zu fabrizieren und innerhalb von 50 Jahren hatte sich das »flachsblaue Allgäu« der Leinenhersteller in das »grüne Allgäu« der Milchwirtschaft verwandelt. Noch eine Entwicklung hatte Hirnbein entscheidend beeinflusst: den Fremdenverkehr. Bereits 1851 baute er am Grünten ein Hotel, das heute noch steht!

Am Rande Oberstaufens Weiter geht es entlang des Golfplatzes nach Buflings, ebenfalls ein Ortsteil von Oberstaufen, in dem sich nun schon die ganze Bandbreite an Hotels, Ferienwohnungen und Restaurants eines typischen Allgäuer Touristenortes wiederfindet. Wer die Runde nun abkürzen möchte, kann hier rechts nach Oberstaufen zum Bahnhof radeln und mit dem Zug nach Immenstadt zurückkehren. Alle anderen lassen Oberstaufen rechts liegen und folgen der Beschilderung nach Immenstadt auf den Radweg. Ein wirklich letzter, minimaler Anstieg ist nötig, dann geht es bergab, über Kalzhofen, vorbei an dem bewaldeten, frei stehenden Berg Staufen, hinunter bis nach Knechtenhofen, wo wir unter der Eisenbahn hindurch auf die große B 308 treffen.

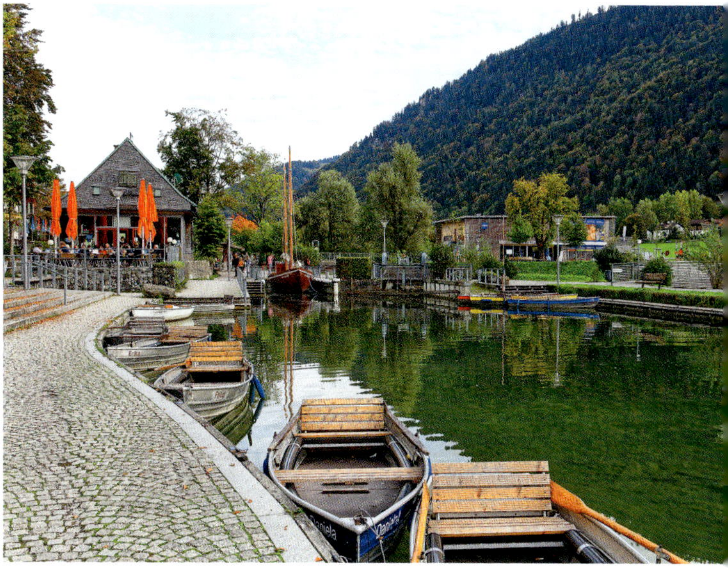

Ruderboote warten auf Gäste an der Uferpromenade in Bühl am Großen Alpsee.

Entlang der Konstanzer Ache Für ein großartiges Finale folgen wir nun nicht links dem Schild nach Immenstadt, sondern radeln rechts durch die Unterführung auf die andere Seite der B 308 zum Parkplatz der Sommerrodelbahn an der »Hündlestube«. Geradeaus über dem Parkplatz beginnt dann nach links ein herrlicher Weg, der mit einigem Zickzack entlang der Konstanzer Ache nach Osten führt. So sind wir schnell in Thalkirchdorf. Wer sich seinen Hunger bis hierher aufgespart hat, dem empfehlen wir eine Einkehr im »Thalkirchdorfer Dorfhaus« (siehe Tour 14). Nachdem wir uns den kleinen Ort mit seinen vielen mit Blumen geschmückten alten Holzhäusern und die nette barocke Johanneskirche angesehen haben, machen wir uns auf die letzte Etappe.

Schlussspurt über den Großen Alpsee Wir biegen vor dem Restaurant »Dorfhaus« links in die Kirchdorfer Straße und radeln durch die Unterführung auf die andere Seite der Bundesstraße. Hier geht es nun den Radwegschildern folgend nach rechts, stets entlang der Bahnlinie, die wir einige Male queren. So erreichen wir die für den Verkehr gesperrte Nordseite des Großen Alpsees. Über Trieblings geht es nun immer am Ufer entlang zurück bis zum AlpSeeHaus.

14

Kleine Alpseerunde

Genussradeln der leichten Art

leicht | 32 km | 100 Hm | 2.30 Std.

Highlight: Naturparadies

Ausgangs- und Endpunkt
Bahnhof Oberstaufen

GPS
47.553800, 10.025007

Anfahrt
Auto: Auf der B 308 nach Oberstaufen, dort der Beschilderung zum Bahnhof folgen. Hier gibt es viele Parkplätze.
Bahn: Oberstaufen liegt an der Allgäubahn München–Lindau.

Tourencharakter
Im Gegensatz zu Tour 13 ist es eine sehr leichte Tour entlang des Alpsee-Nordufers. Meist auf geteerten Nebenstraßen oder gut befestigten Feldwegen. Nur ganz zum Schluss gibt es einen kurzen, aber steilen Anstieg.

E-Bike-Ladestation
Oberstaufen: Haus des Gastes und bei den Radverleihgeschäften

Radverleih
Oberstaufen: Ollis Bikeshop, Reinwaldstraße 1 oder Sport Huber, Talstation Hündlebahn

Information
www.oberstaufen.info

Wer es einmal wirklich richtig gemütlich angehen möchte, der ist auf dieser kleinen Runde durchs Tal der Konstanzer Ache zum Alpsee und zurück gerade richtig. So bleibt viel Zeit für die Sehenswürdigkeiten entlang der Strecke, wobei auch die Einkehrbremsen laut quietschen dürfen.

Um den Staufen Wir starten am Bahnhof in Oberstaufen und radeln, das Bahnhofsgebäude in unserem Rücken, nach rechts über den Bahnhofsplatz. Am Bahnübergang bleiben wir geradeaus und folgen der Immenstädter Straße ortsauswärts. Am Ortsende beginnt ein bequemer Radweg, der stets parallel zur Autostraße verläuft und dann an der großen Staatsstraße nach rechts schwenkt. So umrunden wir den bewaldeten und frei stehenden Berg Staufen auf seiner Nordseite.

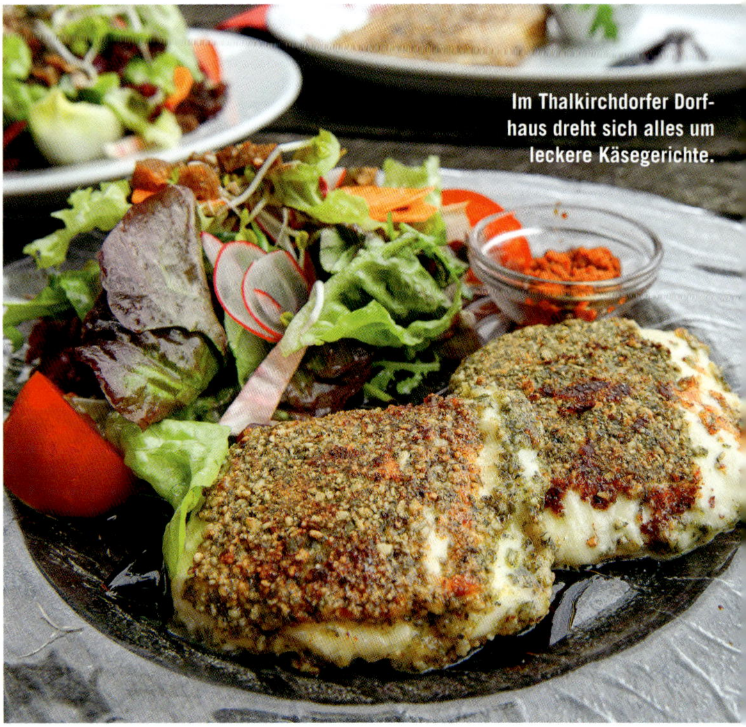

Im Thalkirchdorfer Dorfhaus dreht sich alles um leckere Käsegerichte.

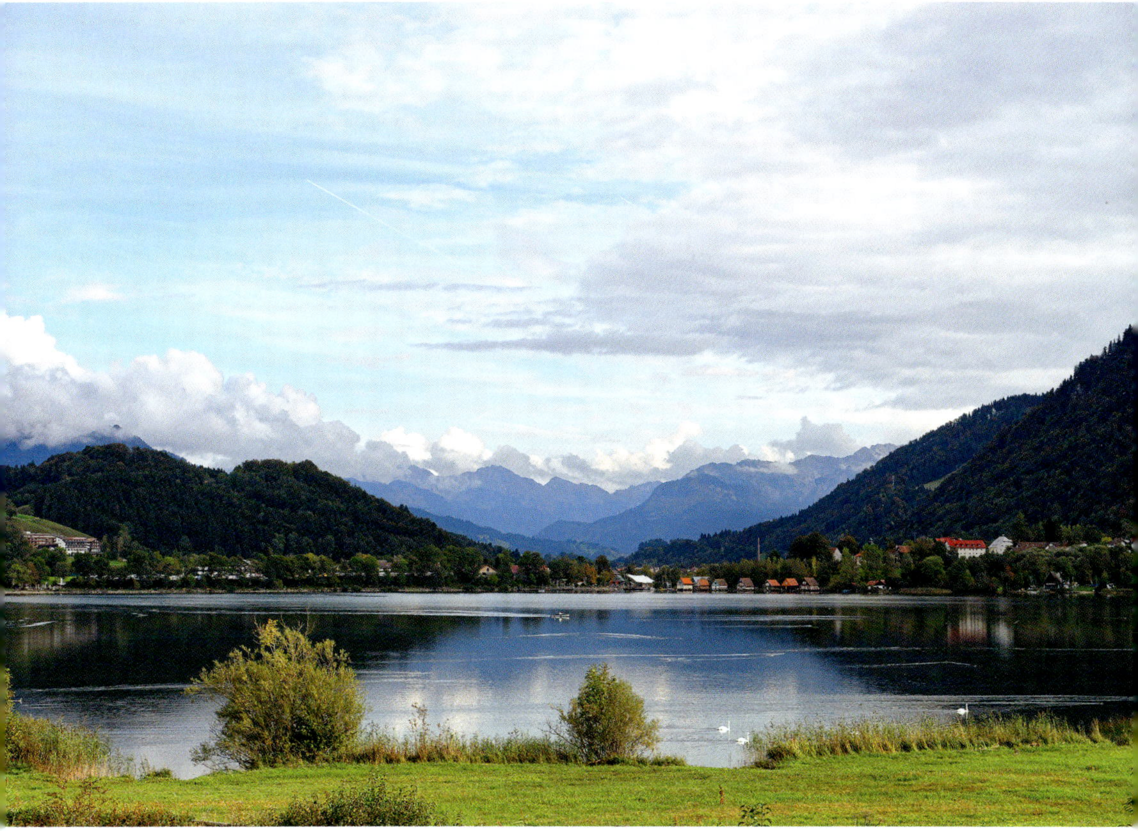

Der Große Alpsee liegt wunderbar eingebettet zwischen den Allgäuer Alpen.

Zum Alpsee Leicht bergab geht es nun an der Miniwelt Oberstaufen vorbei durch den Tunnel der Eisenbahn Knechtenhofen, wo wir uns sofort nach links auf die Salzstraße wenden. Immenstadt ist nun schon perfekt ausgeschildert. Jetzt geht es durch die Dörfer Knechtenhofen, Salmas, Lamprechts und Wiedemannsdorf, die mit einigen wunderschönen alten, holzschindelverkleideten Bauernhäusern aufwarten. Ein paarmal queren wir dabei die Gleise der Bundesbahn, dann haben wir das westliche Ufer des Alpsees erreicht. Mit herrlicher Sicht über das Wasser auf die Allgäuer Berge geht es nun flott am Nordufer entlang, bis wir am Freibad fast schon in Bühl sind. Zur Abwechs-

Guten Appetit

Für das kleine »Thalkirchdorfer Dorfhaus«, ein Restaurant mit Biergarten, Sennerei und angeschlossenem Dorfladen, sollten wir uns den Hunger aufheben. Hier kann man sogar übernachten oder Kurse in der Käseschule belegen. Und natürlich sind die leckeren Gerichte, viele davon rund um hervorragenden Allgäuer Käse, ein wahrer Traum. Nach einer Pfanne Käsespätzle oder einem mit Nüssen panierten Käseschnitzel mit Feigensenf ist es einfach perfekt, dass die letzte Wegstrecke nur noch eben und vor allem nicht mehr lange ist (www.dorfhaus.de, kein Ruhetag).

lung können wir nun auch die Seeuferpromenade benutzen. Auf dem direkt am Wasser entlangführenden Weg müssen wir jedoch schieben, er ist den Fußgängern vorbehalten. Schon hier verlockt ein Strandcafé nach dem anderen zu einer Pause.

Uferpromenade in Bühl

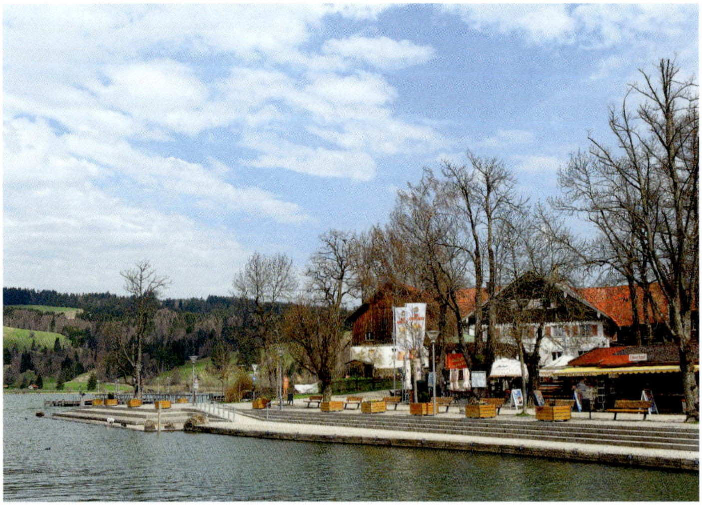

Abstecher nach Immenstadt

Wer Lust hat, kann von Bühl in ca. 15 Minuten Immenstadt erreichen. Dafür radeln wir am AlpSeeHaus über den Ablauf der Konstanzer Ache und wenden uns dann nach rechts. Auf einem Fuß- und Radweg folgen wir zunächst dem Flusslauf, dann geht es nach links über die Gleise. So passieren wir auch den Kleinen Alpsee und stoßen kurz darauf am Vieh-

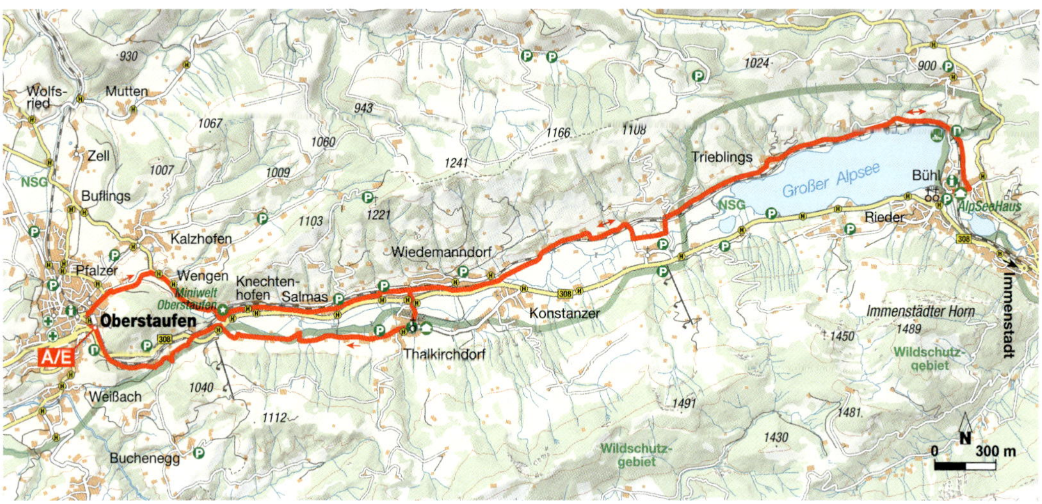

marktplatz auf den Ortsrand von Immenstadt. Weiter in östlicher Richtung erreichen wir durch die Rothenfelsstraße das Herz der Altstadt, den Marienplatz.

Retourkutsche Zurück geht es wieder nach Bühl und erneut über das Nordufer des Alpsees auf dem bekannten Hinweg. Den nutzen wir aber nur, bis wir wieder in Wiedemannsdorf sind. Kurz hinter dem Restaurant »Alte Salzstraße« queren wir noch einmal die Gleise und verlassen 500 m später unseren bis hierhin bekannten Weg nach links. Mithilfe einer Unterführung queren wir die B 308 und erreichen Thalkirchdorf. Hier kann man wirklich äußerst lecker im »Thalkirchdorfer Dorfhaus« einkehren. Nachdem wir den kleinen Ort mit seinen vielen blumengeschmückten alten Holzhäusern und die barocke Johanneskirche angesehen haben, beginnen wir die letzte Etappe. Am Restaurant »Dorfhaus« biegen wir rechts ein und folgen nun dem Straßenverlauf weiter in westliche Richtung. Bald geht es über Felder, an einem Skilift vorbei, bis schließlich unser Weg nach einer Scheune scharf nach links auf einen ungeteerten Feldweg abzweigt. Entlang der Konstanzer Ache erreichen wir den großen Wanderparkplatz an der Sommerrodelbahn Hündle. Wir unterqueren die Bundesstraße, unmittelbar danach geht es links weiter. Diesmal umrunden wir den Berg Staufen auf seiner Südseite und folgen der Beschilderung nach Oberstaufen über Bad Rain. Jetzt steht uns der einzige, aber auch steile Anstieg der heutigen Tour bevor. Aber der ist leicht zu schaffen, denn kurz darauf stehen wir schon wieder an unserem Startplatz, dem Bahnhof von Oberstaufen.

Allgäu-Erfahrung: Alpsee

Manchmal muss man sich einfach etwas Gutes tun. Seinem Gemüt, seinem Geist, seinen Gefühlen und vielleicht auch seinem Gaumen. Dazu geht es an den Großen Alpsee, diesem wunderbaren und gar nicht so kleinen Bergsee, der sich lang gezogen zwischen zwei Bergketten erstreckt. Ein herrliches Naturjuwel mit glitzerndem Wasser, wogendem Schilf und einer tollen Kulisse. Dabei ist der Alpsee touristisch voll erschlossen und wir kommen in den Genuss einiger Annehmlichkeiten. Wer ein Fahrradschloss mitgenommen hat, kann den Drahtesel jetzt abstellen und alles ausgiebig zu Fuß erkunden. Am Auslauf der Konstanzer Ache ist immer was los. Auf dem großen Landungssteg können wir ein Sonnenbad nehmen, es gibt jede Menge Boote zum Ausleihen, der Minigiolfplatz oder gespannte Slacklineschnüre sorgen für Abwechslung.

Auch das AlpSeeHaus bietet neben einem Bistro und dem Diepolzer Käseladen eine interessante Ausstellung über den Naturpark Nagelfluhkette.

Kunsthistorisch Interessierte können eine kleine Wanderung hinauf zum Kirchenensemble von Bühl starten. Die beiden Kirchen sind durch Treppen miteinander verbunden. Im kühlen und fast schon dunklen Untergeschoss von St. Stephan befindet sich eine hl. Grabkirche mit einer sehr seltenen Darstellung der Kreuzigung Christi. Aber am schönsten ist es, seine Beine ins Wasser zu strecken und einfach einmal die Natur zu genießen und nichts zu tun.

15

Von Blaichach nach Martinszell

Eine Stadt, ruhige Dörfer und ein Moor

mittel | 38 km | 480 Hm | 3 Std.

Highlight: Naturparadies

Ausgangs- und Endpunkt
Blaichach, Kirchplatz

GPS
47.544085, 10.256522

Anfahrt
Auto: Auf der A 96 Ausfahrt Buchloe, weiter auf der B 12 nach Kempten, dann auf der Autobahn A 7 zum Dreieck Allgäu und auf der A 980 und der B 19 zur Ausfahrt Immenstadt. Richtung Immenstadt, die ersten Kreisverkehre geradeaus überqueren, links 2. Abfahrt Blaichacher Straße. Parkplätze um Kirche und Rathaus. Bahn: Von Kempten Richtung Oberstdorf, Bahnhof Blaichach.

Tourencharakter
Rundtour auf ungeteerten Rad- und Wanderwegen, Nebenstraßen und Radwegen. Es geht über schöne, ebene Dammwege, aber auch durch das hügelige Allgäuer Bauernland. Doch die Hügel sind nicht besonders steil. Nur einmal bei Martinszell wird es schwierig. Radler ohne Mountain- oder E-Bike müssen etwa 20 Hm Illersteilhang auf einem Serpentinenweg aufwärtsschieben.

E-Bike-Ladestation
Immenstadt: Informationszentrum AlpSeeHaus

Radverleih
Immenstadt: Myrtens Zweiradladen, Bahnhofstraße 5

Information
www.alpsee-gruenten.de

An Blaichach sausen die meisten Urlauber und Naherholungssuchenden mit großem Schwung vorbei. Dabei haben wir es als idealen Ausgangspunkt erlebt, um die Iller und das Voralpengebiet Richtung Kempten zu erkunden, oder auch um Immenstadt einen Besuch abzustatten.

Nach Immenstadt Wir beginnen unsere Tour am Rathaus von Blaichach, überqueren die Bundesstraße und fahren auf der Burgberger Straße Richtung Iller. Kurz vor dem Fluss biegen wir links in die Schützenstraße ab und haben damit schon den Radweg erreicht, der uns die nächste Zeit begleiten wird. Wir passieren eine große Schrebergartenanlage und kommen dann an die zwei Inselseen, die zum Baden und zum Wasserskifahren benutzt werden. Anschließend fahren wir unter der Brücke des Immenstädter Autobahnzubringers hindurch und kommen bei den Sportanlagen vom Immenstadt an einen Fußgängersteg. Hier biegen wir links ab und fahren zum Bahndamm. Nochmals 300 m links, dann geht es unter den Gleisen hindurch und über die Salzstraße zum Kirchplatz mit der Pfarrkirche St. Nikolaus von Immenstadt. Ein kurzes Stück weiter und wir haben den Marienplatz erreicht. Hier können wir uns auf dem Grünen Markt mit etwas Obst für die Weiterfahrt versorgen, aber auch das Rathaus und das Schloss ansehen. Das Stadtschloss war früher das Amtshaus der Grafen von Montfort-Rothenfels und besitzt einen Festsaal mit interessanter Stuckdecke. Heute ist es in privatem Besitz. Das Rathaus auf der Südseite des Marienplatzes mit seinem netten Türmchen stammt von 1640. Die Mariensäule im Zentrum des Marienplatzes ist eine Stiftung des Grafen von Montfort-Rothenfels aus Dankbarkeit, dass die sieben Jahre lang währende Pest 1635 ausgerottet war. Aufstellen ließ sie allerdings erst der Enkel des Stifters 150 Jahre später!

Nordrunde Als Nächstes drehen wir eine große Runde nördlich von Immenstadt. Dazu fahren bzw. schieben wir (weil Fußgängerzone) am Marienplatz in nördlicher Richtung zum Geißenbrunnen von Willi Thalheimer, der an die »Kuh des kleinen

Mannes« erinnert. Über die Theo-Bechteler-Straße kommen wir zur B 308 und biegen rechts in sie ein. Nach dem Kreisverkehr wird diese zur Kemptener Straße und führt parallel zur Bahn aus der Stadt. An der großen Zollbrücke über die Iller biegen wir rechts ab, fahren an den Straßenschleifen der Autobahnausfahrt vorbei und sehen am anderen Illerhochufer die Ruine Laubenstein. Den Herren von Laubenstein werden wir am Rückweg in Stein nochmals begegnen. Das nächste Dorf ist Untermaiselstein. Die Pfarrkirche ist der hl. Ursula geweiht, als besondere Kostbarkeit finden wir dort eine Muttergottesfigur und ein Relief der hl. Barbara aus der Zeit um 1515, die dem spätgotischen Schnitzer Ivo Strigel zugeschrieben werden. Wir fahren geradeaus durch den Ort, um am nördlichen Ortsrand rechts in die Weidachstraße einzubiegen. Sie bringt uns über Felder nach Freidorf. Wieder am nördlichen Ortsrand nehmen wir nach rechts die Humbacher Straße, auf der wir den kleinen Weiler Humbach erreichen. Architektonisch besonders schön ist der erste Hof links der Straße. Er

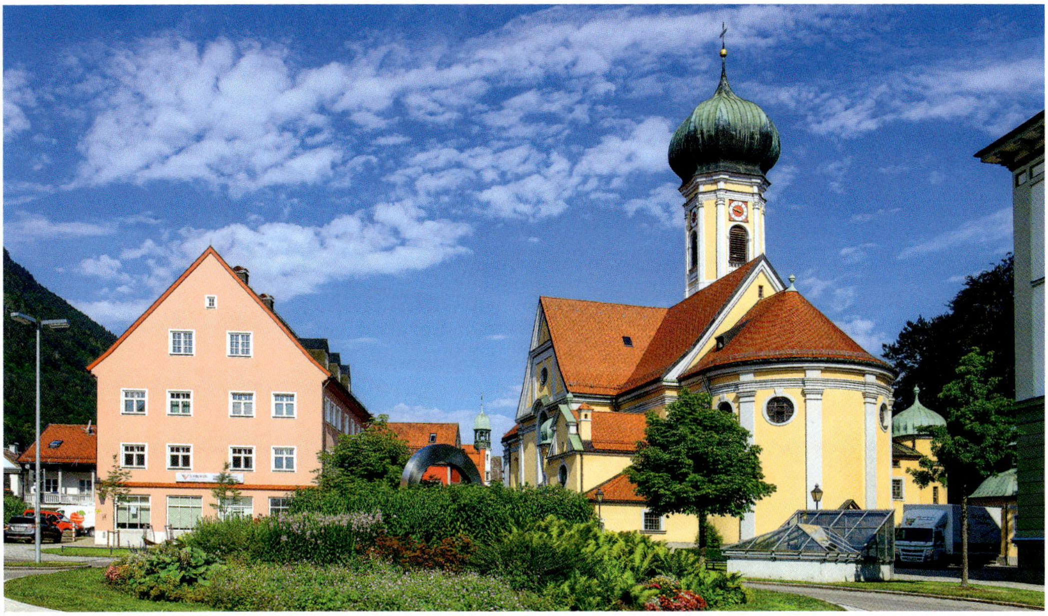

Die Pfarrkirche St. Nikolaus am Kirchplatz in Immenstadt besuchen wir bei einem Stadtrundgang.

Guten Appetit

Der »Haxenwirt« in Thanners ist ein beliebtes Ziel am Rand des Werdensteiner Mooses. Je nach Wochentag gibt es Spezialitäten wie Schnitzeltage, Grösteltage, Haxentage und vieles mehr. Dazu Brotzeiten und Fingerfood, aber natürlich auch etwas für Vegetarier. Sogar eine Extraspeisekarte für die Kinder gibt es. Da muss man sich nicht über den vollen Parkplatz und die vielen Gäste wundern (Mo Ruhetag).

ist mit Holzschindeln verkleidet, das Bundwerk im Giebel ist als hübscher Kontrast dazu weiß ausgefacht. Weiter geht es nach Rottach mit seiner Antoniuskirche aus dem 15. Jh., dann senkt sich nach links unsere Straße zur Iller hinab. Wir planen noch einen kleinen Abstecher ein. Am Dorfende führt die Alte Salzstraße geradeaus weiter. Wir folgen dieser etwa 500 m weiter, bis die Büsche rechts aufhören. Dort ergibt sich ein weiter Blick über das Tal der Iller auf die Berge um das Weitnauer Tal. Zurück im Dorf nehmen wir die Straße abwärts, fahren an der mäandernden Iller vorbei und überqueren sie in Martinszell. Wir radeln die Hauptstraße aufwärts und biegen dann nach einem großen freien Platz auf der linken Seite links ab. Jetzt müssen wir schieben. Mit mehreren Serpentinen gewinnen wir 20 m Höhe und überqueren am Schluss die Autobahn, ohne es zu merken. Sie ist hier in einem Tunnel geführt. Wir fahren nach rechts zur Hauptstraße und auf ihr nach Oberdorf.

Mooridylle Nach einem Rechtsbogen erreichen wir einen kleinen Platz, von dem vier Straßen abgehen. Wir fahren in spitzem Winkel zurück in den Kapellenweg, der uns mehr oder weniger nahe den Gleisen entlangführt. Bei der Unterführung wechseln

Allgäu-Erfahrung: Werdensteiner Moos

Das Werdensteiner Moos ist entstanden, als sich nach dem Ende der letzten Kaltzeit die Eismassen langsam in höhere Regionen zurückgezogen hatten. Das Eis hat zunächst eine gewaltige Wüste aus Gesteinsschutt hinterlassen, Hügel, die wir heute noch als Moränen sehen können, und dazwischen mehr oder weniger tief aufgestautes Wasser. Dann haben die Pflanzen das Land besiedelt, aus den abgestorbenen Pflanzenteilen entstand Humus. Dort, wo Wasser stand, konnten die Pflanzen nicht richtig verrotten, ihre Reste sanken auf den Grund und bildeten ganz langsam das, was wir heute als Torf bezeichnen. Der Vorgang dauert, soweit der Mensch nicht eingreift, bis heute an. In einem intakten Moor wächst die Torfschicht etwa 1 mm pro Jahr, in 1000 Jahren also 1 m. Bis vor einigen Jahrzehnten hat man die Moore regelrecht ausgebeutet. Der Torf wurde als Energieträger verbrannt oder der Gartenerde beigemischt, um deren Wasserhaushalt zu verbessern. Inzwischen hat man den ökologischen Wert der Moore erkannt. Im Vordergrund steht dabei seine Fähigkeit, gewaltige Mengen Wasser rasch zu speichern und dann langsam wieder abzugeben. Bei Starkregen ist das von unendlichem Wert. Deshalb hat man den Torfabbau weitgehend eingestellt, um die Moore wieder zu renaturieren. Ein Beispiel dafür ist das Werdensteiner Moos. Die Entwässerungsgräben wurden geschlossen und moorfremde Pflanzen wurden entfernt. Jetzt beginnt das langsame Wachsen des Torfes erneut.

wir die Seite, sehen links bereits das Naturschutzgebiet Werdensteiner Moos und kommen schließlich zum »Haxenwirt« in Thanners.

Zwischen den beiden großen Parkplätzen führt ein Weg in das Moorgebiet, der sich schnell verzweigt. Wir fahren oder schieben links und kommen an Tümpeln und Schilfinseln vorbei zur Aussichtsbrücke, die uns weit ins Moor hineinschauen lässt. Gut 100 m weiter biegt links ein Weg ab, auf dem wir Werdenstein erreichen. Dort nehmen wir den Gnadenberger Weg und folgen ihm nach Bräunlings. Auf der Bergstattstraße geht es knapp 100 m nach rechts, dann biegen wir links in die Alpenstraße ein, auf der wir nach Stein, einem Vorort von Immenstadt kommen. Nach ein paar Metern auf der Hauptstraße geht es links ab zur Kirche St. Mauritius, der Grablege der Herren von Stein. Die Ruinen ihrer Burg haben wir beim Hinweg bereits gesehen. An der Kirche vorbei geht es steil abwärts, unter der Bahn hindurch haben wir den Radweg nach Immenstadt und Blaichach erreicht.

Martinszell über der Iller

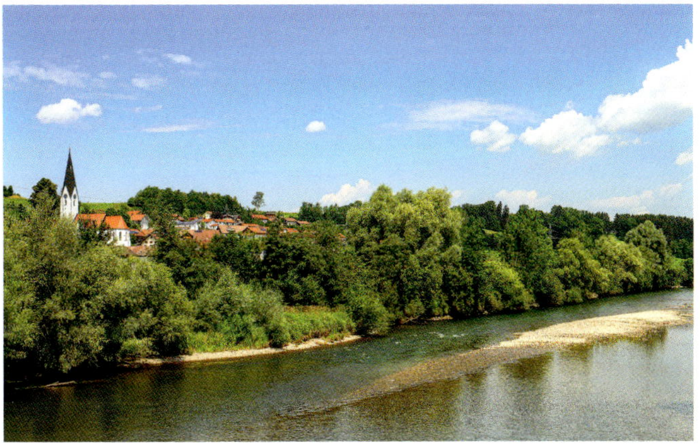

Zurück nach Blaichach An der Iller entlang passieren wir tief unten die Zollbrücke und stoßen auf eine Wohnsiedlung. Wir überqueren die Konstanzer Ache, die hier in die Iller fließt und bleiben auf dem Radweg neben der Iller. Schnell haben wir den Steg erreicht, an dem wir zu Beginn unserer Tour in die Altstadt von Immenstadt abgebogen sind und kehren jetzt auf dem bekannten Weg nach Blaichach zurück.

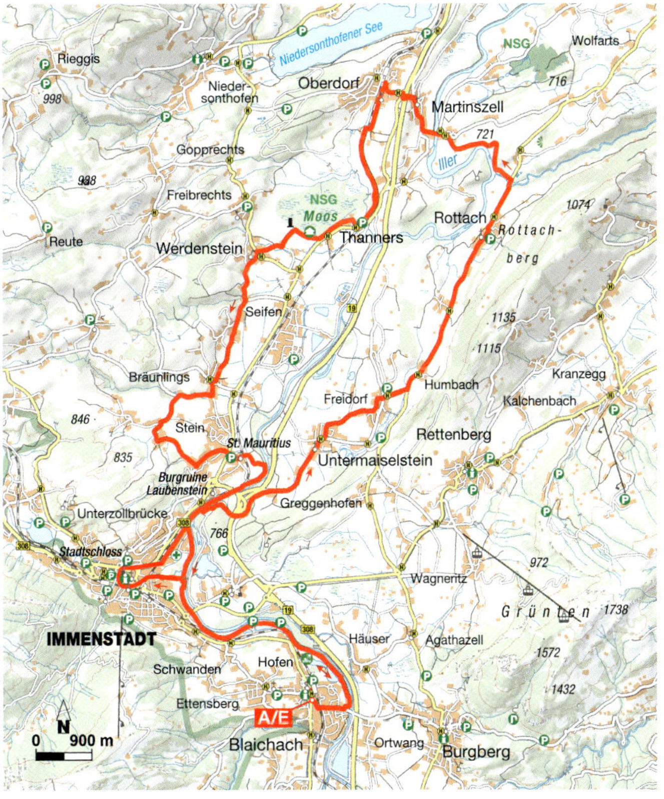

16 Um den Grünten

Der Wächter des Allgäus

schwer | 23 km | 650 Hm | 3 Std.

Highlight: Naturparadies

Ausgangs- und Endpunkt
Burgberg, Dorfplatz

GPS
47.538697, 10.286016

Anfahrt
Auto: Auf der Lindauer Autobahn A 96 Ausfahrt Buchlohe, weiter auf der B 12 nach Kempten, dann auf der Autobahn A 7 zum Dreieck Allgäu, auf der A 980 und weiter auf der B 19 zur Ausfahrt Sonthofen. Kurz nach der Ausfahrt links nach Burgberg. Parkmöglichkeit am nördlichen Ortsrand unter dem ehemaligen Steinbruch.

Tourencharakter
Rundtour auf gepflegten Bergwegen, teilweise sogar geteert, aber mit einer längeren steilen Auffahrt. Mit dem E-Bike kein Problem.

E-Bike-Ladestation
keine

Radverleih
Burgberg: keine; Sonthofen: Radsport Schaich, Bogenstraße 2

Information
www.alpsee-gruenten.de

Rinder und Ziegen auf blumenreichen Almwiesen, weite Fernsichten und dazwischen reichlich eingestreut Gasthäuser und Almen für eine Brotzeit oder ein Mittagessen, mehr Abwechslung kann eine Radtour kaum bieten. Die Runde führt um den Grünten, den Wächter des Allgäus, wie der Berg aufgrund seiner markanten Form gerne bezeichnet wird.

Zum Bergwerk Los geht es am Dorfplatz von Burgberg, von dem aus wir zunächst die Grüntenstraße bergauf radeln. Nach gut 300 m biegen wir links in die Straße Auf der Halde und umfahren die letzten Häuser von Burgberg in einem großen Rechts-

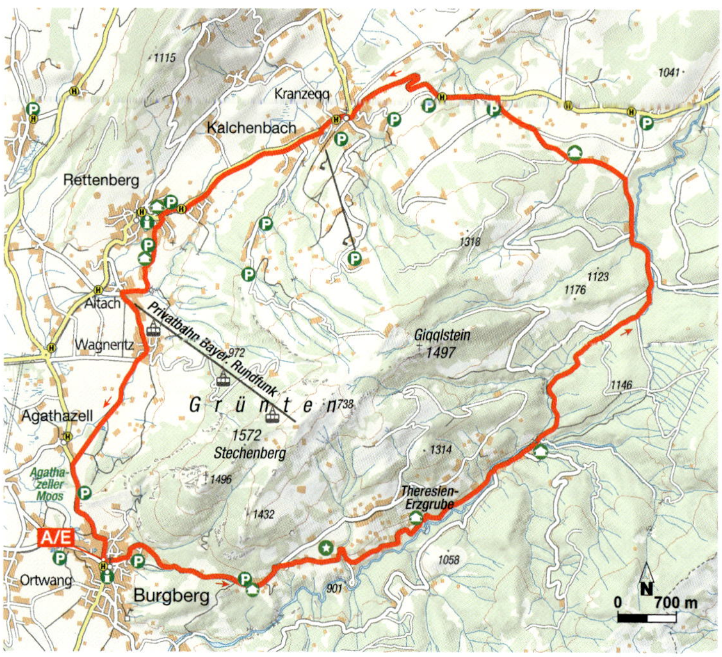

bogen. Recht steil geht es weiter aufwärts, bis wir an der Alpe »Weiherle« den Hauptanstieg, immerhin 250 Hm, geschafft haben. Zum Gasthof »Alpenblick« sind es dann nochmals knapp

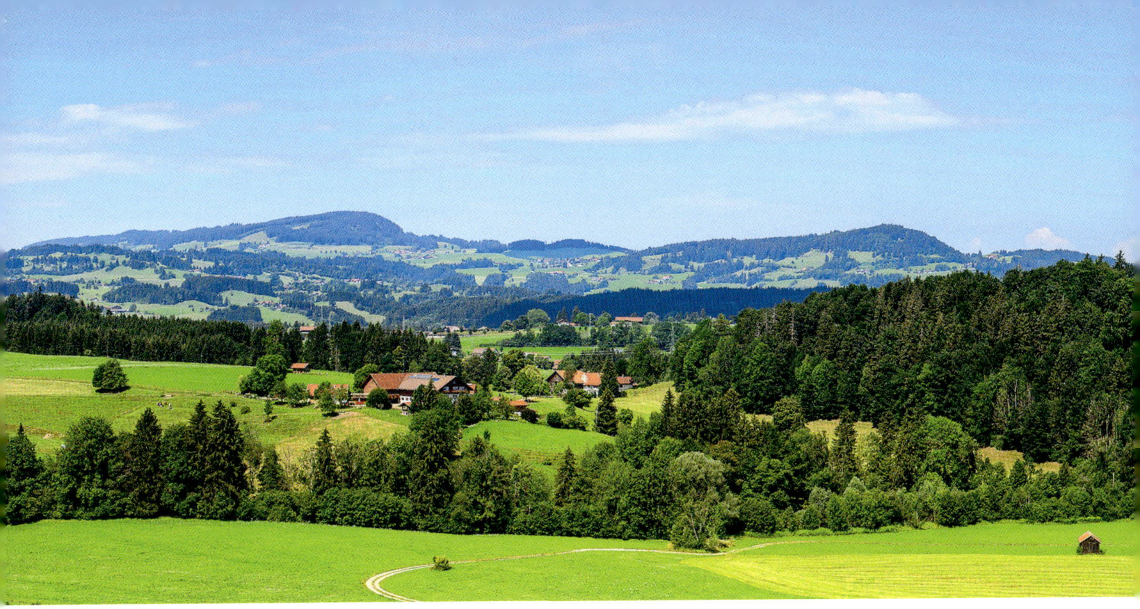

Aussicht über das Tal der Iller von den Höhen bei Rottach

100 Hm, hier können wir eine erste wohlverdiente Rast einlegen und unseren Durst löschen. Nach der Pause geht es noch mal ein kleines Stück aufwärts, dann rollen wir bergab zum Bergwerksmuseum und der Einkehr »Knappenhock«. Hier bietet sich natürlich ein Besuch im Museum und vor allem eine hochinteressante Führung in die alten Bergwerksstollen an. Es ist unglaublich, wie mühsam die Arbeit unter Tage war, kaum einer der Knappen wurde älter als 40 Jahre! Wir haben für den Besuch mit der Führung etwa zwei Stunden gebraucht, eine Zeit, die sich sehr gelohnt hat.

Zur Dreiangelhütte Nach dem Bergwerksbesuch geht es fast eben weiter. Wir fahren durch weite Almwiesen und passieren dann ein größeres Waldgebiet, bis wir auf die wohnliche »Dreiangelhütte« stoßen. Sie hat sich von der Holzfällerunterkunft zu einem Gasthaus gemausert, in dem man sogar übernachten kann. Den ungewöhnlichen Namen hat sie bekommen, weil an dieser Stelle drei Waldregionen zusammengestoßen sind.

Guten Appetit

Zwei Gasthäuser in Rettenberg kennen wir seit vielen Jahren, und wir haben Schwierigkeiten, uns für eines zu entscheiden. Das sind der »Engelbräu« und der Gasthof »Adler Post«. In beiden haben wir hervorragend gegessen und jeweils ein gutes Bier getrunken, denn jede Gaststätte gehört einer kleinen Landbrauerei. »Adler Post« schenkt das Bier der Brauerei Zötler aus, die sich die älteste Familienbrauerei der Welt nennt, denn sie ist seit 1447 in Familienbesitz. Das Bier der Gaststätte »Engelbräu« kommt, wie sollte es anders sein, vom gleichnamigen Engelbräu. Die Biere aus diesen lokalen Brauereien unterscheiden sich himmelweit von denen der Großbrauereien, die alle einen Einheitsgeschmack haben. Wer ganz am Schluss der Tour noch einen Kaffee braucht, dem können wir, weil dabei zusätzlich ein Badegenuss lockt, eindeutig das Café im Burgberger Freibad in der Blaichacher Straße empfehlen.

Nach Rettenberg Nach der Hütte gibt es noch einen kleinen Anstieg, aber dann geht es nur noch bergab – bis zurück nach Burgberg! Kleine Buckel nehmen wir dabei nicht ernst. Unsere Straße ist jetzt gut ausgebaut, es geht weiter durch den Wald, wobei wir jede Abzweigung ignorieren. Wir erreichen schließlich den Waldrand, unmittelbar dahinter schickt uns ein Wegweiser nach links zur Alpe »Metzeberg«. Etwas weiter stoßen wir auf die Fahrstraße von Wertach nach Rettenberg, unserem nächsten Ziel. Ein Stück müssen wir nun der Straße nach links folgen, zum Glück gibt es nur wenig Verkehr. So kommen wir schwungvoll über zwei Serpentinen nach Kranzegg hinein. Ab dort bis nach Rettenberg gibt es wieder einen Radweg, auf dem wir das Dorfzentrum mit seiner Stephanskirche und seinen beiden Wirtshäusern erreichen.

Zurück nach Burgberg Wir biegen in Rettenberg von der Kranzegger Straße in den Bichlweg ab. Die Abzweigung ist beschildert. An den Schulen vorbei fahren wir über das freie Feld in den Ortsteil Am Mühlbach und von dort nach Wagneritz.

Auf dem Almboden im Starzlachtal unter dem Gipfel des Grünten

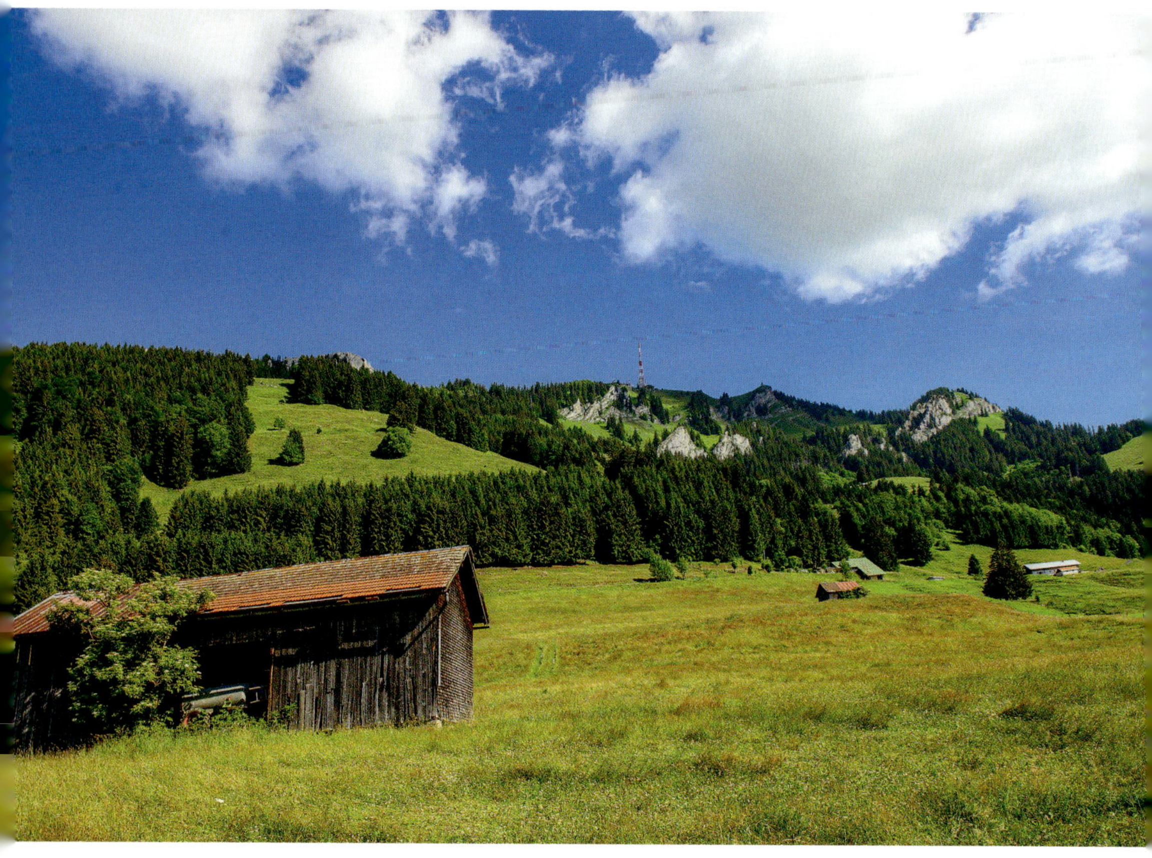

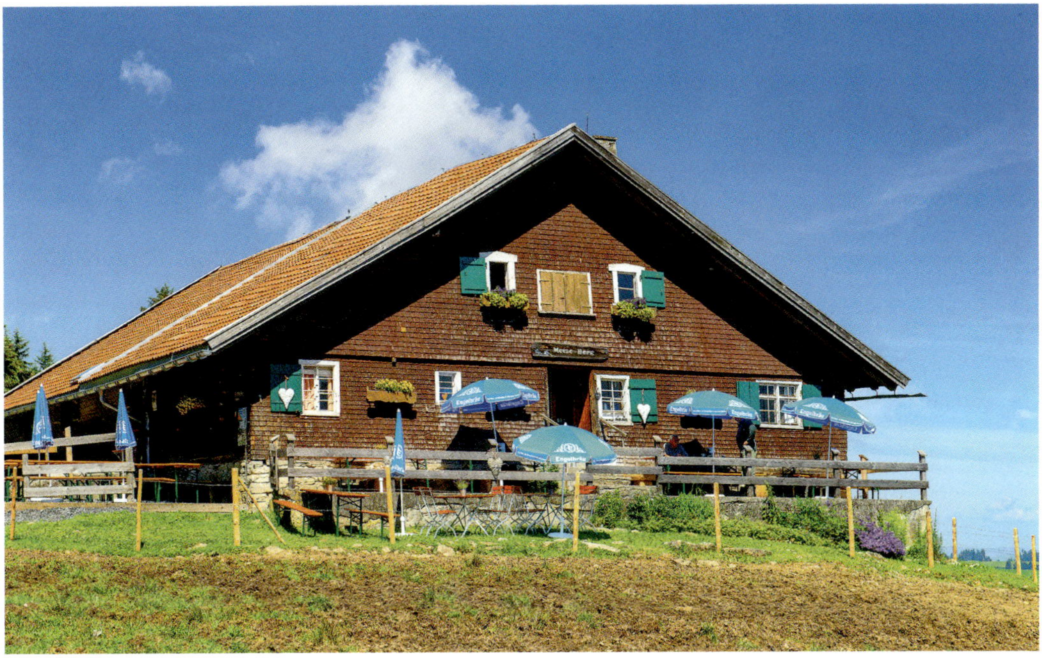

Allgäu-Erfahrung: Grünten

Der Grünten wird als Wächter des Allgäus bezeichnet, weil man ihn praktisch vom ganzen Allgäu aus gut sehen kann. Obendrein kann man ihn auch bequem von anderen Gipfeln unterscheiden, der Sendeturm des Bayerischen Rundfunks mit seinen knapp 100 m Höhe macht ihn zur Landmarke. Aber der Berg kann noch mit einer Besonderheit aufwarten. An seinem Südhang treten Eisenerzadern ans Tageslicht. Seit dem 15. Jh. hat man am Grünten dieses Erz bergmännisch abgebaut. Erst Ende des 19. Jh. wurden die Arbeiten im Berg eingestellt, der Abbau war nicht mehr rentabel. Aber die Bergbautradition wird weitergeführt. Die »Erzgruben Erlebniswelt« ist ein kleines Freilichtmuseum auf halber Höhe am Berg, in dem die Besucher alles besichtigen können, was früher oberirdisch mit dem Bergbau zu tun hatte. Dazu kommen zwei wieder geöffnete Stollen, durch die eine Führung angeboten wird. Wer aus dem Tal nur das Museum besichtigen möchte, kann sich den Anstieg von 250 Hm mit einer kleinen Bimmelbahn erleichtern.

Dabei passieren wir die private Seilbahn des Bayerischen Rundfunks auf den Grünten, die aber für die öffentliche Nutzung nicht freigegeben ist. In Wagneritz finden wir wieder ein Schild nach Burgberg, wir treffen auf die Autostraße und fahren am Agathazeller Moos vorbei. So erreichen wir rasch wieder Burgberg und seinen Dorfplatz.

Oben: Die Metzebergalpe im Tal der Wertacher Starzlach

17

Von Bad Hindelang ins Hintersteiner Tal

Mitten in die Berge

mittel | 35 km | 450 Hm | 3 Std.

Highlight: Naturparadies

Ausgangs- und Endpunkt
Bad Hindelang, Talstation Hornbahn

GPS
47.500842, 10.366058

Anfahrt
Auto: Von der A 7 am Autobahn-Dreieck Allgäu auf die A 980, dann Ausfahrt Waltenhofen und weiter auf der B 19 Richtung Oberstdorf. In Sonthofen links auf die B 308 nach Bad Hindelang. Die Hornbahn ist ausgeschildert, dort gibt es Parkplätze. Bahn: Nach Sonthofen und von dort die Tour ins Ostrachtal nach Bad Hindelang starten (zusätzlich 16 km).

Tourencharakter
Wer mit dem E-Bike unterwegs ist, kann die Radtour als leicht einstufen. Für alle, die ohne Motorunterstützung losradeln, ist sie mittelschwer. Technisch gibt es keinerlei Schwierigkeiten, die Strecke verläuft fast durchwegs auf geteerten Radwegen mit kurzen Waldwegstücken. Aber der Hinweg führt doch fast ständig leicht bergauf, an zwei Stellen gibt es eine etwas längere Steigung.

E-Bike-Ladestation
Am Giebelhaus im Hintertal

Radverleih
Bad Hindelang: Bauernmarkt direkt an der B 308 oder Intersportgeschäft Waibl

Information
www.badhindelang.de

Das Allgäu ist bekannt für wunderschöne Bergtäler, die sich oft weit ins Naturschutzgebiet Allgäuer Hochalpen ziehen. Das Hintersteiner Tal im Oberallgäu ist eine der ursprünglichsten Gebirgslandschaften und lässt sich am besten und umweltschonendsten mit dem Fahrrad erfahren.

Nach Hinterstein Los geht es an der Talstation der Bad Hindelanger Hornbahn. Mit Blick zur Dorfmitte radeln wir nach rechts, also Richtung Osten. Rechts von uns fließt die Ostrach und links von uns ein kleiner Kanal. An diesem Triebwerkskanal der Ostrach finden sich noch mehrere historische Hammerschmieden, drei davon sind bis heute in Betrieb. Diese durch Wasserkraft betriebenen Hammerschmieden sind die ältesten Gewerbebetriebe im Ostrachtal. Ihr Ursprung geht bis ins 15. Jh. zurück, als das in den Hintersteiner Bergwerken gewonnene Erz in der Eisenschmelze am Ostrachknie verhüttet und in den Schmieden verarbeitet wurde. Kurz darauf sind wir am Ortsrand von Bad Oberndorf und erreichen am Wanderparkplatz Gruebplätzle die Brücke über die Ostrach. Jetzt folgen wir der Radwegbezeichnung zum Giebelhaus auf die andere Flussseite, wo wir links weiter flussaufwärts radeln. Kurz danach teilt sich der Weg, wir halten uns links und erreichen den Weiler Bruck. Hier queren wir erneut die Ostrach auf der überdachten Brücke, am Rückweg treffen wir hier vom Elektrizitätswerk kommend wieder auf diese Stelle. Wir folgen nun der kleinen Autostraße nach rechts weiter ins Tal hinein und erreichen kurz darauf den Ort Hinterstein. Stets der Dorfstraße folgend, bewundern wir die vielen, zum Teil schon ziemlich alten Allgäuer Bauernhäuser. Wer im Sommer unterwegs ist, kann sich – vor

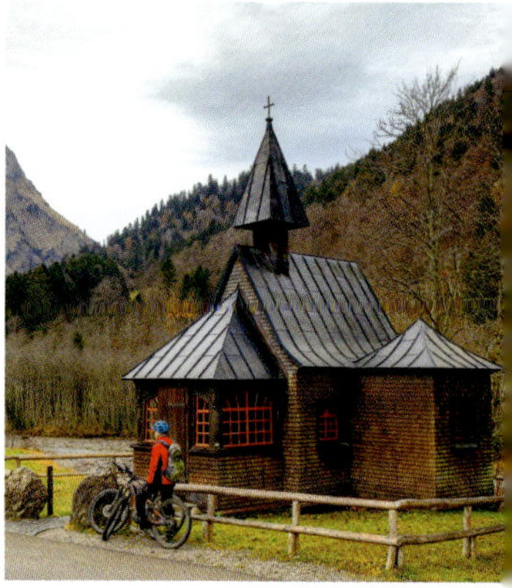

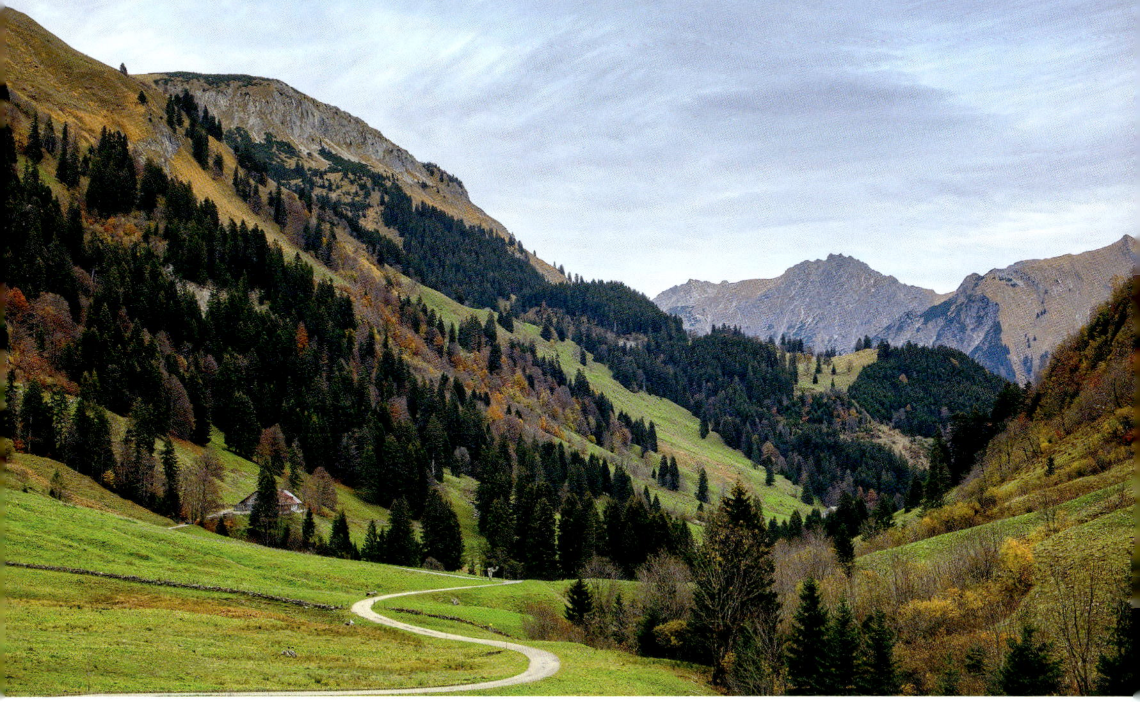

allem für den Rückweg – das tolle Freibad »Prinze Gumpe« vormerken. Es wird mit glasklarem Bergwasser gespeist!

Hintertal Am Ortsende von Hinterstein beginnt das eigentliche Hintersteiner Tal, auch wenn die Ostrach immer noch das hauptführende Gewässer ist. Hier ist auch Schluss mit dem öffentlichen Verkehr, nun dürfen nur noch Bauern, Senner und der Touristenbus die Straße befahren. Ein Traum für uns Fahrradfahrer! Außerdem bedarf der weitere Weg keiner Beschrei-

Zur Alpe Laufbichel im Obertal kommen wir nur mit einem Abstecher.

Linke Seite: Die Hubertuskapelle liegt schon fast am Ende des Hintertals.

Guten Appetit

Das »Giebelhaus« liegt fast am Ende des Tales und kann bald auf eine 100-jährige Geschichte zurückblicken. Bis auf ein paar Wochen im Spätherbst hat das Gasthaus jeden Tag vom 25.12. bis 31.10. geöffnet (nur bei extrem schlechtem Wetter schließt es spontan). Aus der Küche kommen heimische Käseschmankerl, z. B. von der Laufbichler Sennalpe, aber auch Kaiserschmarrn oder Deftiges wie Linsensuppe. Die Speisekarte ist überschaubar, aber im positiven Sinne, so ist alles frisch. Gleich neben dem Wirtshaus liegt übrigens die Adlerbeobachtungsstation des Landesbunds für Vogelschutz und mit viel Glück können wir sogar ein Adlerpärchen sehen (www.giebelhaus.de). Im Sommer gibt es jeden Samstagvormittag eine geführte Adlerwanderung mit Vogelbeobachtung ab dem Giebelhaus. Informationen und Anmeldung in der Touristinfo Bad Hindelang.

bung, wir bleiben einfach stets auf der kleinen Almstraße, die zunächst noch gemach, dann schon deutlich steiler ansteigt. Dazwischen gibt es aber immer wieder ebene Flächen, die sehr gemütlich zu befahren sind. Wir passieren den Gasthof »Jägerhaus«, das Wasserkraftwerk Taufersbach und kurz darauf den Aussichtspunkt Eisenbreche, zu dem wir die wenigen Meter hinuntersteigen können. Von der kleinen Kanzel blicken wir rund 85 m tief in die Schlucht der Ostrach. Der Name lässt auf den Erzabbau schließen, der früher für die Gegend so wichtig war. Gleich danach öffnet sich das Tal und gibt wunderbare Aussichten auf den Giebel und den Großen Daumen frei. Jetzt hält uns nur noch kurz die kleine Hubertuskapelle am Wegrand auf, die ganz einer skandinavischen Stabkirche gleicht. Kurz dahinter, mit einer weiteren Ostrachquerung, erreichen wir das »Giebelhaus«, wo wir nun gemütlich einkehren und die Gegend genießen können.

Zusatzprogramm Wer seinen Akku noch voll hat oder genügend Muskelkraft verspürt, kann seine Radtour noch ein Stück

Allgäu-Erfahrung: Bad Hindelang

Bad Hindelang ist das Zentrum des Ostrachtals. Der Ort kann auf eine lange Geschichte zurückblicken. Schon zu Zeiten der Römer verlief durch das Tal die Via Decia, die vom Lech über das Tannheimer Tal zum Ostrachtal führte und dabei rund 300 m Höhenunterschied vom Oberjoch überwinden musste. Größeren Aufschwung erlebte der Ort im 16. Jh., als die Grafen von Montfort für einen erfolgreichen Salzhandel den Saumpfad über das Joch zur Straße ausbauen ließen. Jahrhundertelang wurde so Salz aus Tirol in Richtung Bodensee gebracht. Das 1671 erbaute Dreikugelhaus in der Hindelanger Marktstraße zeugt noch von dieser Zeit, es ist eine ehemalige Salzfaktorei. Bis zu 100 Fuhrwerke sollen jeden Tag auf dieser Verkehrsader unterwegs gewesen sein. Dass dieser Handel Geld in das Tal brachte, zeigen uns die Kunstwerke aus dieser Zeit, die wir heute vor allem in der Kirche von Bad Oberdorf bewundern können. So sind der Hochaltar von Jörg Lederer und auch das wertvolle Marienbild von Hans Holbein d. Ä. besonders sehenswert. Neben den Kunstschätzen ist es vor allem die Natur, die die Gegend um Bad Hindelang so wunderbar gestaltet. Hier an der glasklaren Ostrach, umgeben von markanten Berggipfeln, kann man Ruhe finden und Kraft tanken. Die Wiesen stehen im Sommer in voller Blüte, mächtige Fichten und Bergahorne stehen entlang des Weges und Flechten an den Bäumen sind Zeugen der klaren, sauberen und gesunden Luft. Deshalb wurde Hindelang 2002 auch zu einem heilklimatischen Kurort, der sich nun mit einem »Bad« schmücken darf.

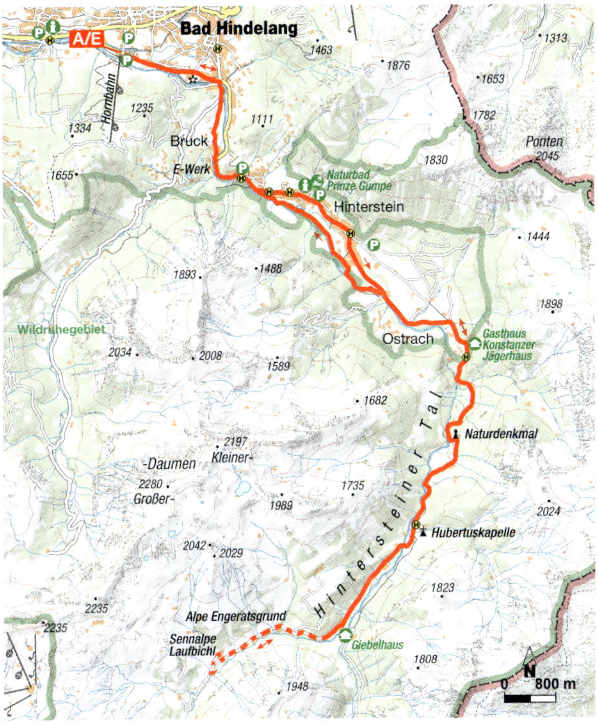

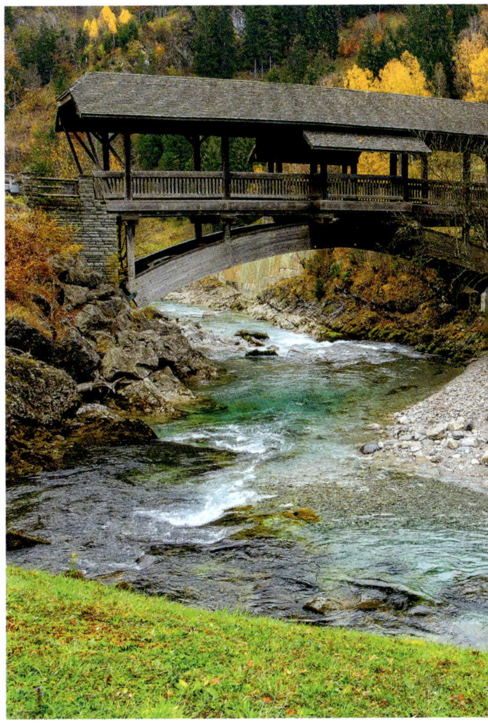

Unter der alten Holzbrücke bei Bruck fließt die Ostrach.

weiter fortsetzen, um ein weiteres Tal zu erobern. Vor dem »Giebelhaus« geht es rechts hinauf ins Obertal. Auch dieser Weg ist nicht wirklich anstrengend und nach der ersten Steigung geht es dann auch schon wieder gemütlich dahin. Mit gleich zwei weiteren sommerlichen Einkehrmöglichkeiten – der Alpe »Laufbichl« und dem »Engeratsgundhof« –, einem Wasserfall und neuen Bergaussichten ein sehr lohnendes Ziel!

Rückfahrt Die Rückfahrt ab dem »Giebelhaus« ist dann denkbar einfach und völlig entspannt. Also kurz Bremsen checken und den Akku ausschalten und schon rollen wir den bekannten Weg zurück bis kurz vor Hinterstein. Gute 500 m vor den Häusern führt nach links eine Brücke über die Ostrach. Ein kleines blaues Radschild zeigt uns, dass wir richtig sind. Diesem Schild können wir nun auf einem abwechslungsreichen kleineren Weg folgen. Im lustigen Auf und Ab geht es mal diesseits, mal jenseits des Flusses entlang der Ostrach. Diese schimmert geheimnisvoll türkis und lädt an Kiesbänken zu weiteren Pausen ein. Nur etwas Vorsicht ist geboten, wir teilen uns den Weg mit Wanderern, aber mit gegenseitiger Rücksicht ist das kein Problem. Schließlich erreichen wir am Kraftwerk Bruck wieder den bekannten Hinweg, dem wir nun zurück zum Ausgangspunkt folgen.

18

Ins Stillachtal und Rappenalptal

Genussradeln zur Buchenrainalpe

mittel | 32 km | 500 Hm | 3.30 Std.

Highlight: Sehenswürdigkeit

Ausgangs- und Endpunkt
Bahnhof Oberstdorf

GPS
47.410707, 10.277341

Anfahrt
Auto: Auf der B 12 oder der Autobahn A 7 nach Kempten, weiter auf der A 7 zum Dreieck Allgäu, weiter auf der A 980 zur Ausfahrt Waltenhofen und auf der B 19 nach Oberstdorf. Bahn: Von München, Augsburg oder Lindau nach Kempten und dort weiter nach Oberstdorf.

Tourencharakter
Rundtour, zur Alpe Eschbach leicht, hinauf ins Rappenalptal auf einer 2 km langen, geteerten kleinen Straße mit kräftigem Anstieg. Mit dem E-Bike einfach. Im Rappenalptal geht es dann fast ohne größeren Höhenverlust weiter. Die Radtour eignet sich besonders in den Sommermonaten, wenn die Buchenrainalpe bestoßen wird.

E-Bike-Ladestation
Oberstdorf: Nebelhornbahn

Radverleih
Oberstdorf: NRC Mountainbikeverleih, Nebelhornstraße 67e oder E-Bike-Verleih Allgäu, Bahnhofplatz 1a

Information
www.oberstdorf.de

Natürlich spielen auf dieser Radtour die Allgäuer Berge mit den karstigen Felsen der Hochfrottspitze, der Trettachspitze und der Mädelegabel die Hauptrolle. Einem Naturwunder gleichen auch die saftiggrünen Bergwiesen oder die still vor sich hin plätschernde Stillach. Aber das ist noch nicht alles: Ganz besonders ist die Buchenrainalpe, eine Alm, wie man sie sonst wahrscheinlich nur noch in einem historischen Bergfilm findet.

Entlang der Stillach Wir starten am Bahnhof in Oberstdorf und müssen gleich zu Beginn, gegenüber dem Bahnhofsplatz, für wenige Meter in die Fußgängerzone schieben. Dann schwingen wir uns an der ersten Straße rechts, der Walserstraße, in den Sattel und radeln dem Straßenverlauf stets in westliche Richtung folgend zur Stillach. Wir überqueren sie und nehmen gleich darauf links die Straße nach Süden. Flott geht es in Sichtweite zur Stillach dahin. Bald können wir an einem Schupfen nach rechts auf einen breiteren Wanderweg ausweichen, er ist in Richtung Ziegelbachhütte ausgeschildert. Wohlgemerkt, es ist ein Wanderweg, der zum Glück noch nicht für Radfahrer gesperrt ist. Dennoch sollten wir besondere Rücksicht auf alle Fußgänger nehmen. Jetzt geht es ein kurzes Stück durch den Wald, wir halten uns immer in Flussnähe. Dann biegen wir wieder auf die Straße und queren die Stillach an einer Brücke. Direkt dahinter geht es auf dem Uferweg weiter, diesmal fließt die Stillach zu unserer rechten Seite, und nun folgen wir der Beschilderung ins Stillachtal.

Wir passieren zwei hölzerne Brückenstege und bald nähert sich unser Radweg der Fahrstraße. Die auffällig vielen Stege bzw. hölzernen Rampen, die wir nun queren, wirken auf den ersten Blick wie eine planlos verschwenderische Wegeführung. Bei genauerer Betrachtung erweisen sie sich als ausgeklügelte Trainingsstrecke, die im Sommer den Nordic-Skilangläufern als Skirollerbahn zur Verfügung steht. Im Winter ist dies na-

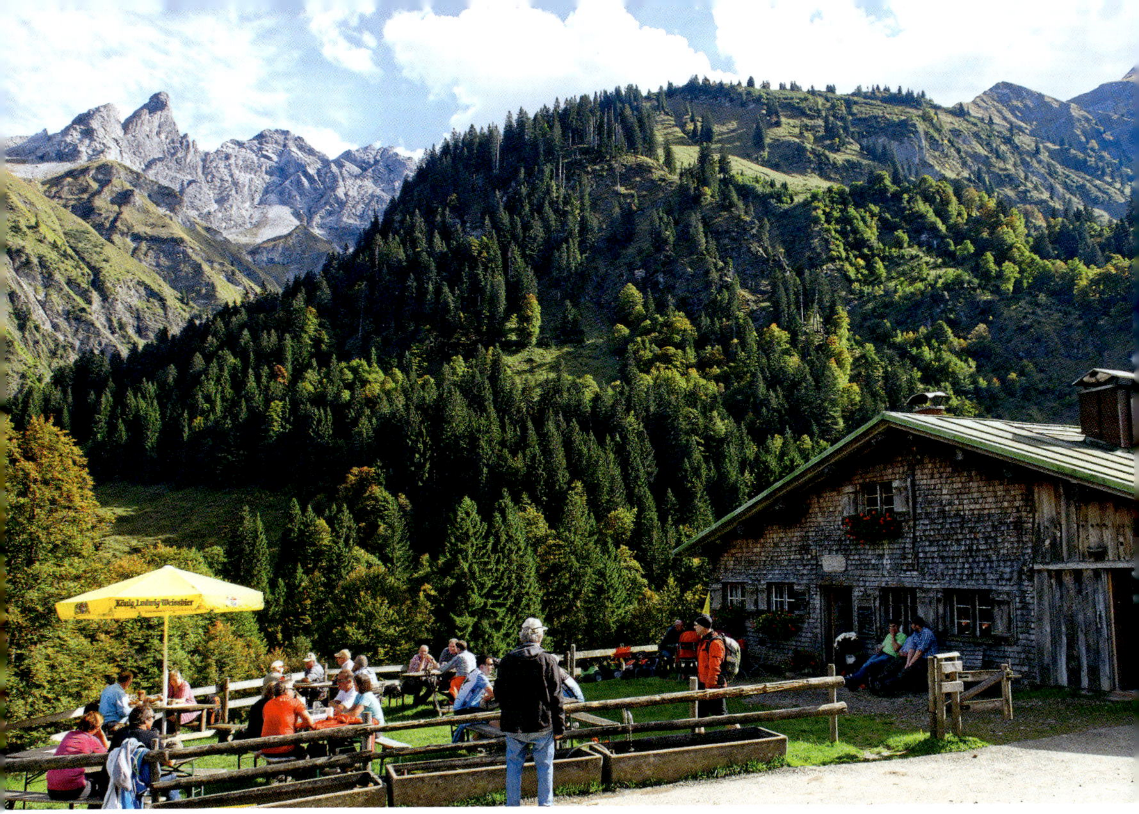

Die Buchenrainalpe mit den markanten Felsen der Mädelegabel und Hochfrottspitze

türlich ein Teil der Langlaufloipe, Oberstdorf gilt als Allgäuer Langlaufhochburg. Weiter auf dem Radweg sehen wir am gegenüberliegenden Ufer die Heini-Klopfer-Skisflugschanze, die als Meisterwerk der Technik gilt und die wir mit einem Abstecher auch besichtigen könnten.

Bald radeln wir wieder in Straßennähe, aber immer noch verkehrssicher auf einem eigenen Weg am Rande eines Lawinentunnels entlang. Unmittelbar dahinter verbreitert sich das Tal, hier hat die Stillach sich ein weites Kiesbett geschaffen. Nach wenigen Metern sind wir an der Wegkreuzung bei Faistenoy, das vor allem aufgrund seiner Fellhornbahn bekannt ist. Hier endet für die Autofahrer die öffentliche Straße.

Guten Appetit

Darf es a bisserl mehr sein? Als Kontrastprogramm zur urigen Buchenrainalpe schlagen wir in Oberstdorf die »Löwenwirtschaft« in der Kirchstraße vor. Die gehobenere Küche ist jeden Cent wert, wobei man auch durchaus normalpreisige Gerichte auf der Karte findet. Eine absolute Genusswelt mit extremem Schmankerlfaktor. Immer wieder gerne (Mo Ruhetag)!

Über die Alpwiesen Für uns geht es somit fast ohne Autoverkehr geradeaus auf dem Teersträßchen dahin, nur ein Bus und die Anrainer dürfen hier fahren. Noch ist es herrlich flach, sodass viel Zeit zum Schauen bleibt. Im Frühsommer blühen die Wiesen üppig und entpuppen sich als wahrer Augenschmaus. Schnell sind wir so am Ende des Stillachtals angekommen. In der Alpe Eschbach lässt sich hervorragend einkehren, was jeder nützen sollten, der die Auffahrt ins Rappenalptal scheut.

Ohne Schweiß keine Alpe Wenige Meter nach der Alpe Eschbach teilt sich die Almstraße. Wir halten uns rechts, kurz nach der Brücke über die Stillach steigt dann die Straße an. Es geht wirklich saftig über einige Kurven aufwärts, da helfen nur Kondition, ein gutes Mountainbike oder ein E-Bike. Alle anderen werden wohl schieben und auch das ist anstrengend, obwohl es sich nur um eine 2 km lange Strecke handelt. Aber es lohnt sich! Bald haben wir den Scheitelpunkt erreicht und

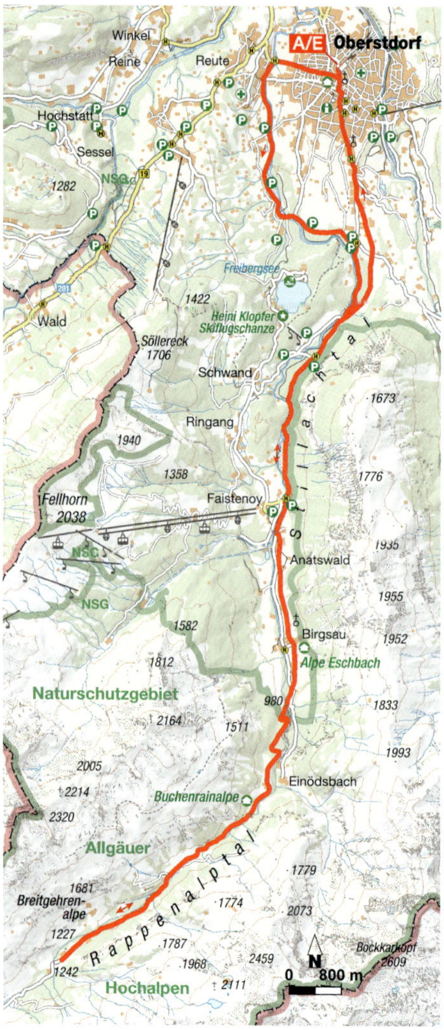

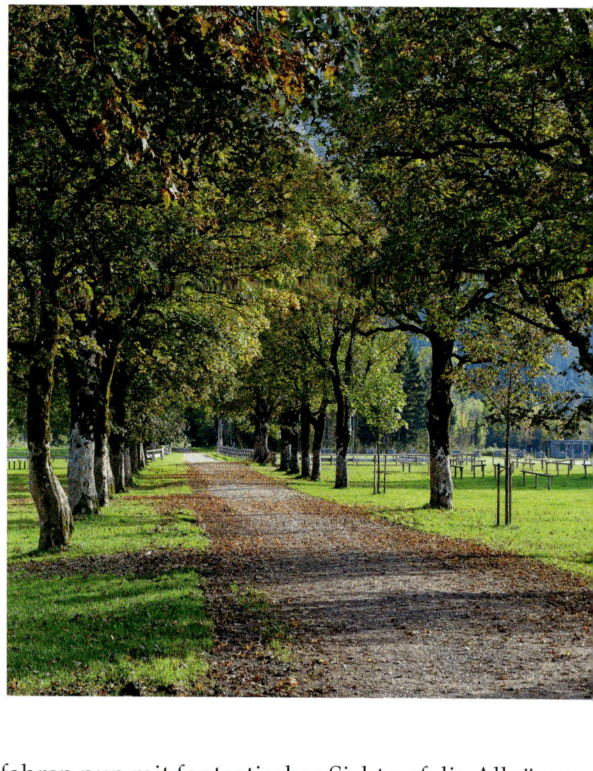

Herbstliche Allee im Stillachtal

fahren nun mit fantastischer Sicht auf die Allgäuer Hochalpen zur Buchenrainalpe. Bei Selbstbedienung kann man von der kleinen Wiese vor dem Haus die Sicht auf die markanten Felsgipfel der Mädelegabel und der Hochfrottspitze zusammen mit feinem Käse genießen. Für die Süßen unter uns gibt es natürlich auch leckeren Kuchen. Da fällt es schwer, sich wieder loszureißen, aber eine

Weiterfahrt ins Rappenalptal lohnt sich vor allem wegen seiner landschaftlichen Schönheit. Leicht abwärts geht es zunächst hoch über dem Bachbett des Rappenalpbaches dahin, dann passieren wir die »Breitengehrenalpe«, wo wir ebenfalls einkehren könnten. Wer Lust hat, kann noch ein Stück weiterfahren, taleinwärts, und sich dann am Bachbett sein ganz eigenes Rastplätzchen suchen.

Flotte Rückfahrt Für die Rückfahrt wissen wir ja, was uns erwartet. Hinunter ins Stillachtal sollten wir aber sehr vorsichtig auf der steilen Straße sein. So geht es nun flott zurück, bis wir bei der Nordic-Trainingsstrecke wieder auf die Autostraße treffen. Diesmal queren wir die Straße und folgen nun rechts den Radwegschildern nach Oberstdorf. Durch eine herrliche Allee geht es nun nach Norden. Wir kreuzen eine Straße und radeln zum Ortsrand von Oberstdorf. In das rechts von uns gelegene Kapellenensemble der Loretokirche können wir noch einen Blick werfen. Es beherbergt ein Gnadenbild, eine Muttergottes mit Kind, beide in ein silbernes Gewand gehüllt. Wenn wir nun stets dem Straßenverlauf geradeaus folgen, erreichen wir bald das Zentrum von Oberstdorf an seinem Kurpark und der Fußgängerzone, wo sich der Kreis für die Radrunde schließt.

Allgäu-Erfahrung: Buchenrainalpe

Wer die Buchenrainalpe erreicht, merkt gleich, dass sie etwas ganz Besonderes ist. Sie ist schon weit über 200 Jahre alt und steht unter Denkmalschutz. Holzschindeln schützen die Fassade vor Wind und Wetter und ein Zaun schützt den kleinen Gastgarten vor neugierigen Kühen, die ansonsten sicherlich gerne den Gästen die Sahne vom Kuchen schlecken würden. Man sollte unbedingt einen Blick in das Innere werfen. Die Decken sind rußgeschwärzt, der kupferne Käsekessel steht über einem offenen Feuer und die uralten Holzbalken versprühen Geschichte pur. Dabei ist die Alpe aber kein Freilichtmuseum, hier wird wirklich gelebt und gearbeitet. Im Sommer, wenn sie bestoßen wird, kümmert sich Familie Gentner um Milchkühe, Jungvieh, Pferde, Schweine, Hühner und Enten. Die gesunde Milch der Kühe, die hier auf den Bergwiesen viele saftige Kräuter und Gras erwischen, wird direkt vor Ort zu einem leckeren Bergkäse verarbeitet. In dem Käse steckt viel Herzblut drin und gesunde Bakterien, die den guten Geschmack ausmachen. Den Käse können wir, neben einigen anderen hausgemachten Spezialitäten wie Selbstgeräuchertem oder Kuchen, direkt auf der Alpe verspeisen und uns dann noch ein großes Stück für zu Hause mitnehmen.

19 Im oberen Illertal

Über die Hörnerdörfer zum Illerursprung

mittel | 30 km | 560 Hm | 3.30 Std.

Highlight: Naturparadies

Ausgangs- und Endpunkt
Bahnhof Oberstdorf

GPS
47.410707, 10.277341

Anfahrt
Auto: Auf der B 12 oder der Autobahn A 7 nach Kempten, weiter auf der A 7 zum Dreieck Allgäu, auf der A 980 zur Ausfahrt Waltenhofen und auf der B 19 nach Oberstdorf. Bahn: Von München, Augsburg oder Lindau nach Kempten und dort weiter nach Oberstdorf.

Tourencharaktor
Rundtour meist auf Radwegen und sehr kleinen Nebenstraßen. In der ersten Hälfte einige Höhenmeter, die zweite Hälfte fast vollkommen flach auf dem Illerradweg. Radschloss und warme Jacke für die Sturmannshöhle nicht vergessen!

E-Bike-Ladestation
Sonthofen: am westlichen Illerufer wenige Hundert Meter hinter dem Schwimmbad Wonnemar am Erlebnisbauernhof der Stadt; Oberstdorf: Nebelhornbahn

Radverleih
Oberstdorf: NRC Mountainbike-Verleih, Nebelhornstraße 67e oder E-Bike-Verleih Allgäu, Bahnhofplatz 1a

Information
www.oberstdorf.de

Mitten durch das von Bergen umrahmte idyllische Oberallgäu mit seinen Dörfern führt diese Tour. Die Dörfer, die sich hoch über dem Illertal auf einem Plateau gebildet haben, nennt man gemeinhin Hörnerdörfer. Dazu gehören neben Bolsterlang, Obermaiselstein und Balderschwang auch Ofterschwang und sogar Fischen, auch wenn letzteres wieder ganz unten im Tal liegt.

Entlang der Breitach Wir starten am Bahnhof in Oberstdorf und radeln, das Bahnhofgebäude in unserem Rücken, rechts über den Bahnhofsplatz in die Poststraße hinein. Am kleinen Kreisverkehr halten wir uns erneut rechts und nun geht es auf der Sonthofener Straße in nördlicher Richtung aus dem Ort. Am nächsten größeren Kreisverkehr weiter geradeaus, ab hier gibt es für uns einen bequemen und sicheren Radweg neben der Autostraße. Kurz vor dem modernen Industriegebäude der Firma Geiger biegt der Radweg nach links, wir wechseln gleich darauf die Straßenseite und erreichen weiter geradeaus über einen Kreisverkehr und über die Breitach den McDonald's und das Explorer Hotel. Hier biegen wir nun links in das Breitachtal ein und folgen auf einem Radweg dem Flusslauf aufwärts. Der nächste Ort ist Weidach, hier teilt sich die Straße. Links geht es zur Breitachklamm, wir aber halten uns rechts und müssen nun bergauf der Beschilderung nach »Tiefenbach/Obermaiselstein« folgen. Zuerst kommen wir nach Tiefenbach, wo wir den ersten und größten Anstieg schon geschafft haben. Dahinter beginnt wieder ein Radweg, der uns zum Aussichtspunkt Hirschsprung bringt. Hier hat man einen großartigen Blick über die Hochebene der Hörnerdörfer auf den nahen Grünten, der durch seine Antennen am Gipfelaufbau immer leicht zu identifizieren ist.

Die Hörnerdörfer Nach dem Aussichtspunkt biegt unser Radweg links ab, das nächste Ziel ist Obermaiselstein vor uns. Dort stoßen wir wieder auf die größere Ortsstraße, der wir nach links folgen. Gegenüber der Gästeinformation führt der Weg Haubenegg zum Parkplatz der Sturmannshöhle, die wir nach

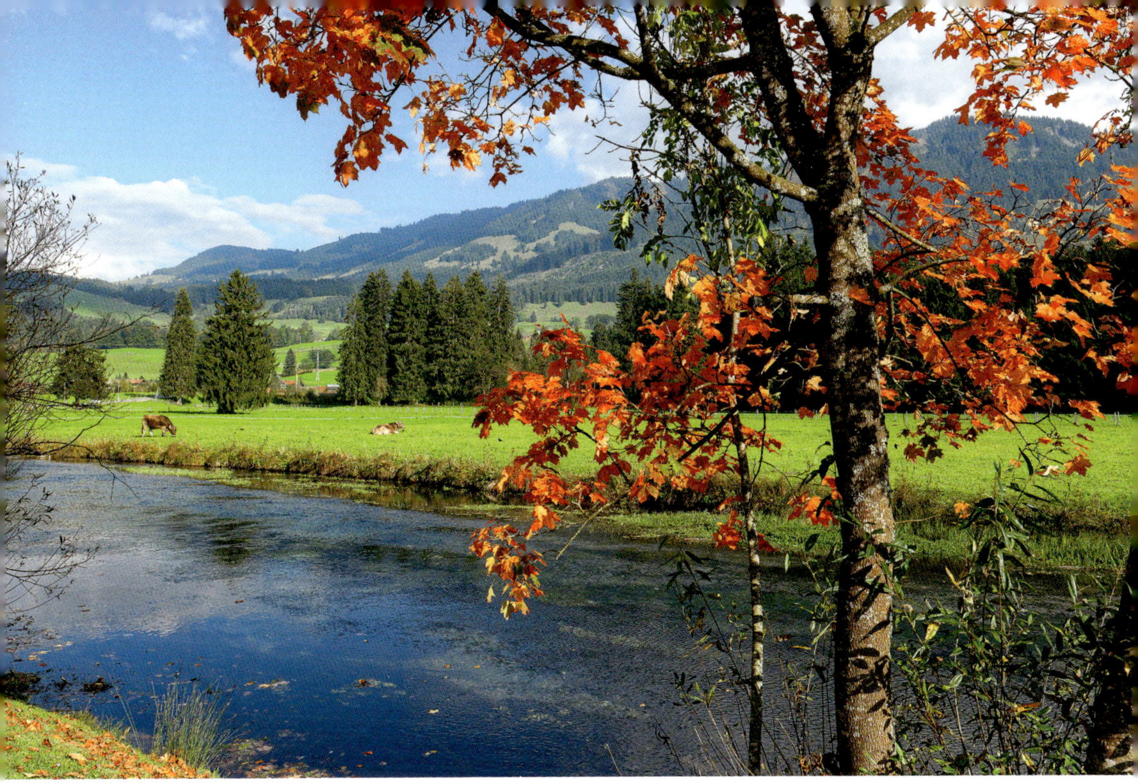

Die Iller bei Fischen

einem minimalen Aufstieg besichtigen können. Zurück an der Hauptstraße geht es dann links weiter und an der nächstgrößeren Straße erneut links. Vor dem Tunnel biegen wir rechts auf die überdachte Brücke über die Schönberger Ache ein. So kommen wir über Sonderdorf nach Bolsterlang.

Hier weist uns am Rathaus ein Radwegschild nach rechts und dann gleich wieder links in die Flurstraße. Am Kindergarten vorbei verlassen wir Bolsterlang und radeln nun über Wiesen und Felder stets der Beschilderung »Sonthofen« nach. Die kleine Straße führt im Zickzack weiter, die Aussicht nach Süden und Osten auf die Berge von Oberstdorf lässt dabei keine Wünsche offen: Trettachspitze und Hochfrottspitze erkennt derjenige leicht, der bereits Tour 18 geradelt ist. Östlich davon sieht man dann den Höfats, das Rubihorn, das Nebelhorn und den Großen Daumen. Dann

Guten Appetit

Gleich nach der Besichtigung der Sturmannshöhle lockt der Gasthof »Hirsch« an der Straße Am Scheid in Obermaiselstein mit einer ehrlichen und bodenständigen Allgäuer Küche. Und, wie könnte es anders sein, steht natürlich auch Wild auf der Speisekarte. Wobei im »Hirsch« grundsätzlich saisonal gekocht und gebrutzelt wird. Freitag ist Käsespätzletag, Samstag gibt es Schweinshaxe. Dabei ist der Gasthof weit bekannt und es kann schon mal sehr voll werden. Bei schönem Wetter findet sich dann aber immer noch ein Platz auf der windgeschützten Terrasse (Di und Mi Ruhetag).

geht es leicht abwärts nach Tiefenberg, das aber immer noch ein gutes Stück über der Iller auf dem Hochufer liegt. Mit weiter Sicht über das obere Illertal und seine Dörfer fahren wir nun das alte Hochufer hinunter und weiter in nördlicher Richtung

Allgäu-Erfahrung: Sturmannshöhle und Illerursprung

Die Sturmannshöhle, die vor ca. 120 Millionen Jahren entstanden ist, ist Allgäus einzige Höhle, die sich mit einer Führung besichtigen lässt. Am Kiosk bezahlen wir eine Eintrittsgebühr und steigen dann zum Eingang hinauf.

Für die Besichtigung müssen wir uns auch im Sommer warm anziehen und feste Schuhe sind ebenfalls wichtig. Denn es liegen viele, oft feuchte Stufen vor uns. Die Führung dauert ca. 40 Minuten. Dabei geht es gut 300 m tief in das Innere des Berges zum Höllenboden, zum Drachenloch und zum winzigen See, aus dem ein gurgelnder Höhlenbach entspringt.

Fast am Ende der Radtour treffen wir auf das zweite Naturhighlight, den Illerursprung. Die Iller ist ja kein Quellfluss, sondern entsteht durch die Vereinigung der Bäche Trettach, Breitach und Stillach. Den Beginn des 147 km langen Flusses, der schließlich bei Ulm in die Donau mündet, markiert ein Denkmal. Auf ihrem Lauf überwindet die Iller einen Höhenunterschied von über 300 m.

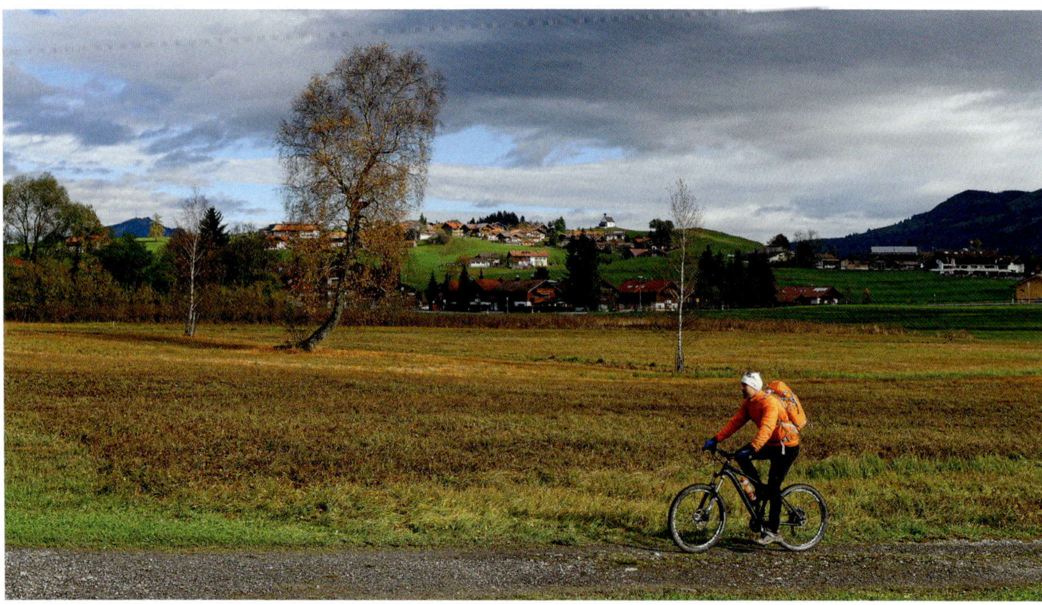

Fahrradfahrer auf dem Weg nach Obermaiselstein

über Sigishofen nach Sonthofen, das wir an der Illerbrücke erreichen. Wer jetzt Lust auf eine Stadtbesichtigung hat oder eine Einkehrpause wünscht, radelt in wenigen Minuten ins Stadtzentrum. Anschließend setzen wir hier unsere Rundtour fort.

Illerradweg Gleich nach der Brücke über die Iller biegen wir auf den Illerradweg ein und radeln nun flussaufwärts, die Iller zu unserer rechten Seite. Schon hier ist Oberstdorf perfekt ausgeschildert. Stets mit Blick auf die Allgäuer Berge geht es flott, fast eben dahin. Vorbei an einigen Altwasserbecken passieren wir Altstätten und nähern uns dem Schöllanger Burgberg mit der auffälligen kleinen Burgkirche, die hoch über dem Illertal thront. Bevor wir sie erreichen, wechseln wir bei Fischen das Ufer. Entlang der Kiesbänke sehen wir auf der anderen Seite ein letztes Stück Steilufer, dann müssen wir bei Rubi unbedingt erneut die Seite wechseln. Nur so kommen wir direkt an den Illerusprung, wo wir vor dem letzten Stück Weg noch eine Pause einlegen können.

Ab dem Illerursprung wendet sich unser Radweg nach links und verläuft nun der Trettach entlang. Gleich darauf treffen wir am Campingplatz Rubicamp auf eine geteerte Straße. Nach rechts überqueren wir die Trettach und folgen dann der Rubinger Straße geradeaus. Diese endet wieder am großen Kreisverkehr, den wir von der Hinfahrt bereits kennen. Nun ist es nicht mehr weit und wir haben den Bahnhof erreicht.

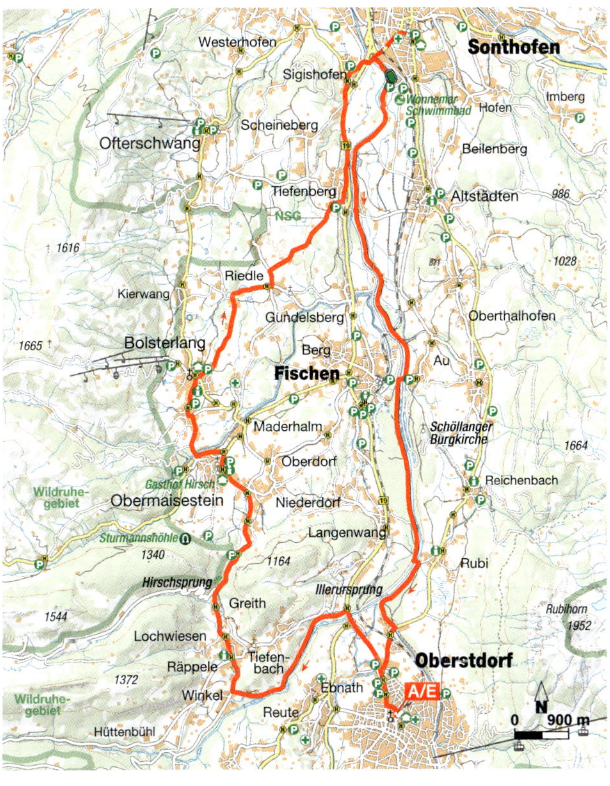

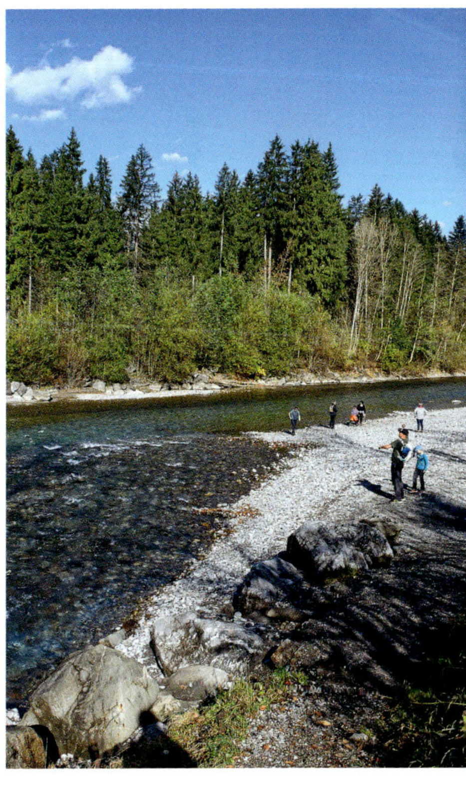

Am Illerursprung nördlich von Oberstdorf

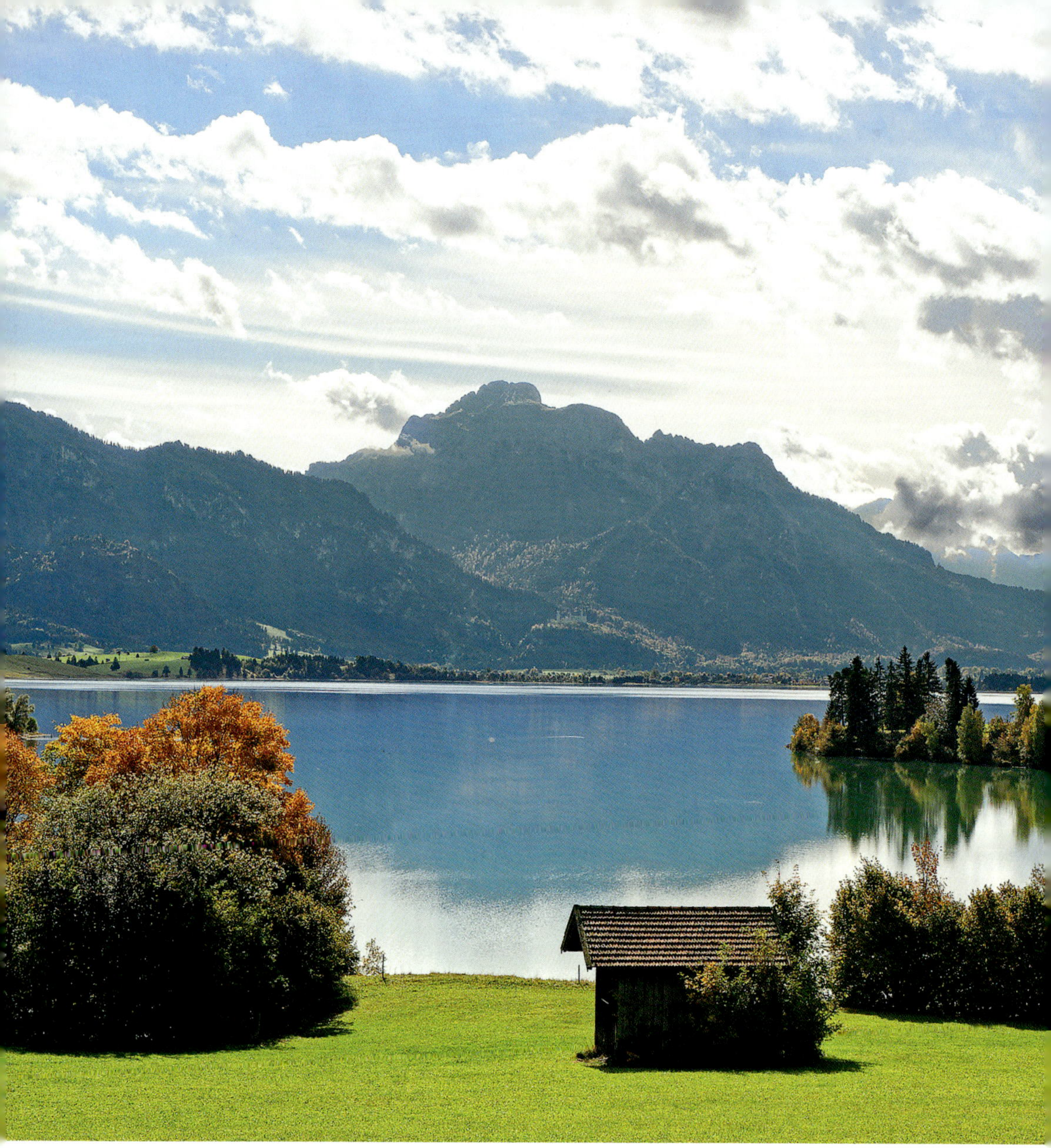

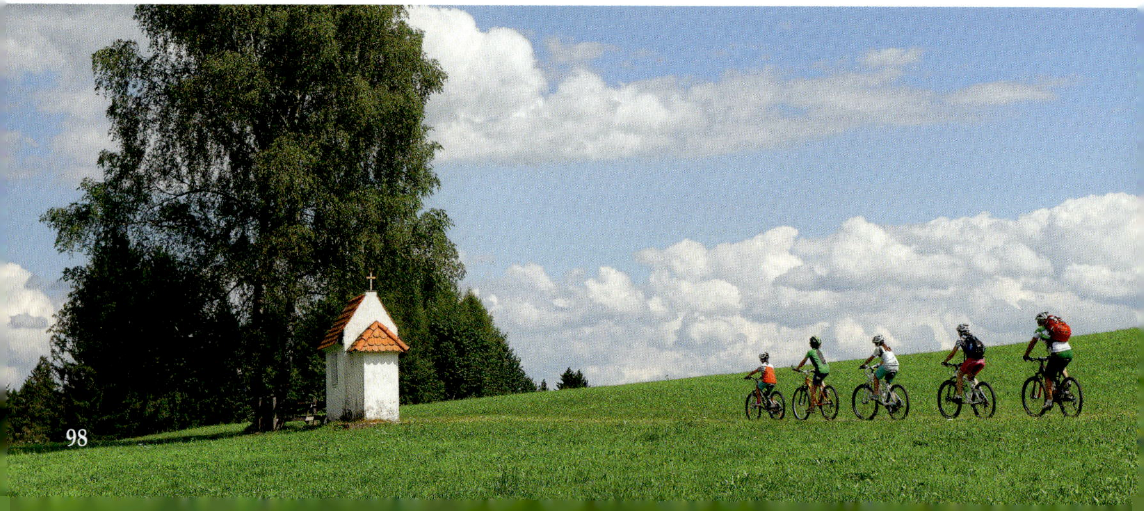

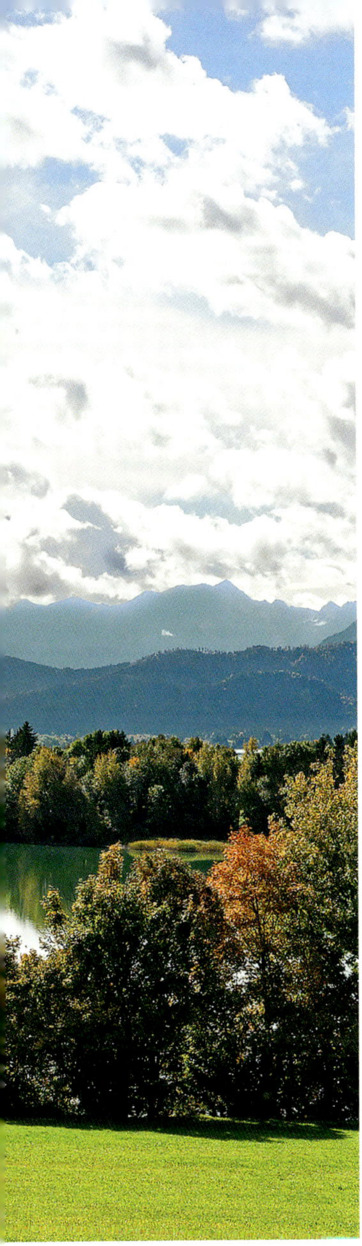

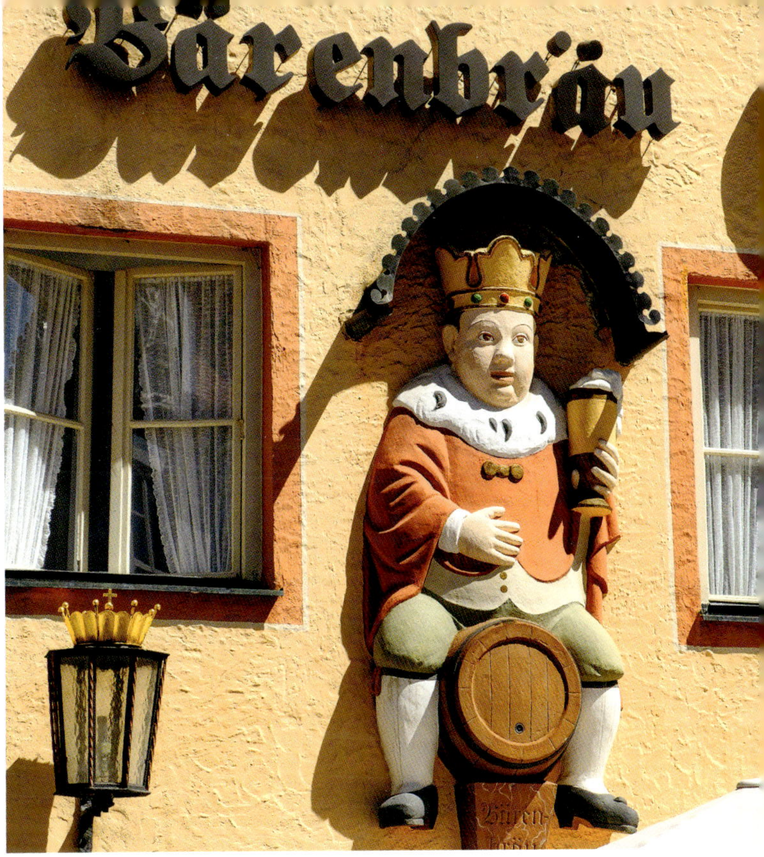

Ostallgäu

Idyllisch liegt der Forggensee unter dem Säuling (o. li.). »Biergott« Gambrinus als Hauszeichen am »Bärenbräu« in Füssen (o. re.). Auf der ehemaligen Bahnlinie kommen wir rasch voran (u. re.). Über die Wiesen auf dem Ostallgäuer Emmentaler Radweg (u. li.)

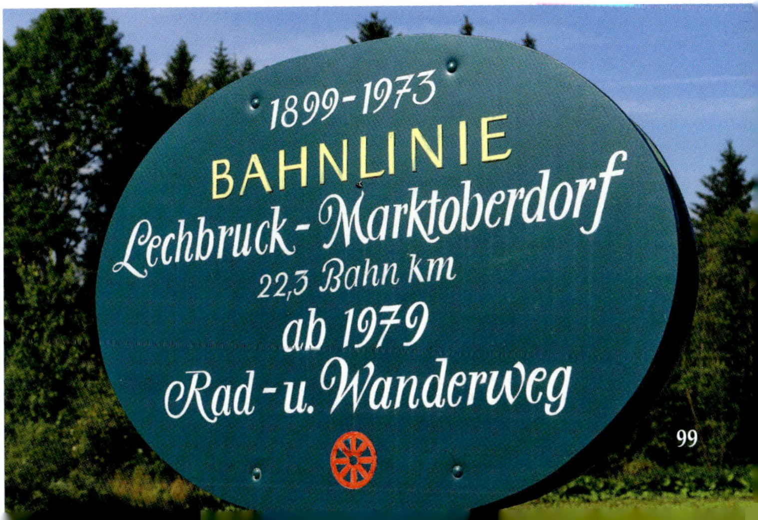

20 Rund um Oy-Mittelberg

Weite Sicht und kühle Seen

schwer | 33 km | 600 Hm | 3.30 Std.

Highlight: Sehenswürdigkeit

Ausgangs- und Endpunkt
Oy-Mittelberg, Kurpark

GPS
47.641167, 10.454639

Anfahrt
Auto: Autobahn A 7 Ausfahrt Oy-Mittelberg, nach Oy, auf der Hauptstraße in die Ortsmitte, von dort in die Wertacher Straße zum ausgeschilderten Kurpark. Großer Parkplatz. Bahn: Von Kempten zum Bahnhof Oy-Mittelberg.

Tourencharakter
Rundtour auf (un-)geteerten Rad- und Wanderwegen und Nebenstraßen. Eine längere Steigung hinauf auf den Höhenrücken mit dem Panoramaweg ist zu bewältigen, ebenso die steile Abfahrt. Mit dem E-Bike jedoch wenig schwierig.

E-Bike-Ladestation & Radverleih
Oy-Mittelberg: Movelo E-Bike-Verleih, Ortsteil Mittelberg, Hauptstraße

Information
www.oy-mittelberg.de

Ein langer Höhenrücken, der auf gut 1100 Hm ansteigt, begrenzt das Tal von Oy-Mittelberg nach Norden. Kein Wunder, dass der Pfad über ihn Panoramaweg genannt wurde. Nach Süden schaut man auf den Gipfelreigen der Allgäuer Berge, nach Norden über das Illertal auf Kempten und die Kemptener Wälder. Doch unsere Radwanderung erschöpft sich nicht nur in Fernsichten. Zwei wunderschöne Seen laden zum Baden ein und eine Wallfahrtskirche lässt uns ein wenig innehalten.

Der Panoramaweg Oy-Mittelberg besteht aus zwei Gemeinden, die im Rahmen der Gebietsreform zusammengeschlossen wurden. Der größere Ort ist Oy und der kleinere Mittelberg. Von Oy aus beginnen wir unsere Rundtour am Kurpark und fahren über die Wertacher Straße und über die Hauptstraße ins

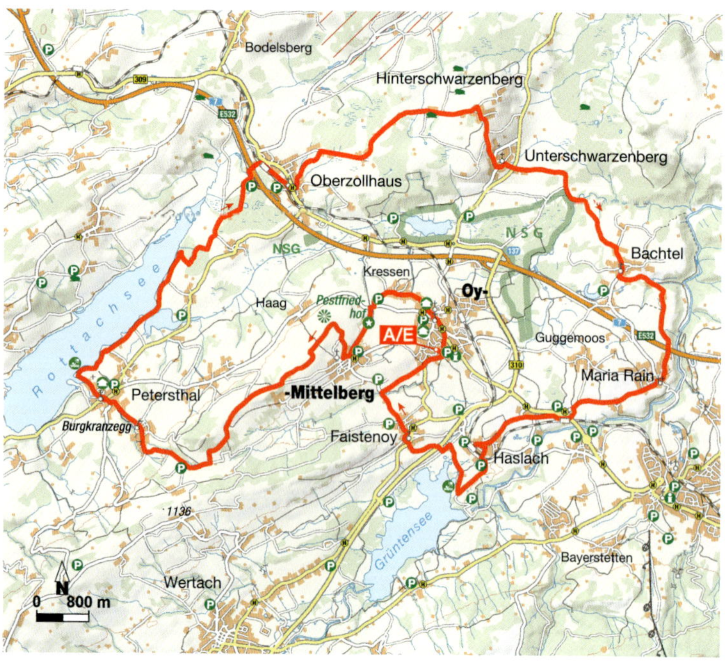

Ortszentrum mit der kleinen Annakapelle. Die beiden Gasthäuser, den Gasthof »Rössle« und den Gasthof »Löwen«, merken wir uns für das Ende der Tour vor. Wir passieren sie nur und biegen dann vor der starken Rechtskurve links in die Kressener Straße ab. Im Ortsteil Kressen, den wir schon nach ein paar Minuten erreichen, können wir einen kurzen Blick in die kleine Kapelle werfen, in der alle Jahre ein schön geschmücktes Osterkreuz steht. Dann geht es weiter Richtung Mittelberg auf einer nun erst mal stetig ansteigenden Straße. Kurz nach der Kreuzung, die wir ein paar Meter nach rechts versetzt überqueren, können wir links einen Pestfriedhof aus der Zeit des Dreißigjährigen Krieges besuchen. Eine Kapelle steht inmitten einer kleinen, von Sträuchern umgebenen Wiese. Hier, weit abseits vom Dorf, hat man die Pesttoten begraben. Wir fahren in das Dorf Mittelberg, nehmen die erste Straße rechts und radeln zur Kirche hinauf. Ein überdeckter Gang verbindet sie mit dem Pfarrhaus. Die dem hl. Michael geweihte Kirche stammt aus dem 15. Jh., der Satteldachturm ist noch gut 100 Jahre älter. Von der Kirche aus mühen wir uns weiter bergauf durch die Allee und biegen dann links zu der großen Bank ab, die hier als Landmarke aufgestellt worden ist. Sie ist eine herrliche optische Täuschung. Von Weitem freuen wir uns schon, darauf Platz zu nehmen. Je näher wir aber kommen, umso größer wächst sie und schließlich stellen wir fest, dass ihre Sitzfläche mit mindestens 2 Meter über dem Boden unerreichbar für uns ist.

Radlpause am Strandbad von Petersthal

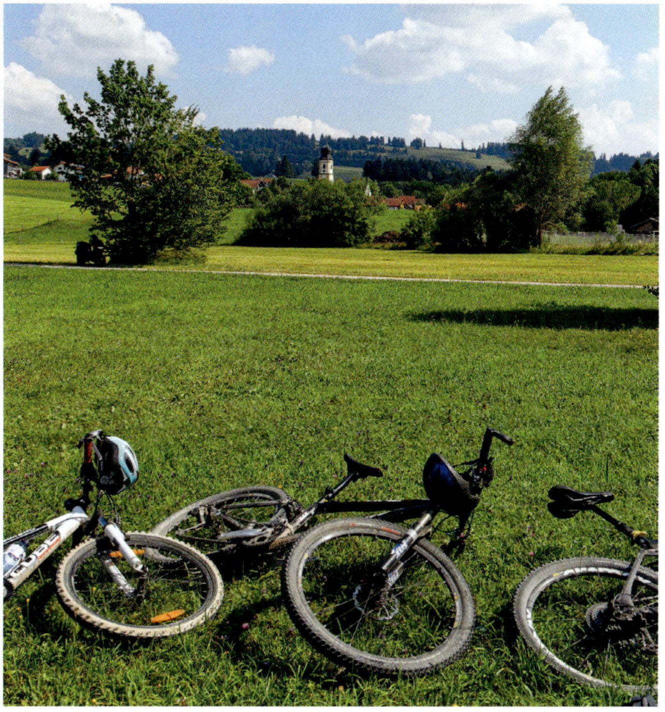

Guten Appetit

Die »Pizzeria da Toni« in Petersthal, Thalstraße 10, ist ein Restaurant, das man als Fremder leicht übersieht. Einheimische haben uns den Tipp gegeben und wir haben es nicht bereut. Die reichlich belegte Pizza war einfach top und der Wein, ein Frascati, schien ohne jeden Umweg aus dem Süden den Keller von Toni gefunden zu haben. Der Espresso tat dem Ganzen keinen Abbruch. Mit geschlossenen Augen geschlürft, vermittelte er das Gefühl, direkt in einer kleinen Osteria im Süden zu sitzen (Di Ruhetag).

Hier beginnt nun der Panoramaweg, der uns ein gutes Stück begleiten wird. Die wunderbare Aussicht entschädigt die immer noch ansteigende Streckenführung. Wir blicken weit nach Norden in das Illertal und auf Kempten mit seinen großen Wäldern. Nach Süden reicht die Berggalerie vom Isarwinkel, den Ammergauer und den Trauchgauer Bergen über den markanten Säuling zur Alpspitze und zum Edelsberg, weiter über die Allgäuer Hochalpen zum Grünten und als Abschluss zum Immenstädter Horn mit der Nagelfluhkette.

Kurz vor dem Burgkranzegger Horn verlässt der Weg den Höhenrücken und führt in Kurven steil abwärts. Wir treffen auf einen fast ebenen Weg, auf dem wir uns nach rechts wenden. Jetzt noch einmal die Bremsen überprüfen, denn gleich geht es wieder stetig und steil bergab nach Burgkranzegg und von dort direkt in gleicher Richtung weiter nach Petersthal. Wir stoßen auf die quer verlaufende Thalstraße. Nach rechts geht es zur »Pizzeria da Toni«. Für die Weiterfahrt wenden wir uns aber nach links, um dann gleich rechts zum Badestrand am Rottachsee abzubiegen.

Allgäu-Erfahrung: Maria Rain

Maria Rain war der Tradition nach schon im 11. Jh. Ziel von Wallfahrern. Wirklich sicher ist jedoch, dass hier bereits 1414 eine aus Stein erbaute Kirche stand. Ihre letzte Blüte erlebte die Wallfahrt im 18. Jh., als sie ihre barocke Ausstattung bekam. Das große Prunkstück der Kirche ist der überreich mit Figuren geschmückte Hochaltar. In seinem Zentrum schwebt das Gnadenbild, die Muttergottes. Mit dem Jesuskind auf einem Thron ruhend, umfliegen sie Engel und Putten. Unter ihr sieht man die Zelte der Israeliten in der Wüste. Manna und Wachteln bewahren sie vor dem Hungertod. Dass in dem Altar noch zahlreiche gotische Figuren aus der Vorgängerkirche gleichsam versteckt sind, fällt in der überreichen Ausstattung kaum auf. Die Kirche besitzt sieben Altäre und eine reich geschmückte Kanzel. Die Menschen im Barock liebten so eine Fülle, denn sie sahen darin das Bild des Himmels, in dem der Reichtum unvorstellbar war.

Erster Badegenuss und Oberzollhaus Wir kommen direkt an den großen Badeplatz am Rottachsee, der zu einer Pause und einer Abkühlung einlädt. Wer die Pizzeria verpasst hat, kann an einem Kiosk seinen Hunger stillen. Unser Weiterweg führt zunächst direkt am See mit seiner Verlandungszone entlang. An einem Waldstück werden wir nach rechts gezwungen. In einer Wegschleife geht es etwas aufwärts, bei der Weggabel wenden wir uns nach links. Am Waldrand geht es zuerst nach rechts und dann sofort nach links zum nächsten Wald. Nochmals links bringt uns der Weg zur Autobahn, unter der wir hindurchfahren. Wir passieren ein großes Solarfeld, überqueren etwas rechts versetzt die Bahn und haben damit Oberzollhaus erreicht. Der Bahnhofsweg bringt uns zur B 309, dort biegen wir gleich scharf rechts in den Römerweg ein, der uns zur Magnuskapelle mit ihrer reichen Innenausstattung führt.

Zurück nach Oy Hinter der Kapelle bringt uns ein Weg wieder zur B 309, die wir nach rechts in den Eschenweg queren, von dem aus wir nach knapp 100 m links in den Föhrenweg abbiegen. Er trifft auf die Schwarzenberger Straße, der wir nach rechts folgen. Nach ca. 600 m verlassen wir sie nach links, um über die Wiesen und Felder Oberschwarzenberg zu erreichen. Wir folgen der Hauptstraße nach rechts, um dann am Dorfrand links nach Unterschwarzenberg abzubiegen. In der Dorfmitte von Unterschwarzenberg halten wir uns links, fahren durch die Unterführung der Umgehungsstraße und erreichen dann Bachtel mit seiner Dreikönigskapelle. Am südlichen Dorfausgang biegen wir links ab, fahren unter der Autobahn hindurch und erreichen den künstlerischen Höhepunkt unserer Fahrt: Maria Rain mit seiner Wallfahrtskirche, deren barocke Innenausstattung noch sehr wesentliche Teile aus der gotischen Vorgängerkirche enthält. Von der Kirche aus bringt uns der Radweg neben der Bachtelstraße zur B 309, unter der wir hindurchfahren. Dann geht es, immer mehr oder weniger parallel zur Bahn, nach Haslach. Dort fahren wir auf der Straße Am Kletterwald zu unserem nächsten Badeplatz, der großen Liegewiese am Grüntensee. Ein i-Tüpferl dazu ist das kleine Gasthaus »Seehaus«, das zwar keine große Speisekarte besitzt, dafür aber hervorragende Qualität liefert.

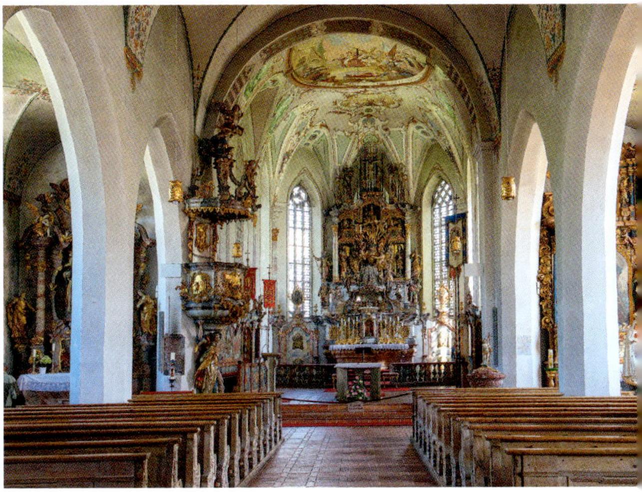

Die Wallfahrtskirche Maria Rain bei Oy-Mittelberg ist ganz im Barockstil ausgeschmückt.

Über die Liegewiese führt ein Fußweg, auf dem wir ein kurzes Stück schieben müssen, in nördliche Richtung. Wir passieren den Campingplatz, treffen auf eine Querstraße, von der aus wir, etwas links versetzt, die B 310 queren. Das letzte Wegstück ist noch einmal etwas anstrengend. Es führt bergauf nach Faistenoy. Im Ort nehmen wir die Brunnenstraße, auf der wir auch Faistenoy verlassen. Immer noch aufwärts fahren wir über die Felder zum Faistenoyer Bach. Unmittelbar nach der Brücke zweigt rechts ein Weg ab, auf dem wir Oy mit seinem Kurpark direkt erreichen.

21 Um den Grüntensee

Aussicht auf den Wächter des Allgäus

leicht | 23 km | 100 Hm | 2.00 Std.

Highlight: Sehenswürdigkeit

Ausgangs- und Endpunkt
Nesselwang, Alpspitzbahn

GPS
47.618329, 10.496741

Anfahrt
Auto: Autobahn A 96 nach Landsberg und auf der B 17 Richtung Füssen, von Steingaden über Roßhaupten nach Nesselwang. Bahn: Nesselwang ist mit dem Zug auf der Außerfernbahn von Kempten bzw. Garmisch-Partenkirchen erreichbar.

Tourencharakter
Kurze, schöne Rundtour mit einigen Bademöglichkeiten, überwiegend auf einsamen Feldwegen, geringe Steigungen

E-Bike-Ladestation
Nesselwang: Schließfächer mit Lademöglichkeit am Willkommensplatz

Radverleih
Nesselwang: Bergsport Martin, An der Riese 28, Jons Adventures, Maria-Rain-Straße 4

Information
www.nesselwang.de

Der Weg um den Grüntensee von Nesselwang aus ist eine sehr gemütliche Tour. Vor allem im Sommer lockt der See mit seinen Bademöglichkeiten. Darüber hinaus ist es aber die grandiose Aussicht auf die Allgäuer Bergwelt, die dieser Fahrt ihren Reiz gibt. Und dazwischen stoßen wir auf einige kleinere Kulturdenkmäler. Gerade richtig, um mehr über die Gegend zu erfahren.

Römerbrücke Mit der Alpspitzbahn im Rücken radeln wir hinunter zur Dorfmitte und biegen links in die große Hauptstraße, die Kemptener Straße, ein. Bereits nach 150 m geht es erneut nach links in die Römerstraße. Jetzt fahren wir leicht aufwärts zur Reichenbachstraße. Wenige Meter rechts davon verläuft die große Hauptstraße, hier beginnt unser Radweg nach Gschwendt. Wir fahren in das Dorf hinein, durchqueren es und nehmen am Dorfende von den drei Straßen, die hier

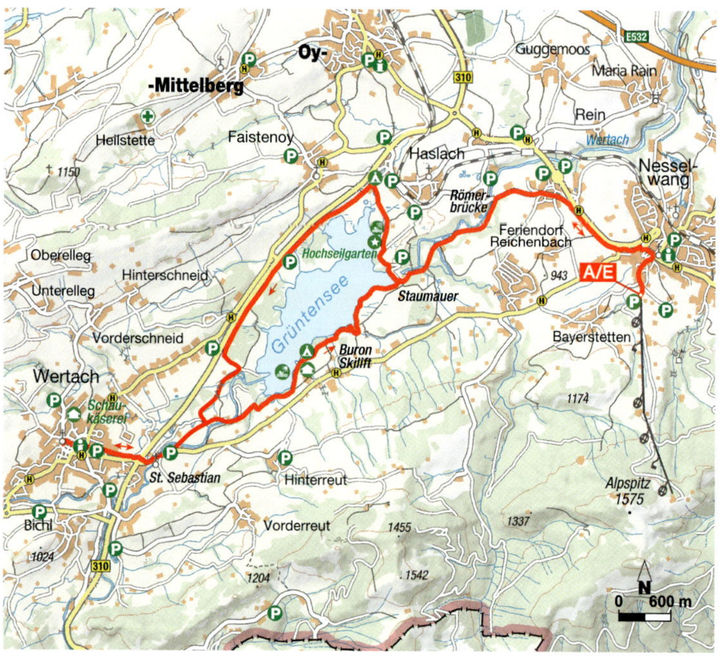

abgehen, die mittlere. Sie führt bergab zur Römerbrücke, die auch Dohlebrücke genannt wird. Zwar fehlen konkrete schriftliche Daten zur Geschichte, sicher ist aber, dass bereits die Römer hier die felsige Engstelle (Dohle = Rinne, Loch), durch die sich die Wertach zwängen muss, als Übergang nutzten. Hier befand sich eine der vielen Nebenstraßen der berühmten römischen Via Claudia Augusta. Unsere Strecke führt noch vor der Brücke links in den Feldweg. Nun radeln wir etwas oberhalb der Wertach abwechselnd durch Wald und vereinzelte Wiesen. Jetzt steht ein kleiner Anstieg bevor, und wir erreichen am Kraftwerk die Dammkrone des Grüntensees.

Unbedingt die Badesachen einpacken! Es gibt tolle Badestellen am Grüntensee.

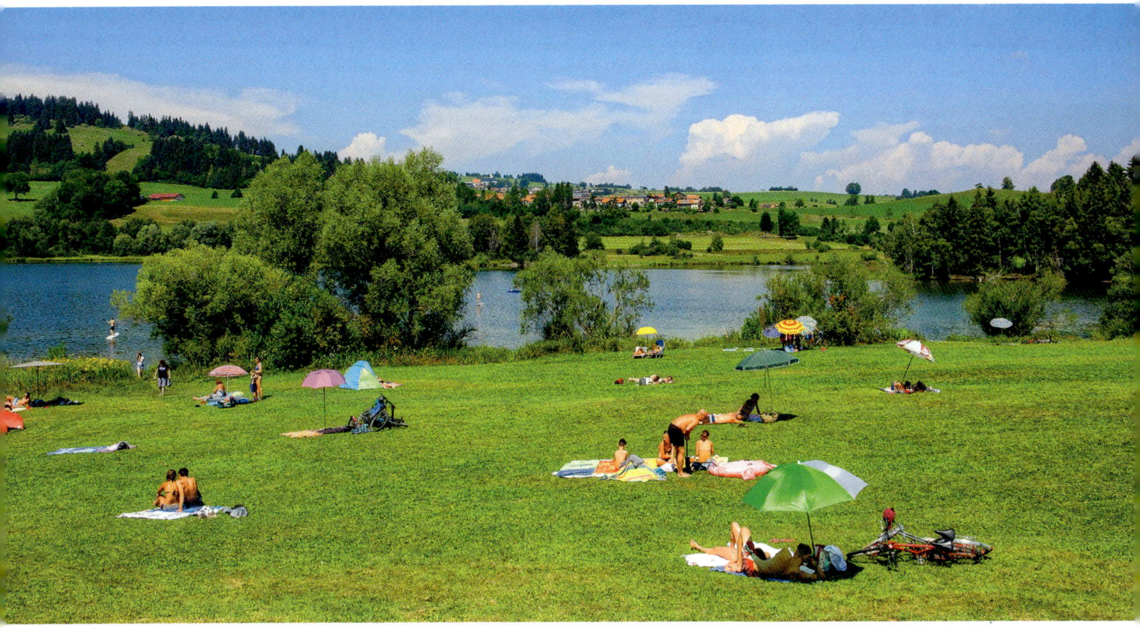

Grüntensee Wir radeln nach rechts und überqueren dabei den Abfluss der Wertach aus dem See. Kurz danach passieren wir den Hochseilgarten, das Gasthaus »Seehaus« und das Badegelände, das uns übrigens einen tollen Blick auf den Grünten erlaubt. Gleich zweigt links ein wunderschöner Wiesenweg in Seenähe ab. Hier

Allgäu-Erfahrung: Die Kleine Wies

Zur St.-Sebastian-Kirche sagen die Einheimischen liebevoll »Kleine Wies«. Das hat seinen Grund, denn der Kirchenbaumeister Bernhard Metz aus dem damals sehr fernen Westfalen nahm sich die eben fertiggestellte Wieskirche zum Vorbild. Alle ihre Bauelemente finden sich in vereinfachter Form wieder. Natürlich dreht sich in der Kirche alles um den Kirchenpatron, den hl. Sebastian. Sein Leben wird in einem Bildzyklus dargestellt, seine Aufnahme in den Kreis der Heiligen im Himmel im großen Fresko der Apsis.

müssen wir schieben, denn das ist ein Fußweg! Aber dieser Weg ist nun mal weitaus schöner als der Hauptweg, der mitten durch den Ort Haslach mit seinem Autoverkehr führt. Unmittelbar nach dem Campingplatz stoßen wir wieder auf den eigentlichen Radweg, der uns links weiter um den See führt. Parallel dazu, aber doch mit genügend Abstand, verläuft die

Guten Appetit

Als absolutes Highlight haben wir den Brauerei-Gasthof »Hotel zur Post« in der Hauptstraße von Nesselwang empfunden. Aus der Post-Brauerei des Hauses kommen ausschließlich Bierspezialitäten, die nur im Gasthof angeboten werden. Was man daraus noch machen kann, zeigt der Küchenmeister mit seinen Brauerschmankerln, das sind z. B. die deftige Nesselwanger Dunkelhaxe oder das mit Biersenf eingeriebene Malzmeister-Schnitzel. Auch das Bayerische Duo Joseph und Josepha, ein einfaches Schmalz- und Obazda-Brot, kann sich sehen und schmecken lassen. All diese Schmankerl gehören zu den besten Gerichten, die wir im Allgäu genießen durften.

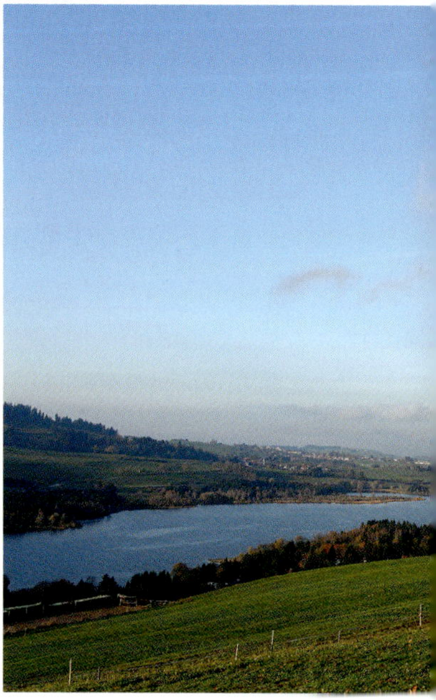

Blick von Hinterreut auf den Grüntensee

Rechte Seite unten links: Am Grüntensee können wir uns auch Boote ausleihen.

Rechte Seite unten rechts: In Nesselwang starten wir die Radrunde.

große Bundesstraße. Die Aussicht über den See auf die nahen Allgäuer Berge mit dem durch Antennen markierten Grünten ist einmalig schön. Bald schon biegen wir links in einen weiteren Feldweg ein, der uns etwas schlängelig durch das Altachmoos näher zum See hinführt.

Wertach – Ort oder Fluss? Am südlichen Ende des Sees können wir uns entscheiden. Entweder wir radeln sofort links über die Wertach und setzen unseren Rundweg um den See fort oder wir machen einen Abstecher in den Ort Wertach. Letzteres lohnt sich vor allem, um die Kleine Wieskirche zu besuchen, um einzukehren oder um eine der typischen Allgäuer Käsereien zu besichtigen. Dafür fahren wir am rechten Wertachufer entlang zu einer großen Autostraße (gegenüber liegt die sehenswerte Kleine Wieskirche), an der uns ein Radweg rechts sicher in den Ort bringt. Zurück geht es auf dem gleichen Weg bis zur Kirche. Dann bleiben wir aber für 600 m weiter auf dem Radweg parallel zur Autostraße. An der Scheune geht es links in den Feldweg und schon sind wir an der Wertachbrücke, wo wir wieder auf den Hauptweg treffen. Durch die Flussauen kommen wir an das Seeufer. Gute Bademöglichkeiten erwarten uns nun beim Campingplatz Grüntensee. Danach führt ein breiter Kiesweg immer in Ufernähe weiter nach Norden, bis wir erneut auf die Staumauer treffen. Von dort geht es auf dem uns bekannten Weg zurück.

Die Römerbrücke stammt zwar nicht aus der Römerzeit, liegt aber auf einer alten Römerstraße.

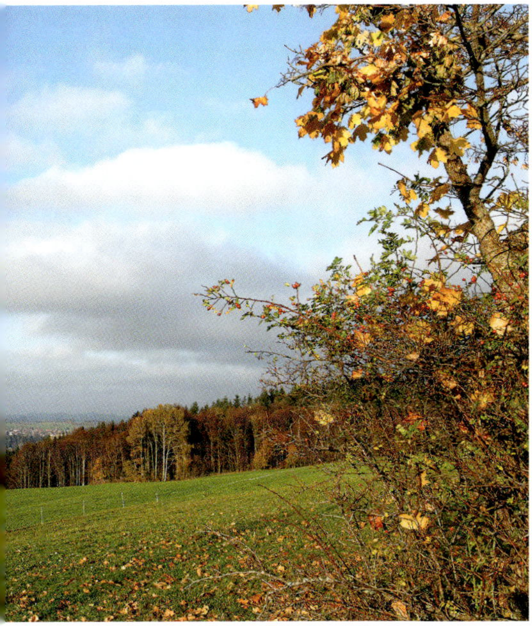

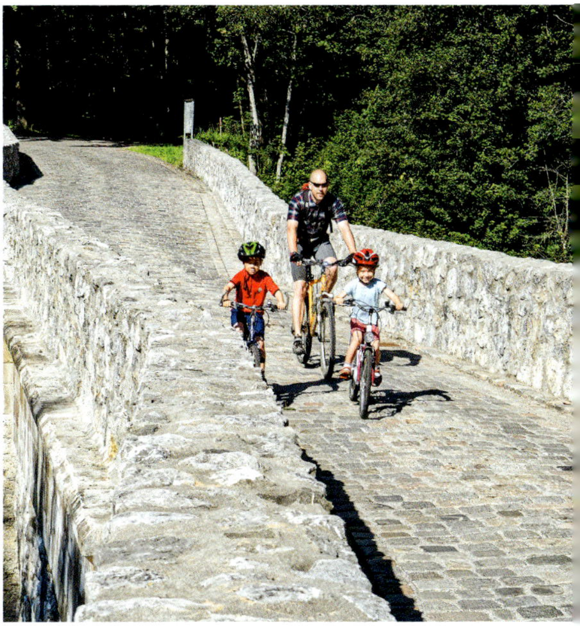

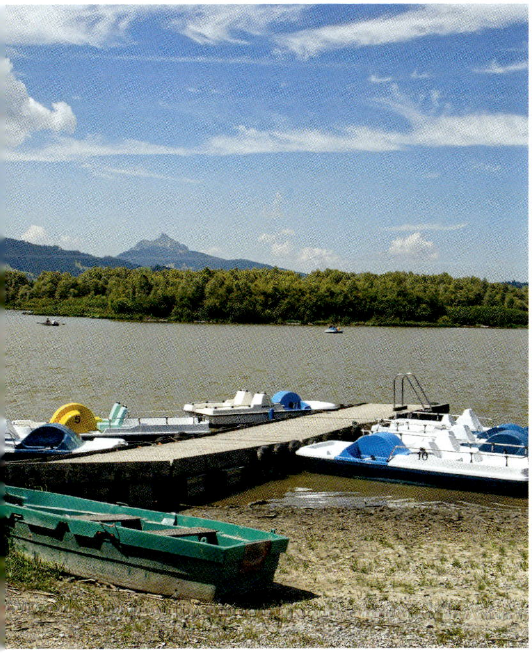

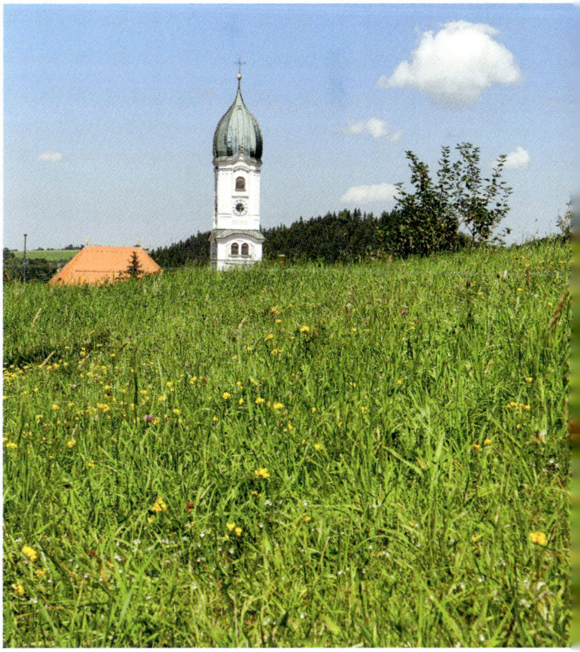

22

Von Pfronten ins Tannheimer Tal

Alpentäler und Almwiesen

mittel | 34 km | 400 Hm | 3 Std.

Highlight: Naturparadies

Ausgangs- und Endpunkt
Pfronten, Eisstadion

GPS
47.579282, 10.552790

Anfahrt
Auto: Über die A 7 bis Ausfahrt Oy-Mittelberg, weiter auf der B 309 oder über München auf der B 17 bis Füssen und weiter auf der B 310 nach Pfronten. Durch Pfronten weiter auf der B 309 bleibend in Richtung Breitenbergbahn, dann aber, ein Stück nach der Vilsbrücke rechts in den Adolf-Haff-Weg einbiegen. Die Frühlingsstraße bringt uns nach rechts zum Stadion und zu den Parkplätzen. Bahn: Mit der Bahn bis zum Bahnhof Pfronten-Ried. Von dort auf der B 310 Richtung Süden bis zur Abzweigung zur Eishalle am Adolf-Haff-Weg.

Tourencharakter
Rundtour auf Nebenstraßen und Radwegen mit einigen ungeteerten Wegabschnitten. Die Höhenmeter sind bis auf einen kleinen steileren Anstieg kaum spürbar über die ganze Strecke verteilt.

E-Bike-Ladestation
Pfronten am Dorfer Weiher oder am Bahnhof in Pfronten-Ried

Radverleih
Pfronten: Sport Manhard, Birkenweg 1

Information
www.pfronten.de

»Grenzerfahrend« sind wir heute zwischen Bayern und Österreich unterwegs. Begleitet von den beiden Gebirgsbächen Ach und Vils, umgeben von einer gigantischen Bergwelt und umringt von üppig blühenden Almwiesen radeln wir von Pfronten hinüber ins südlich gelegene Tannheimer Tal mit seinen vielen romantischen Dörfern.

Entlang der Ache Wir starten am Eisstadion in Pfronten in der Frühlingsstraße. Wer mit dem Auto gekommen ist, radelt retour wie er zum Eisstadion gelangt ist: nämlich durch den Adolf-Haff-Weg zur großen Tiroler Straße. Dieser folgen wir nun in südlicher Richtung und biegen kurz darauf am Alpenhotel Krone rechts in den Kienbergweg ein. Vorbei am Dorfweiher folgen wir nun stets der Kienbergstraße und queren am Pfrontener Ortsende die Achtalstraße geradeaus in den Radweg. Schon sind wir mitten im Grünen und folgen nun der Beschilderung nach Grän entlang der kleinen Steinacher Ache. Angenehm ruhig plätschert der Fluss neben uns über kleine Steinkaskaden und schnell erreichen wir die »Fallmühle«. Auch wenn die Einkehr in das hübsche und liebevoll dekorierte Gasthaus noch so sehr lockt, müssen wir erst noch ein bisschen Gas geben und Strecke machen. So folgen wir hinter dem Gasthaus dem leicht ansteigenden Weg in den Wald hinein und bleiben der Ache treu, die nun schon deutlich wilder wird, ein Bergbach eben! Es handelt sich jedoch nur um ein kurzes Zwischenspiel. Schon geht es wieder deutlich sanfter und für uns nur noch leicht ansteigend am Ufer der Ache entlang. Langsam weitet sich das Tal und wir genießen die traumhaften Ausblicke auf den Aggenstein und die nahen Tannheimer Berge. Umgeben von herrlich blühenden Almwiesen stören wir uns dann auch nicht am »Verlust« des Bergbaches, der nun weiter weg, ohne uns, am Fuße der Berge weiterfließt. Kurz vor der Staatsgrenze endet unser Radweg und wir radeln nun auf der kleinen Nebenstraße weiter. Vorsichtig geht es über ein Viehgitter und schon sind wir im Engetal in einem wunderbaren Alpgebiet unterwegs. Kühe kreuzen die Fahrbahn und mit ihnen einige Flie-

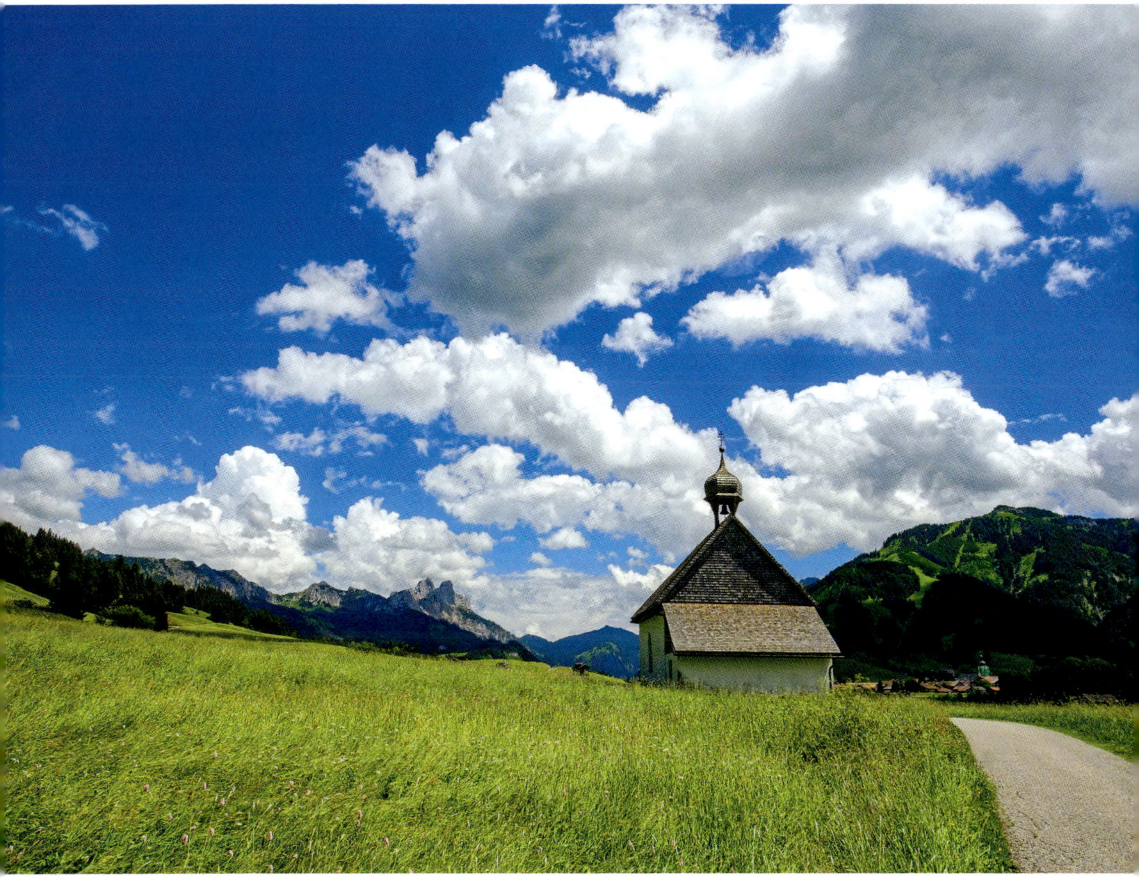

gen. Also besser Mund zu, was uns im Angesicht der schönen Landschaft sicherlich schwerfällt. Dann steigt die Straße noch einmal etwas steiler an und am alten Zollhaus geht es hinüber ins Tannheimer Tal.

Die Kapelle St. Leonhard liegt im Tannheimer Tal.

Wiesenwege im Tannheimer Tal

Der Übergang von einem Tal zum nächsten gleicht einer Panoramaschau. Kaum erhaschen wir den ersten Blick auf das Tannheimer Tal, ändern sich die Berge und damit die ganze Kulisse. Beeindruckend liegen nun die Lechtaler und Allgäuer Alpen vor uns. Kurz bevor wir Grän erreichen, biegen wir hinter der kleinen Kapelle rechts in den Feldweg

Guten Appetit

In völliger Alleinlage unweit der wildromantischen Vils liegt die Alpe Kalbelehof auf einer grünen Almwiese direkt an unserer Radstrecke. Mitten in der Natur, umgeben von Bergen werden dort leckere Brotzeiten und hausgemachte Kuchen serviert. Ein wirklich traumhaft schönes Rastplätzchen, das man auch nur mit dem Fahrrad oder zu Fuß erreicht (nur von Juni bis September geöffnet).

ein. Wieder umringt von satten, feuchten Blumenwiesen, erreichen wir auf einem Panoramaweg Innergschwend. Nach dem Gasthaus »Beim Öfner« und der kleinen Kapelle halten wir uns rechts und erreichen den Weiler Berg. Diesen durchqueren wir ohne nennenswerten Höhenverlust immer in ursprünglicher Fahrtrichtung (Schild »Zöblen«). Kurz hinter dem Ort passieren wir die malerische Kapelle St. Leonhard und anschließend ein kleines Gewerbegebiet. Unmittelbar nach den letzten Häusern biegen wir links ein und stehen an der Vils. Diese überqueren wir nach wenigen Metern und unterqueren gleich darauf die Autostraße. Nun folgen wir der Beschilderung nach Schattwald, die uns bald wieder auf die andere Seite der Vils lotst. Vorbei an einigen Fischweihern, halten wir auf unserem Flussradweg auch etwas Abstand zu den Orten Zöblen und Schattwald, wobei beide einen kleinen Abstecher wert wären. Vor allem in Schattwald lohnt sich im Sommer ein Stopp am Moorbad Floschen. Nach dem großen Parkplatz des Rohnenliftes queren wir die Autostraße erneut und bleiben zunächst noch der Vils treu. Im Ortsteil Kappl biegen wir dann jedoch nach rechts aufwärts ein und halten uns gleich wieder links. So

Allgäu-Erfahrung: Bunte Almwiesen

Die schönste Jahreszeit für diese Radtour ist Anfang Juni. Dann haben die vielen Almwiesen entlang der Radtour ihre ganze Pracht entfaltet und stehen in voller Blüte. Während weiter unten im Tal schon das zweite Mal gemäht wird und kein Farbtupfer mehr zu finden ist, lassen die Bergbauern im Tannheimer und Achental den Wiesenblumen noch Zeit zum Wachsen. Besonders schön sind dabei die Blumenwiesen, die auf den feuchten Böden gedeihen. Gelb, lila, rosa und weiß wiegen sich die Blütenstände im Wind. Dazwischen stehen filigrane Gräser und Dolden in unzähligen Formen. Ein wunderschönes vielfältiges Farbenspiel, das die Natur anscheinend völlig willkürlich für uns zusammengestellt hat. Dabei ist es jedoch für den Artenerhalt von enormer Bedeutung, dass man den Wiesenpflanzen viel Zeit gönnt. Jeder von uns kennt die leeren, nur noch grünen Wiesen, die überall nach dem ersten Löwenzahnschnitt zu sehen sind. Wegwarte, Glockenblume, Klappertopf, Storchenschnabel, aber auch Knabenkraut, Wiesenflockenblume und Distel wachsen jedoch erst später und haben deshalb in der intensiven Landwirtschaftsnutzung keine Chance mehr, aufzukommen. Mit uns freuen sich auch zahlreiche Insekten über die üppigen Blumenteppiche, denn sie versprechen Nahrung in Form von endlos sprudelnden Nektarquellen. Eine schützenswerte Natur, die es wert ist, erhalten zu bleiben.

verlassen wir das Tannheimer Tal und Kappl und der einzige wirkliche Anstieg steht uns bevor.

Einsam durch das Vilstal Für die Strecke hoch über dem Vilsfall und der Vilsschlucht müssen wir etwas an Höhe gewinnen. Das kurze Stück lässt sich schieben und verläuft zum Glück an-

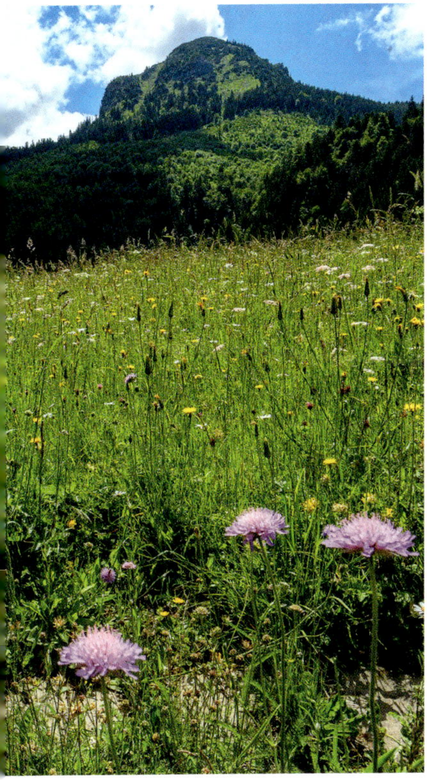

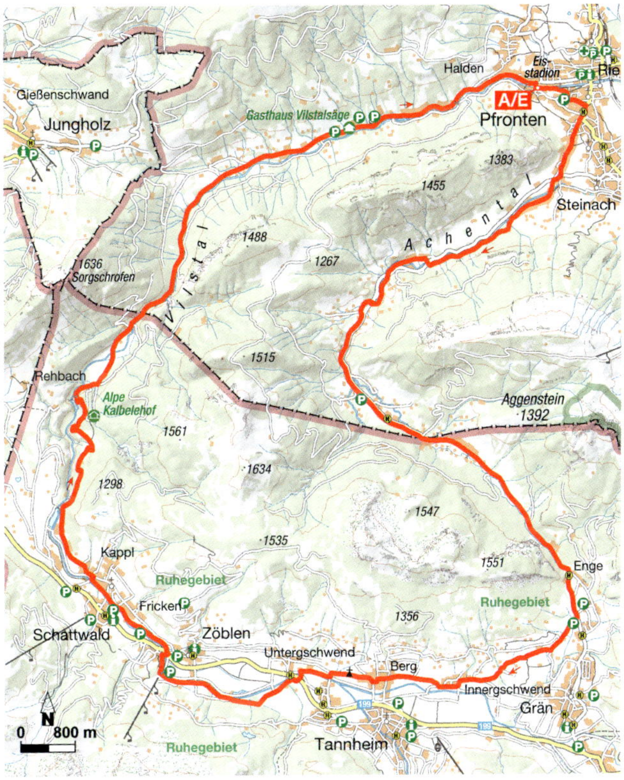

genehm schattig im Wald. Kaum haben wir diesen verlassen, geht es schon wieder bergab und das ganz schön flockig. Also besser noch einmal die Bremsen prüfen! Immer dem Hauptweg folgend, rollen wir so über ein paar Kurven wieder hinunter zur Vils, auf die wir an einem wunderschönen Almboden treffen. Nun ist es auch nicht mehr weit bis zur bereits sichtbaren Alpe Kalbelehof, wo wir uns eine Einkehr bestimmt verdient haben. Ab hier ist der weitere Wegverlauf denkbar einfach, auch wenn er noch lange nicht vorbei ist. Stets der Vils folgend, geht es über die Staatsgrenze wieder nach Bayern. Vorbei am Gasthaus »Vilstalsäge«, unserer vorerst letzten Einkehrmöglichkeit, geht es im Auf und Ab nach Pfronten zurück. Dort queren wir gleich am Ortsanfang die Vils und folgen dann dem Rad- und Fußweg durch den Kurpark zum Eisstadion zurück.

Die Almwiesen im Tannheimer Tal sind traumhaft schön.

23

Von Pfronten nach Füssen

Rund um den Falkenstein

mittel | 31 km | 400 Hm | 3.30 Std.

Highlight: Stadtspaziergang

Ausgangs- und Endpunkt
Pfronten-Ried, Bahnhof

GPS
47.583700, 10.560641

Anfahrt
Auto: Auf der Autobahn A 7 über Ulm, Memmingen, Kempten, Ausfahrt Oy-Mittelberg und weiter auf der B 310 nach Pfronten. Dort Schildern in den Ortsteil Ried zum Bahnhof folgen. Achtung, Pfronten hat drei Bahnhöfe! Bahn: Pfronten-Ried ist mit dem Zug auf der Außerfernbahn von Kempten bzw. Garmisch-Partenkirchen erreichbar.

Tourencharakter
Etwas anstrengende Rundtour mit einigen längeren Steigungen. Mit dem E-Bike einfach. Meist auf Forst-, Rad- und Wanderwegen, Abwärtsfahren auf geschottertem, rauem Untergrund sollte man beherrschen. Schwierige Abschnitte lassen sich auch umgehen.

E-Bike-Ladestation
Pfronten: Dorfweiher und Bahnhof Ried; Füssen: Infopavillon, Kaiser-Maximilian-Straße 1

Radverleih
Pfronten: Sport Manhard, Birkenweg 1; Füssen, Sport Luggi, Luitpoldstraße 11, Radsport Sachern, Kemptener Straße 29

Information
www.pfronten.de, www.fuessen.de

Auch wenn es in Teilen eine anstrengende Radtour ist, so gehört die Umrundung des Falkensteins zu einer der schönsten Radwegstrecken im östlichen Allgäu. Sehr viel mehr erleben können wir an diesem Tag ohnehin nicht und so gilt es, viel Zeit mitzubringen für einen Besuch der Füssener Altstadt, des Lechfalls, des Alat- und des Weißensees oder verschiedener kleiner Sehenswürdigkeiten am Wegesrand.

Über den Vilstalradweg nach Füssen Los geht es am kleinen Bahnhof in Pfronten-Ried. Gleich zu Beginn wenden wir uns in der Bahnhofstraße nach Westen, denn wir dürfen die Ein-

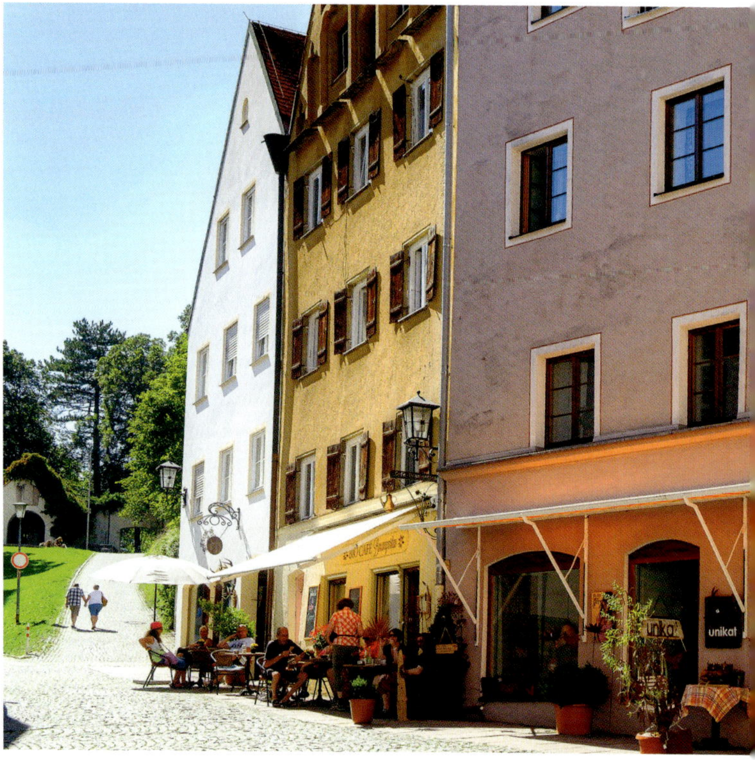

bahnstraße nicht in verkehrter Richtung fahren. So stoßen wir auf die Allgäuer Straße, das ist die große, den Ort Pfronten durchquerende Hauptstraße. Auf ihr radeln wir nach links, folgen dem Verlauf der Vorfahrtsstraße und überqueren die Vils. Unmittelbar dahinter biegen wir links in den Jagdhausweg ein, passieren das historische Jagdhäuschen und die moderne evangelische Kirche und erreichen wieder die Bahngleise. Diese queren wir schiebend und bleiben dann aber schnurgeradeaus entlang des Flusses. Mit herrlichster Sicht auf die Allgäuer Berge, allen voran auf den mächtigen Aggensteinstock, geht es nun ins Vilstal. Wir folgen der Radwegbeschilderung, die uns mal links, mal rechts des Flusses den Weg weist.

Vorbei an herrlich blühenden Alpwiesen rauschen wir flott am Fuße des Zirmgrats entlang. Das ist der große Bergstock, der sich links von uns zwischen der Burgruine Falkenstein und der Saloberalm entlangzieht. Bald sehen wir über uns auch schon die Burgruine Falkenstein, zu der König Ludwig II. bereits Pläne für ein weiteres Märchenschloss hatte.

Neben uns plätschert die idyllische Vils und lädt mit ihren Kiesbänken zur Rast ein. Dafür ist jedoch noch keine Zeit, höchs-

Linke Seite: In der Altstadt von Füssen lassen sich viele malerische Ecken entdecken.

Am Grenzübergang bei Ziegelwies

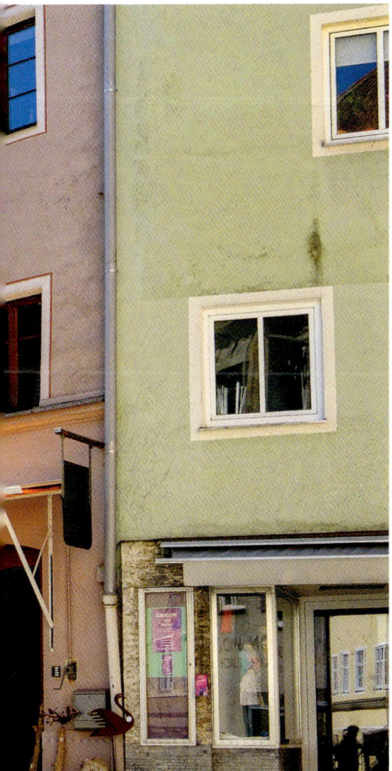

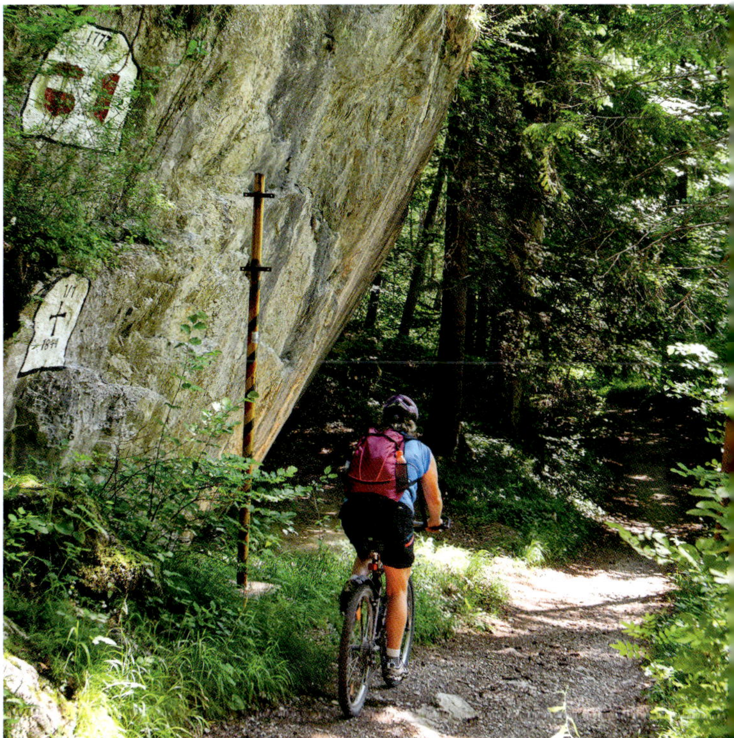

tens, um dem neu gepflanzten keltischen Baumhoroskop einen Besuch abzustatten. Schließlich kommen wir in die Nähe des großen Kieswerks. An der modernen Annabrücke verlassen

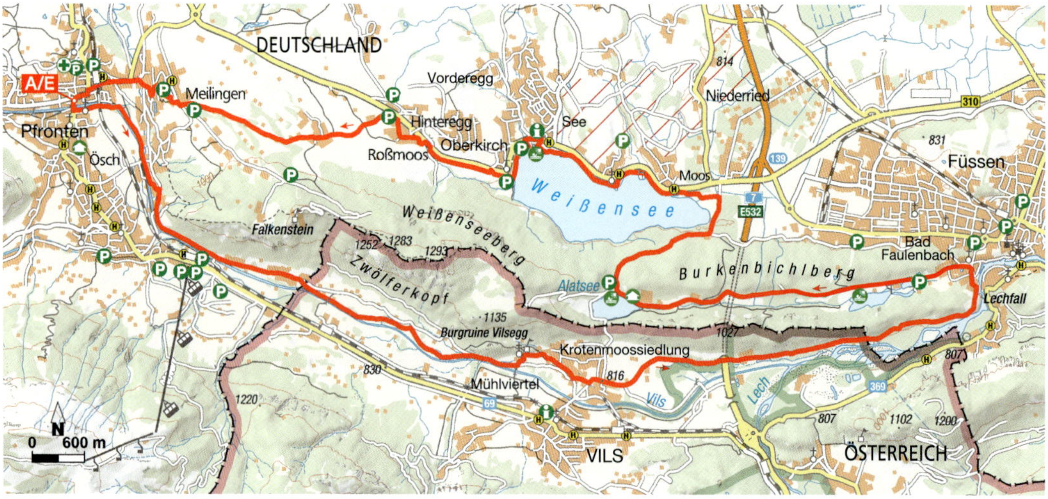

wir den Fluss nach links und steuern auf den Turm der Burgruine Vils und die unterhalb liegende Annakapelle zu. In die Wallfahrtskirche können wir einen Blick werfen, sie geht auf das Hochmittelalter zurück. Zur Burgruine Vils führt ein Fußweg hinauf.

Weiter geht es in ursprünglicher Fahrtrichtung und wir erreichen die ersten Häuser von Vils. In Sichtweite zum Kieswerk geht es links in die Straße Am Kanal, wo wir das Industriegebiet in einem Bogen umfahren. Dahinter führt unser Weg wieder über Felder, bis wir schließlich am großen Tunnel unter der Bundesstraße hindurch fahren. Kurz danach, hinter dem einsamen Bauernhaus fließt die Vils in den Lech, was sich jedoch unseren Augen entzieht. Wir merken nur anhand der vielen Altwasserarme und dem wild wachsenden Weidengestrüpp, dass wir uns immer noch in Flussnähe befinden. Nun folgen wir dem Lech und es wird etwas anstrengender, denn der Weg führt im steten Auf und Ab durch den Wald. Das ist gleichzeitig ein bekannter Wanderweg, sodass wir auch Rücksicht auf die Fußgänger nehmen. Bald überschreiten wir die Grenze nach Bayern, alte Grenzsteine an den Felswänden zeigen, dass sich hier seit vielen Jahrhunderten der Grenzverlauf nicht verändert hat. Schließlich lichtet sich der Wald und nach einer letzten Steigung stehen wir am Ortsrand von Füssen, wo wir mit einigen wenigen Schritten nach rechts den Lechfall besichtigen können.

Der Lechfall bei Füssen Die Klamm, in die sich der Lech in einem Wasserfall stürzt, entstand am Ende der letzten Eiszeit. Im Vilstal und hinaus bis nach Pfronten hatten sich zwei Seen aufgestaut. Das Überwasser sägte sich ganz langsam durch die Felsbarriere, sodass die Lechschlucht entstand. Von einem Steg aus können wir die Kaskaden bequem und risikolos bewundern.

Die Vils bei Pfronten verläuft fast schnurgerade.

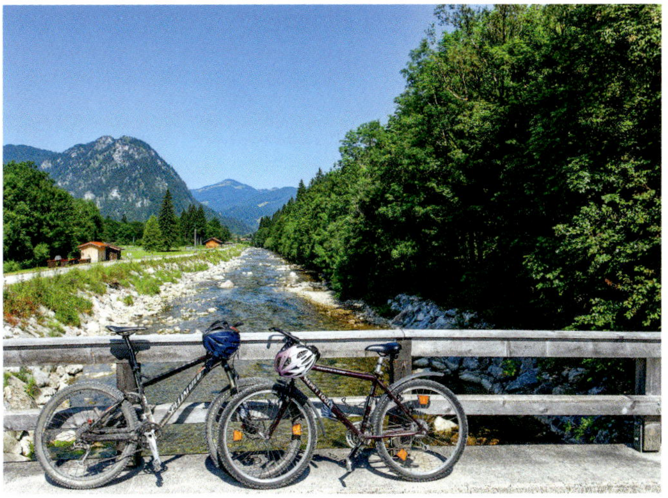

Füssen und das Tal der Sinne Für die Weiterfahrt sollten wir laut Verkehrszeichen die nächsten 350 m schieben, dann haben wir den Länderweg erreicht, von dem wir rechts durch die Alatseestraße in die Füssener Altstadt kommen. Für die Rückfahrt kommen wir aber hierher zurück und biegen vom Länderweg in den Schwärzerweg. Er führt direkt zum Erholungsgelände von Bad Faulenbach, wo man im Kurpark »Tal der Sinne« mit Barfußpfad, Kräuterbeeten und Kneippbecken gut rasten kann. Die schwefelhaltigen Quellen von Bad Faulenbach wurden bereits von den Römern entdeckt. Schon im 15. Jh. nutzte das Kloster St. Mang das gesunde Wasser und errichtete ein Badehaus. Richtig in Schwung kam der Kurbetrieb aber erst, als Kneippsche Wassergusskuren immer mehr Anhänger fanden und sich die Bad Faulenbacher Kur- und Bäderbetriebe darauf einstellten.

Guten Appetit

Wer die Wahl hat, hat die Qual, und so findet sich in Füssen eine riesige Auswahl an Gaststätten, Restaurants, Cafés und Wirtshäusern, da ist für jeden Geschmack und Geldbeutel etwas dabei. Wunderbar und etwas abseits des klassischen Touristenrummels ist die »Waldwirtschaft«, die direkt am Mittersee in Bad Faulenbach liegt. Die Auswahl ist nicht groß, aber die hervorragende Qualität der Speisen hat uns überzeugt. Vor allem der Bachsaibling mit Mandelbutter und Kräuterkartoffeln war sterneverdächtig (Anfang November bis Anfang März geschlossen, ansonsten täglich ab 11.30 Uhr, Mi Ruhetag).

Zum mystischen Alatsee Die kleine Pause tut gut, denn nun steht die Auffahrt zum Alatsee bevor. Das klingt jedoch dramatischer als es ist. Vorbei geht es zunächst noch an den beiden Freibädern, die am Mitter- und Obersee im Faulenbacher

Tal liegen. Danach steigt die fast verkehrsfreie Zufahrtsstraße weiter leicht an und wir erreichen schließlich direkt am gleichnamigen Gasthof den Alatsee. Um ihn ranken sich jede Menge Mythen und Gerüchte. So erzählt man, dass der See sich blutrot verfärben kann, was ein kommendes Unheil wie Krieg oder Pest bedeutet. Außerdem sollen in ihm Gespenster hausen, die

Allgäu-Erfahrung: Füssen

Unser Spaziergang durch Füssen beginnt am besten am nördlichen Ende der Reichenstraße, der lang gezogenen Fußgängerzone der Stadt. Vor uns baut sich das Hohe Schloss auf, die einst mächtige Sommerresidenz der Augsburger Fürstbischöfe. Diese Flaniermeile verrät nicht, dass sie schon fast 2000 Jahre alt ist. Damals hieß sie noch Via Claudia Augusta und war eine römische Militärstraße, die Norditalien mit Süddeutschland verband. Am Ende der Straße biegen wir links in die Ritterstraße ab und von dieser weiter über die Lechhalde zum Kloster St. Mang. Der Ursprung dieses Klosters war eine Zelle, ein kleines Haus des hl. Magnus, der hier wohl als Entwicklungshelfer tätig war. Aus der Zelle wurde im Lauf der Jahrhunderte ein barockes Kloster, das bei der Säkularisation zwar aufgelöst wurde, dessen Bauten jedoch erhalten geblieben sind. Der Kaisersaal, die Bibliothek und das alte Refektorium kann man besichtigen. Über den Magnusplatz kommen wir zu der gewaltigen Klosterkirche St. Mang, die heute Pfarrkirche geworden ist. Über dem Kloster thront das mächtige Hohe Schloss, das unter anderem eine Filialgalerie der Bayerischen Staatsgemäldesammlung beherbergt. Der Innenhof wird durch Illusionsmalereien aus der Zeit der späten Gotik geschmückt. Und natürlich ist es nett, sich in den Gassen von Füssen ein bisschen zu verlieren oder sich ein lauschiges Straßencafé zu suchen, um das internationale Touristentreiben in aller Gelassenheit zu beobachten.

Menschen in die Tiefe ziehen, die sich seinem Ufer nähern. Zu guter Letzt sollten am Grund des Sees die Goldschätze des Dritten Reiches versenkt sein. Ein Gerücht, das auch als Thema im Roman *Seegrund* in der Krimireihe Kluftinger (siehe Tour 11) aufgegriffen wurde, und in der Realität bereits zahlreiche Schatzsucher angelockt hat, die aber höchstens verrostete Waffen aus dem letzten Krieg gefunden haben. Hinter all diesen Geschichten verbirgt sich ein ungewöhnliches Ökosystem, das ziemlich einmalig ist und auf den Infotafeln am Alatsee erklärt wird.

Über den Weißensee Wer möchte, kann den See umrunden, dort gibt es einige schöne Badestellen. Weiter geht es jedoch an seinem nördlichen Ende beim Parkplatz. Von dort folgen wir der Zufahrtsstraße und rollen bergab. Im Tal erreichen wir den Weißensee. Sein südliches Ufer ist für Radfahrer gesperrt, sodass wir in Richtung B 310 fahren. 150 m vorher beginnt dann links der Uferradweg entlang der Nordseite des Weißensees. Schilfflächen und Badestellen wechseln sich ab und hinter dem Wasser ragt wieder der Zirmgrat empor. Vorbei am alten Pfarr- und Schulhaus sowie der malerischen Kirche St. Walburga gelangen wir an das westliche Ende des Sees in den Ortsteil Oberkirch. Während der Badesaison müssen wir unsere Räder durch das öffentliche Strandbad schieben. So können wir noch einmal Kräfte sammeln, denn uns steht ein weiterer Anstieg bevor. Wir gewinnen rasch an Höhe, sollten uns aber unbedingt auch einmal umdrehen. Die Aussicht über den See hinüber nach Füssen und zum Tegelberg ist wirklich einmalig.

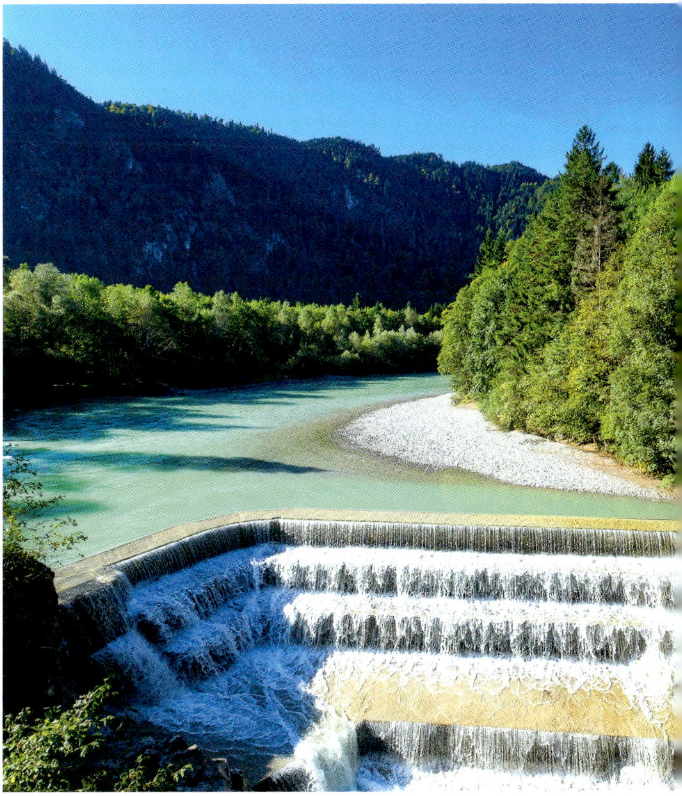

Wild rauscht der Lech die Stufen am Lechfall hinab.

Parallel zur B 310 geht es nun zum Ortsteil Roßmoos weiter bergauf. Kurz hinter Roßmoos biegen wir dann links nach Benken ein. Das erspart uns eine Fahrt neben der Autostraße. Dafür müssen wir aber kurz nach Benken nochmals eine saftige Steigung, links haltend, in Kauf nehmen. Das überschaubare anstrengendste Wegstück können wir auch schieben. Umso mehr genießen wir dann die lockere Abfahrt hinab nach Meilingen, die zum Glück nicht so steil ist.

In Meilingen stoßen wir auf eine größere geteerte Straße und genießen als Erstes den traumhaften Blick über das Pfrontener Talbecken mit dem markanten hohen Kirchturm der Pfarrkirche St. Nikolaus. Hier wenden wir uns nach rechts und radeln in den Falkensteinweg, der uns über mehrere Kurven, am Alpenbad vorbei, steil hinunter ins Tal bringt. An der Vorfahrtsstraße halten wir uns links und erreichen so die Bahngleise im Ortsteil Ried. Unmittelbar dahinter geht es rechts in die Bahnhofstraße und wir haben nach einem ausgefüllten Tag unseren Ausgangspunkt wieder erreicht.

24

Von Görisried nach Kempten

Stiller Wald und lebendige Großstadt

mittel | 35 km | 530 Hm | 3 Std.

Highlight: Stadtspaziergang

Ausgangs- und Endpunkt
Görisried, Kirchplatz

GPS
47.706932, 10.509130

Anfahrt
Auto: Auf der Lindauer Autobahn A 96 Ausfahrt Jengen/Kaufbeuren, Schnellstraße B 12 Abfahrt Unterthingau, Marktoberdorf, weiter über Oberthingau nach Görisried. Parkplatz am Kirchplatz oder in der Waldbachstraße bei den Sportplätzen. Bahn: Nach Kempten und dort die Rundfahrt beginnen.

Tourencharakter
Rundtour in eine Stadt auf ungeteerten Rad- und Waldwegen, Nebenstraßen und Radwegen. Der Weg verläuft durch hügeliges Alpenvorland und senkt sich nach Kempten in das Illertal ab. Beim Rückweg steigt die Strecke dann an. Vor allem hinter Durach etwas steiler.

E-Bike-Ladestation
Kempten: Bikebox, absperrbare Schließfächer und reichlich Steckdosen an Illersteg, Grabengasse und Stiftsplatz

Radverleih
Kempten: Allgäu Natours, Kesselgasse 1a oder Like E-Bike, Feichtmayrstraße 37

Information
www.goerisried.de, www.kempten.de

An Märchen und Sagen erinnert der weite Wald zwischen Görisried und Kempten. Etwas verwunschen, ganz ursprünglich, fast dunkel liegen große Waldflächen östlich der Stadt. Doch verirren gehört der Vergangenheit an, dafür sorgen zahlreiche Wegweiser, die uns nie am richtigen Weg zweifeln lassen. Für Abwechslung von dieser Stille sorgt dann die alte Reichs- und Bischofsstadt Kempten.

Naturidyll Kemptener Wald Wir beginnen unsere Fahrt am Kirchplatz von Görisried, fahren kurz durch die Marktoberdorfer Straße, um dann, noch im Dorf, links in die Betzigauer Straße abzubiegen. Sie führt zuerst über Felder, in die einzelne Bauminseln eingestreut sind und taucht dann endgültig in den großen Kemptener Wald ein. Doch wenige Meter nach dem Waldrand lockt uns ein Schild nach rechts zur »Mehlblockalpe«, die wir nach gut 500 m erreichen. Zum Einkehren ist es fast zu früh, aber die Alpe ist ein Platz, an dem man gerne länger verweilt. Die einfache Küche schmeckt unglaublich gut, die kühlen Getränke passen bestens und wenn sich dann zum Klang der Kuhglocken noch Töne aus einer Gitarre oder einer Ziehharmonika mischen, weiß man, wie schön die Welt sein kann, wenn man nur zur richtigen Zeit am richtigen Ort ist.

Da wir aber wir noch nach Kempten kommen wollen, müssen wir aufbrechen. Wir radeln zu dem Weg zurück, von dem wir abgebogen sind und folgen ihm kerzengerade gut 2,5 km. Dann stoßen wir auf eine Querstraße, wir biegen schräg links ab (nicht den Weg benutzen, der links zurückführt!) und kommen auf eine kleine Lichtung mit einer Kapelle. Sie wurde 1993 von den Waldarbeitern als Dankkapelle erbaut, weil es bei der gefährlichen Aufarbeitung eines großen Windbruches keinen einzigen Unfall gegeben hatte.

Zwischenspiel in Kempten Unser Weg führt weiter durch den stillen Wald und dann über Bauernland mit Wiesen, Feldern und einzelnen Höfen nach Betzigau. Im Ort folgen wir der

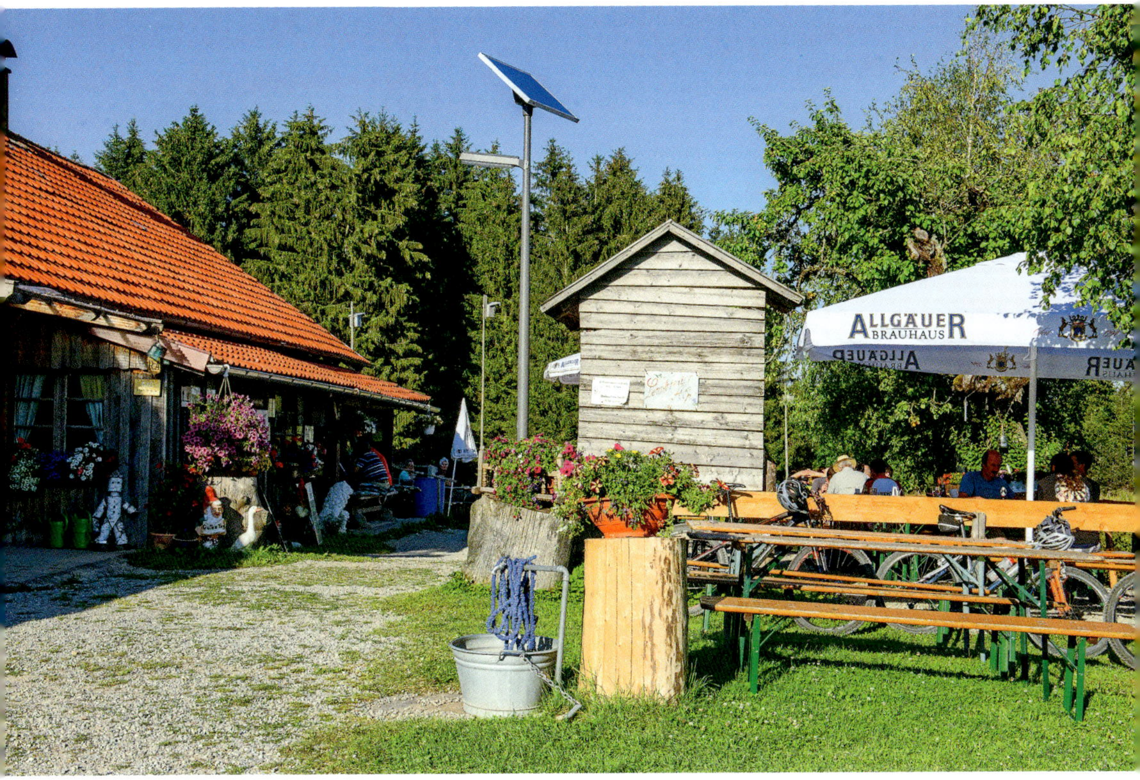

Hauptstraße (Beschilderung Kempten), überqueren die Bahn und erreichen Leupolz. Wir biegen in die erste Straße rechts in den Ort, um dann vom Ortszentrum nach links wieder auf die

Bei der Mehlblockalpe können wir mit einem Abstecher einkehren.

Guten Appetit

Tobias Hahneberger war sicherlich ein Kleinhäusler, ein Kleinbauer, der ganze zwei Kühe besaß. Anscheinend war er aber weithin bekannt, denn als 1899 der Bierbrauer Michael Krattenbacher das Anwesen kaufte und daraus eine Gastwirtschaft machte, nannte er sie »Zum Tobias«. Und so heißt sie heute noch, auch wenn der Gasthof sicherlich nicht mehr als klein zu bezeichnen ist! Die Nachfahren führen den Gasthof in vierter Generation und bewirtschaften gleichzeitig den dazugehörigen Bauernhof. Auf den Wiesen weiden Rinder und Haflinger und lassen sich das Gras schmecken. Natürlich verwendet der Küchenmeister das hauseigene Fleisch, also das vom Rind, denn die Haflinger sind eine reine Leidenschaft, die durch erfolgreiche Zucht gekrönt ist. Den zarten Burgunderbraten vom Jungrind werden wir so schnell nicht vergessen, ebenso, wie sich unsere Kinder immer wieder gerne an den großen Spielplatz erinnern (Do und Fr Ruhetag).

Hauptstraße zurückzukehren. Sie heißt jetzt Lenzfrieder Straße und bringt uns in den Kemptener Vorort Lenzfried und dann weiter direkt an die Iller. Ein Stück nach rechts auf der Füssener Straße und wir stehen an der Sankt-Mang-Brücke, von der wir nun bequem die malerische Altstadt von Kempten erreichen. Nach der Stadtbesichtigung kehren wir an die Sankt-Mang-Brücke zurück und machen uns auf die Rückfahrt.

Von Kempten zurück nach Görisried Von der Brücke fahren wir zuerst den Weg zurück, den wir gekommen sind, biegen aber nicht auf die Lenzfrieder Straße ab, sondern bleiben auf der Füssener Straße in südlicher Richtung, bis wir Durach erreicht haben. In der Ortsmitte gegenüber der Heilig-Geist Kirche zweigen wir links in die Vorwaldstraße ab, um dann unmit-

Am St.-Mang-Platz von Kempten

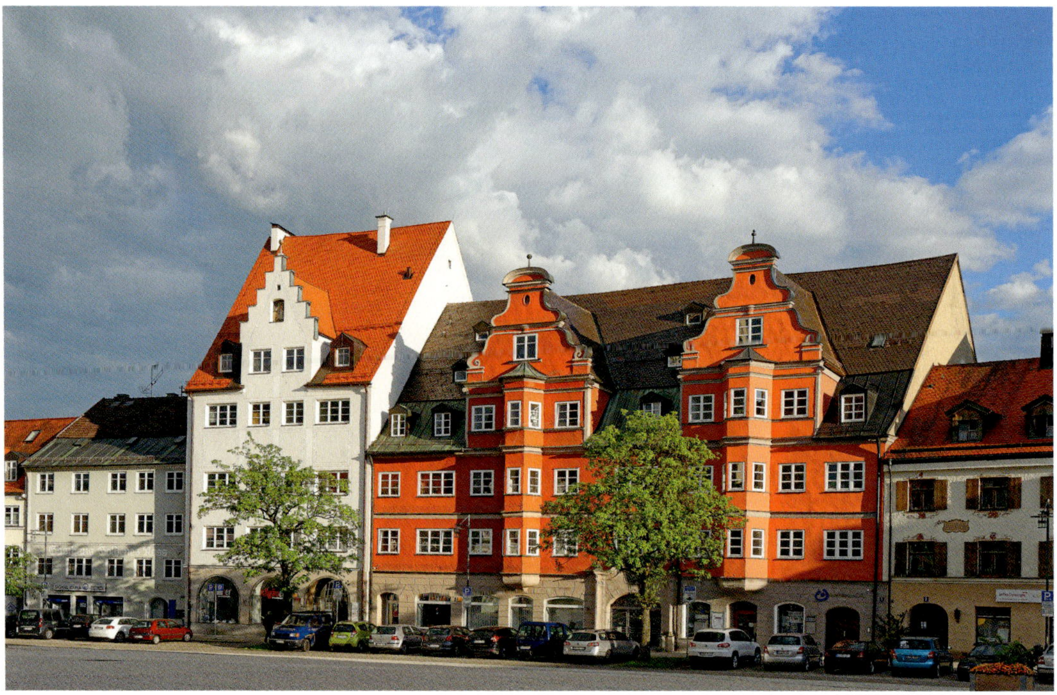

telbar nach der Feuerwehr in die Oberhofer Straße einzubiegen. Sie bringt uns aus dem Ort, dann geht es über die Felder und die Autobahn hinauf nach Oberhof. Wir durchqueren den kleinen Weiler und folgen der Straße zu einem Straßen-T. Wir merken, dass von einer Entspannung noch nichts zu spüren ist. Es geht immer noch bergauf! An der T-Kreuzung biegen wir rechts ab und kommen zum Ausflugsgasthaus »Zum Tobias«, das zu einer größeren Pause verlockt. An ihm vorbei überqueren wir die Durach und werfen dabei einen Blick in die kleine

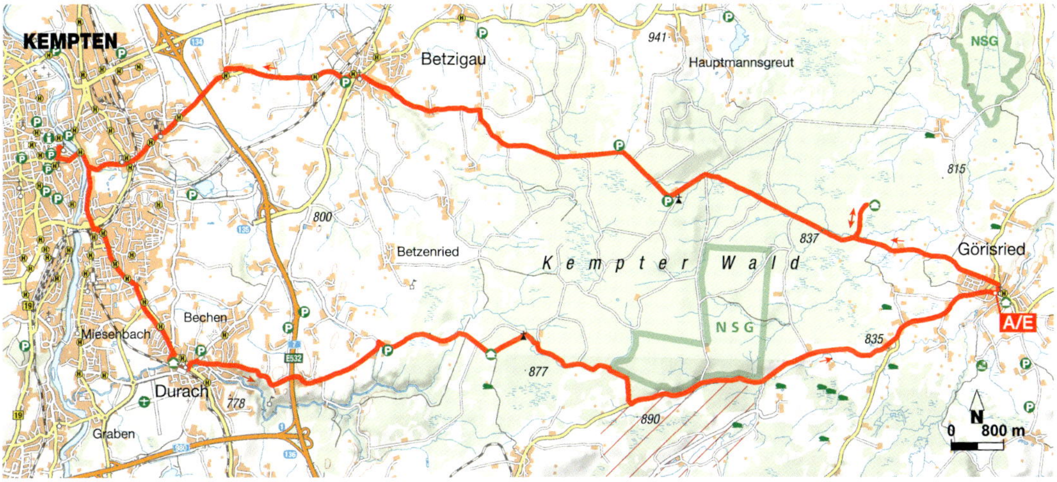

Allgäu-Erfahrung: Kempten

Kempten gehört zu den ältesten Siedlungen Deutschlands und war schon zu Zeiten der Römer eine bedeutende Stadt, die im frühen Mittelalter in zwei Teile zerfiel: das Benediktinerkloster mit seinem Fürstabt und die später protestantische und rechtlich unabhängige Reichsstadt zwischen dem Kloster und der Iller.

Von der Sankt-Mang-Brücke aus kommen wir als Erstes in die alte Reichsstadt mit der Sankt-Mang-Kirche, deren Inneres vor allem durch die Neugestaltung am Ende des 19. Jh. bestimmt wird. Ein paar Schritte weiter steht das prachtvolle Rathaus frei inmitten eines großen Platzes. Damit hatten die Kemptener Bürger über Jahrhunderte hinweg ihre Unabhängigkeit bezeugt. Sie unterstanden als Reichsstadt nur dem Kaiser!

Am Rathaus vorbei steigen wir teilweise über Treppen in den Bereich des alten Klosters mit der Basilika St. Lorenz und dem Schloss des Fürstbischofs. Das Schloss kann mit Führung besichtigt werden, die Basilika mit ihrer prachtvollen barocken Ausstattung ist frei zugänglich. Sehenswert sind auch die römischen Nachbauten der einstigen Römerstadt Cambodunum in einem Park, der sich in einen gallo-römischen Tempelbezirk, Teile des Forums und eine kleine Therme aufteilt.

Hubertuskapelle, die 1992 durch die Wirtsleute des Gasthauses »Zum Tobias« erbaut wurde. Ein munter gurgelndes Bächlein vervollständigt das Idyll. Nach dem Bach durchradeln wir eine große Lichtung. Dabei bleiben wir auf dem Hauptweg, bis wir an den nächsten Waldrand kommen. Unmittelbar danach biegt links ein Weg ab, der jetzt schon mit »Görisried« beschildert ist. Dem folgen wir an vielen Abzweigungen vorbei zur Straße Bodelsberg–Görisried. Nach rechts erreichen wir wieder unseren Ausgangspunkt.

25 Von Marktoberdorf auf die Bergmangalpe

Dunkler See und weite Sicht

mittel | 27 km | 125 Hm | 2.30 Std.

Highlight: Sehenswürdigkeit

Ausgangs- und Endpunkt
Marktoberdorf, Bahnhof

GPS
47.779003, 10.614719

Anfahrt
Von München auf der A 96, Ausfahrt Buchloe, auf der A 12 nach Marktoberdorf (Ausfahrt Marktoberdorf-Nord), Parkplätze am Bahnhof. Bahn: Marktoberdorf liegt an der Bahnstrecke Biessenhofen–Füssen, dazu stündlich (abwechselnd) Direktverbindung nach München und Augsburg.

Tourencharakter
Rundtour meist auf Forst- und Radwegen und wenig befahrenen Autostraßen. 1 km am Elbsee Fahrverbot, also Rad schieben, weil Landschaftsschutzgebiet, Bohlenweg.
100 Hm Steilanstieg auf neuer Forststraße.

E-Bike-Ladestation
Marktoberdorf: hinterm Rathaus, nur zugänglich, wenn Touristikbüro geöffnet, Akkus während der Ladezeit gesichert

Radverleih
Marktoberdorf: Radsport Buhler, Kaufbeurer Straße 1, Radsport Riegler, Iglauer Straße 19

Information
www.marktoberdorf.de

Nördlich von Marktoberdorf radeln wir heute über den Elbsee, schieben durch sein artenreiches Moorgebiet und erklimmen schließlich noch das beliebte Ausflugsziel, die Bergmangalpe, von der man einen traumhaften Blick auf die Alpenkette genießen kann.

Allgäuer Hügelland Wir beginnen unsere Tour am Bahnhof von Marktoberdorf und fahren die Bahnhofstraße in südlicher Richtung zur nächsten großen Kreuzung. Hier biegen wir rechts in den Radweg neben der Bundesstraße 472 ab, fahren unter den Gleisen der Bahn durch und folgen dem Weg durch ein Gewerbegebiet nach Thalhofen. Wir durchqueren den Ort, bewundern den prachtvollen Pfarrhof mit seinem Fresko des Erzengels Michael als Seelenwäger und überqueren die Wertach, die uns, ein Stück weiter nördlich, auch am Rückweg begegnen wird. Am Eisenbahnmuseum vorbei biegen wir dann

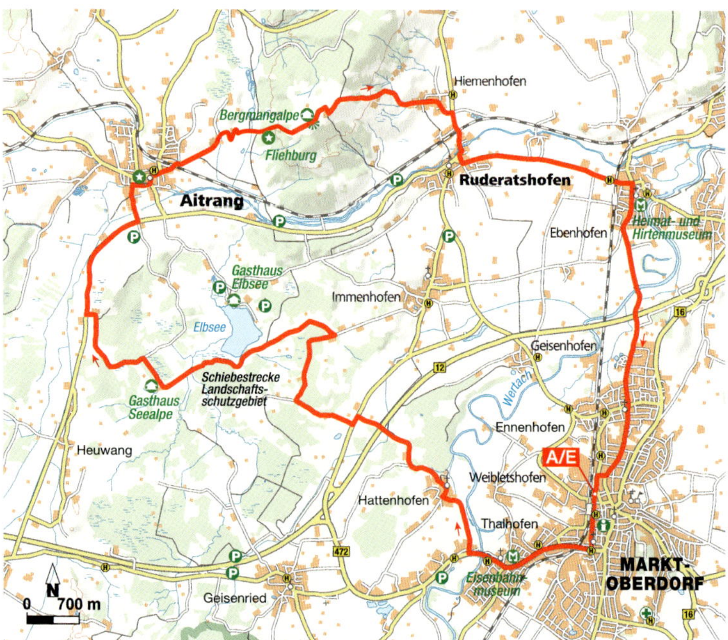

rechts in die Hattenhofener Straße ein und folgen ihr zum Weiler Hattenhofen. An der T-Kreuzung mitten im Ort halten wir uns nochmals rechts und verlassen den Weiler in einer weiten Linkskurve. Die Straße führt durch Wald und über Wiesen und

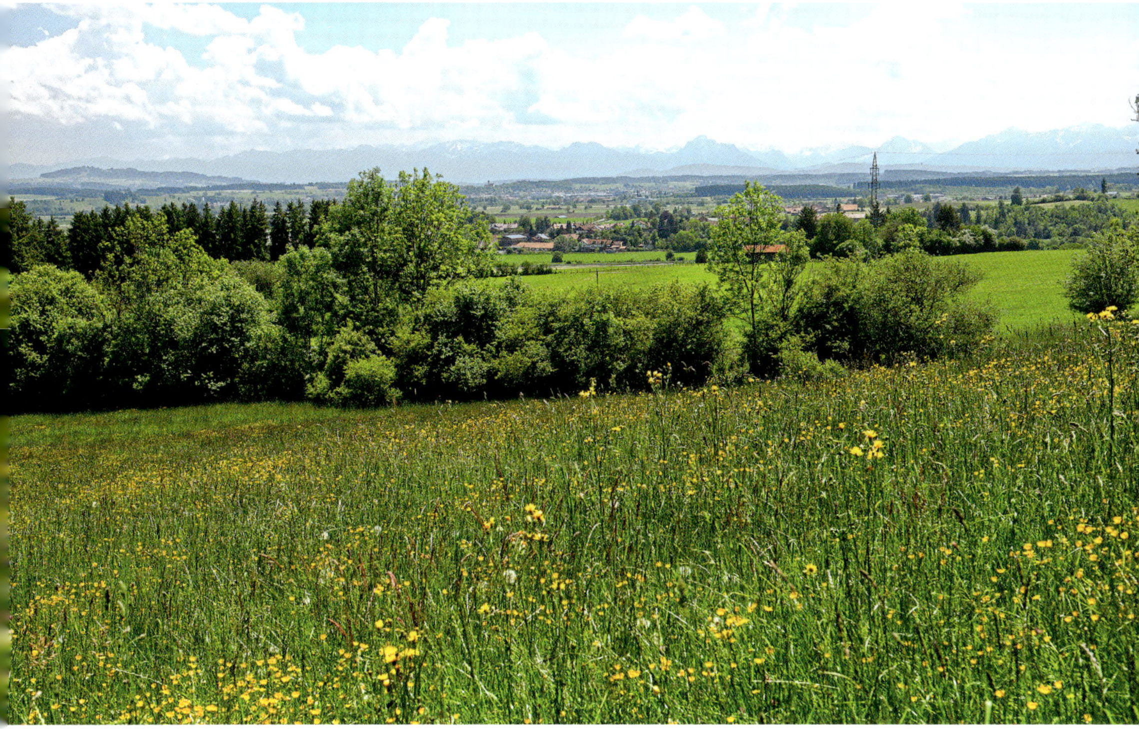

Aussicht über die Frühlingswiesen auf die Ammergauer Alpen von Bergmang bei Ruderatshofen

quert dann zuerst die Schnellstraße B 12, um gleich darauf in die Kreisstraße OAL 10 zu münden.

Um 100 m nach links versetzt führt unser Weg neben einer Buschreihe weiter leicht aufwärts in einen Wald. Parallel zu unserem Weg zeigt ein tiefer Hohlweg abwärts, ein sicheres Zeichen dafür, dass diese Wegverbindung schon uralt ist und wohl von den ansässigen Bauern der vielen Einödhöfe auf dem Weg nach Marktoberdorf genutzt wurde. Wenn der Wald endet, biegen wir scharf rechts ab, durchqueren nochmals einen Wald und biegen erneut am Ende des Waldes scharf links ab, Richtung Elbsee-Süd und Gasthof »Seealpe«. Der Weg, er ist hier nicht mehr der bes-

Guten Appetit

Die Bergmangalpe hat jeden Tag außer Montag ab 11 Uhr geöffnet und bietet bis zum Abend hinein kräftige Brotzeiten, Suppe oder Würstl sowie Kaffee und Kuchen an. Die Kinder haben viel Platz zum Spielen und Toben, während wir Erwachsenen immer neue Berggipfel erspähen können.

te, führt abwärts zu den sumpfigen Wiesen des Elbsees, dem wir bei einem kleinen Waldstück ziemlich nahe kommen. Hier wäre Gelegenheit für eine kurze Erfrischung. Aber bitte nur dort in das Wasser steigen, wo eine Öffnung im Schilfgürtel das auch zulässt.

Schiebend über den Elbseer Moorweg Gleich darauf kommen wir an eine Stelle, an der große Schilder das Radfahren (und das Reiten) untersagen. Wir müssen schieben und das hat auch seinen Grund. Zuerst, am Waldrand, ist der Moorboden mit einer dicken Schicht Hackschnitzel abgedeckt, hier radelt es sich sowieso nicht gut. Dann kommen wir zu einem langen Bohlenweg, der uns die seltene Gelegenheit gibt, trockenen Fußes ein Sumpfgebiet zu durchqueren, wie wir es sonst nie zu Gesicht bekämen. Trollblumen, Knabenkraut, Bachnelkwurz, Wollgras und ganze Wälder von hochgewachsenem Schilf begleiten uns. Am Ende des Bohlenweges kommen noch gut 100 m Weg mit

Allgäu-Erfahrung: Clemens Wenzeslaus

Clemens Wenzeslaus, Herzog von Sachsen und Prinz von Polen, war einer der Verlierer in dem Spiel um die Macht in der Zeit Napoleons. Er, der er sich aus eigenem Antrieb für den geistlichen Stand entschieden hatte, war immerhin Erzbischof und Kurfürst von Trier, Bischof von Augsburg und Fürstprobst von Ellwangen. Er verlor all diese Würden gegen eine Abfindung von 100 000 Gulden. Über den Goldkurs umgerechnet wären dies knapp 30 Millionen Euro!

Damit sind wir in Marktoberdorf mit seinem ehemals fürstbischöflichen Schloss, das der abgesetzte Fürst zu seinem Alterssitz erwählte. Wenn auch das damalige Oberdorf 1803 unter bayerische Herrschaft kam, so war doch Clemens Wenzeslaus seinem Alterssitz immer noch sehr gewogen. Er kümmerte sich um eine verbesserte Ausbildung der Kinder, ließ eine neue Wasserversorgung bauen und lockerte die ziemlich verkrustete Gewerbeordnung auf. Das heute noch sichtbare Zeichen seiner Herrschaft ist die berühmte Kurfürstenallee, die er schon 1774 anlegen ließ. Nicht weniger als 630 Linden säumen einen Spazierweg, der 2 km lang vom Schloss nach Osten zu einem Tempel führt, der inzwischen verschwunden ist. Die Allee steht übrigens unter Denkmalschutz. Heute ist das große Barockschloss Sitz der Bayerischen Musikakademie, die als Begegnungsstätte für Musiker aller Sparten dient und hochbegabte junge Musiker in Meisterkursen fördert. Unmittelbar neben dem Schloss steht die Pfarrkirche St. Martin mit ihrem dicken Zwiebelturm. In der ersten Hälfte des 18. Jh. entstanden, prunkt sie in aufwendigem Barock. Ungewöhnlich ist die große Zahl der Zunftstangen, die auch heute noch bei Prozessionen mitgeführt werden.

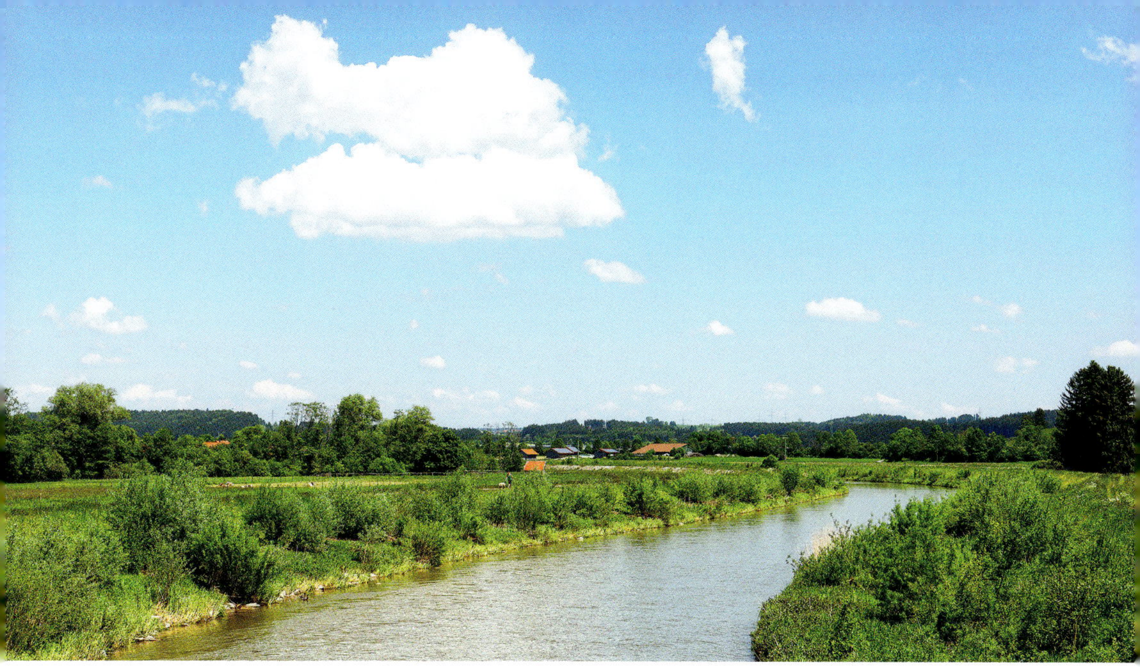

Die Wertach fließt nördlich von Marktoberdorf durch eine Wiesenlandschaft.

grobem Gesteinsschotter, dann ist die Schiebestrecke zu Ende und wir haben das einsam gelegene Gasthaus »Seealpe« erreicht. Hier können wir einkehren oder uns wieder aufs Rad schwingen und nach rechts weiterfahren.

Auf nach Aitrang Nach etwa 400 m verzweigt sich unser Weg nach links und rechts. Beide Wege führen nach Aitrang, unserem nächsten Ziel. Wir machen es uns bequem und wählen den linken Zweig, der uns zur Kreisstraße OAL 3 bringt, der wir 1,5 km nach rechts folgen. Dann geht es nach links in den kleinen Ort Aitrang, in dem wir nach rechts vor zur Kirche fahren. Vor der Pfarrkirche St. Ulrich steht mitten in der Straße eine riesengroße Linde. Man erzählt, dass unter ihr in früher Zeit Gericht gehalten wurde. Das wäre durchaus möglich, denn Aitrang war im Mittelalter Vogtei. Das heißt, hier wohnte ein Verwalter der Fürstäbte von St. Mang in Füssen bzw. etwas später der Fürstäbte von Kempten. Er hatte die Interessen seines Herrn zu vertreten und war befugt, Gericht zu halten. Das mag durchaus richtig sein, nur unter diesem Baum war das nicht gut möglich. Er wurde nämlich erst vor etwa 300 Jahren gepflanzt, und damals gab es schon lange keine Gerichtssitzungen mehr unter freiem Himmel. Aber vielleicht markiert er die Stelle, an der dies vor vielen Jahrhunderten geschah. Gleich wie, prächtig ist der Baum auf alle Fälle.

Zur Bergmangalpe hinauf Wir folgen der Straße unter der Bahn hindurch und nehmen danach den Weg, der rechts von

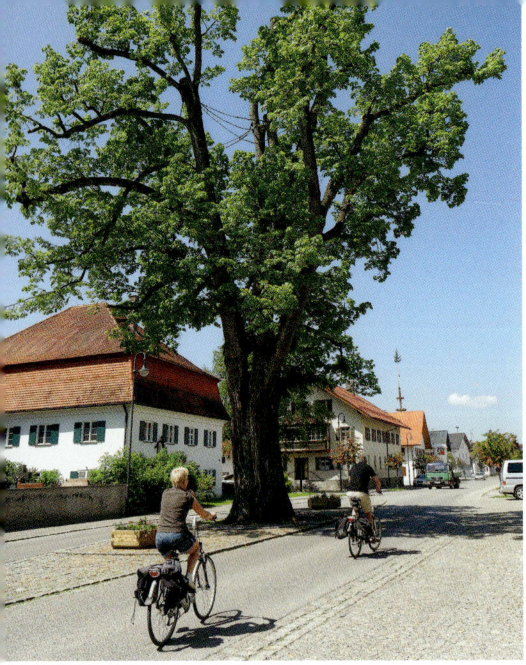

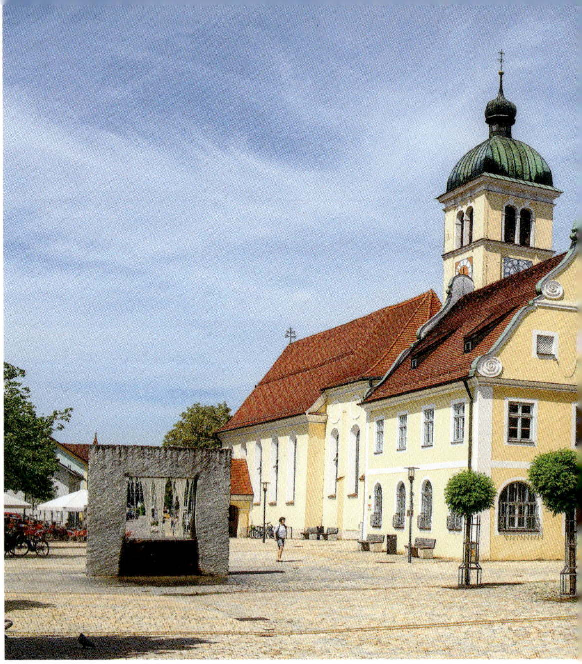

Die Friedenslinde von Aitrang

Rechts: Das Alte Rathaus mit der Frauenkapelle in Marktoberdorf

der großen Straße abbiegt. Ihm nach passieren wir linker Hand ein großes Gehöft und biegen danach in die Straße ein, die uns nach rechts direkt an den Waldrand bringt. Hier würde uns ein Wegweiser gerade aufwärts zur Bergmangalpe schicken, doch dieser Weg ist nur für Wanderer geeignet. Wir biegen rechts ab, schon nach wenigen Metern führt eine neue Forststraße in zwei weiten Schleifen auf den Berg. Wir fahren (oder schieben) aufwärts und lassen alle Abzweigungen unbeachtet. Am Waldrand ganz oben werden wir noch mit einem Extraschmankerl für die Anstrengung belohnt. Rechts ab (Hinweisschild) führt ein schmaler Weg zu den Überresten der Fliehburg »Lupf d' Huat«, von der nur mehr eine auffällig ebene Stelle im Wald übrig ist. Findet man irgendwo in der Flur so eine planierte Fläche, kann man mit ziemlicher Sicherheit annehmen, dass sie irgendwann von Menschen angelegt wurde. Hier kann eine Burg, oft nur ein Burgturm gestanden sein, der im Laufe der Jahrhunderte verschwunden ist. Nur noch die Grundfläche und die Ortsnamen erinnern an die Vergangenheit. Bauern konnten sich so bei feindlichen Einfällen abseits ihrer Siedlung verstecken und Schutz suchen.

Über die Wiesen der Hochfläche führt uns der Weg direkt zum Gasthof »Bergmangalpe«. Hier können wir gut einkehren. Konkurrenzlos schön ist die Aussicht von der Terrasse. Die Bergkette reicht von den Ammergauer Bergen mit der Zugspitze im Hintergrund über Tegelberg und Säuling zu den Tannheimer Bergen.

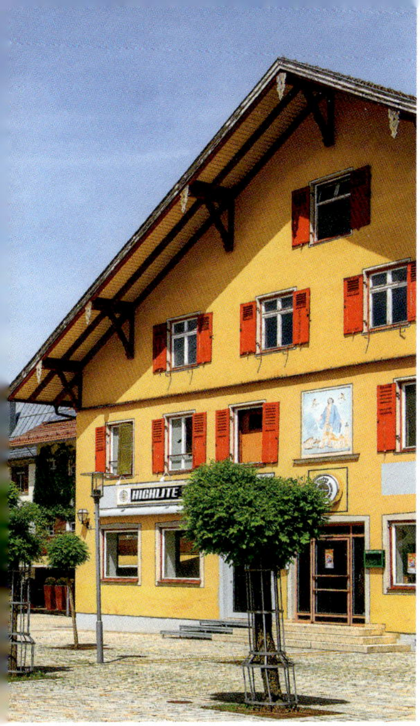

Allgäu-Erfahrung: Heimat- und Hirtenmuseum Ebenhofen

Vom 12. Jh. bis zum Beginn des 19. Jh. hatte jedes Allgäuer Dorf eine Gemeinschaftsweide, eine Allmende für das Vieh, das von einem Hirten beaufsichtigt wurde. Das karge Leben und der mühevolle Versuch, sich unter dem Dach der Kirche zu organisieren, wird in dem Museum geschildert. Geöffnet ist das Museum jeden ersten Sonntag im Monat von 14 bis 16 Uhr. Wer sich aber telefonisch unter 08342/27 07 anmeldet, darf es zu jeder Zeit besuchen und erhält sogar noch eine kleine Führung, bei der viel Hintergrundinformation vermittelt wird.

Rückfahrt über Dörfer Nach der Rast winken uns 100 Hm »Schussfahrt« ins Tal nach Hiemenhofen. Achtung, die Bergstraße ist zwar für den öffentlichen Verkehr gesperrt, aber Traktoren dürfen fahren! Hiemenhofen durchqueren wir zur Kreisstraße OAL 7 hin und fahren auf ihr nach rechts in den Ort Ruderatshofen. Wir überqueren die Bahn und die Kirnach, biegen nach der Mühle links in die Raiffeisenstraße ein und verlassen den Ort auf der Autostraße, die uns nach Ebenhofen bringt. Dort biegen wir rechts in die Schwabenstraße ein, die uns zu der großen Pfarrkirche St. Peter und Paul und zum Heimat- und Hirtenmuseum führt. Es lohnt sich, einen Blick in die Kirche zu werfen, besitzt sie doch eine prachtvolle Holzdecke von 1692 mit interessanten Bildern aus dem Alten und Neuen Testament. Nicht weit von der Pfarrkirche entfernt ist das Museum mit einer hervorragenden Dokumentation des Hirtenlebens im Allgäu.

Durch die Schwabenstraße fahren wir weiter zum Ortsrand, wo uns eine Allee zur Wertachbrücke bringt. Unter der Schnellstraße B 12 hindurch haben wir dann schon die ersten Häuser von Marktoberdorf erreicht. Beim Kreisverkehr nehmen wir die zweite Abfahrt und fahren, immer noch auf der Schwabenstraße, am Modeon, dem modernen Veranstaltungshaus, vorbei. Dann bringt uns der Jörglweg (eigentlich kein Weg, sondern eine breite Straße!) nach rechts direkt zum Bahnhof, wo unsere Runde durch das Allgäuer Hügelland ein Ende findet. Jetzt ist sicherlich noch Zeit für einen Bummel durch Marktoberdorf.

26

Von Stötten nach Marktoberdorf

Blumenmeer und eine prächtige Allee

mittel | 32 km | 300 Hm | 3 Std.

Highlight: Stadtspaziergang

Ausgangs- und Endpunkt
Stötten, Pfarrkirche

GPS
47.738388, 10.690041

Anfahrt
Auto: Auf der Lindauer Autobahn A 96 Ausfahrt Jengen/Kaufbeuren, Schnellstraße B 12, Abfahrt Marktoberdorf, weiter auf der B 16 über Marktoberdorf nach Stetten. Parkplatz an der Pfarrkirche. Bahn: Nach Marktoberdorf und dort die Rundfahrt beginnen.

Tourencharakter
Rundtour auf meist ungeteerten Rad- und Waldwegen oder wenig befahrenen Nebenstraßen. Kurz vor Marktoberdorf gibt es eine Steigung und dann setzt sich die Tour hügelig fort. Später aber beschert uns die Tour eine bequeme Rückfahrt, die mit zwei Möglichkeiten zum Baden garniert ist.

E-Bike-Ladestation
Marktoberdorf: hinterm Rathaus, nur zugänglich, wenn Touristikbüro geöffnet, Akkus während der Ladezeit gesichert

Radverleih
Marktoberdorf: Radsport Buhler, Kaufbeurer Straße 1, Radsport Riegler, Iglauer Straße 19

Information
www.stoetten.de

Üppig blühende Blumenwiesen, ein fröhlich gurgelnder Bach und eine uralte Baumallee begleiten uns auf der Fahrt zur regen Kleinstadt Marktoberdorf. Dazwischen liegt stilles und ruhiges Bauernland, in dem wir zwei verträumte Badeseen finden. Eine perfekte Rundtour, die man auch bequem an einem halben Tag fahren kann.

Über Blumenwiesen nach Bertoldshofen Wir beginnen unsere Fahrt an der Pfarrkirche von Stötten und folgen zuerst der Dorfstraße, dann der Burker Straße nach Norden. Etwa dort, wo die Bebauung auf der rechten Straßenseite aufhört, biegen wir links in die Straße Am Gries ein. Sie führt uns um die Neubausiedlung herum und bringt uns zu einem Wiesenweg, auf dem wir an dem Bach Geltnach entlangfahren. Nach der Kläranlage wendet sich unser Weg ein Stück vom Bach ab, um dann kurz darauf über eine links abknickende Straße wieder zu ihm zurückzukehren. Eine Brücke lässt uns den Bach überqueren, an dem die Biber wieder heimisch geworden sind. An einigen angenagten Stämmen sehen wir das ganz deutlich. Die Wiesen am Bach werden nur einmal im Jahr, im Herbst, gemäht. Das beschert uns eine unglaubliche Fülle an Blumen, von denen wir auf intensiv genutzten landwirtschaftlichen Flächen nur träumen können. Nach ca. 500 m erreichen wir eine Brücke. Hier bietet sich ein kleiner Abstecher an. Wir überqueren den Bach und radeln etwa 1 km durch den Wald. Dann durchquert der Weg eine große sumpfige Fläche. Hier haben wir eine ganze Wiese mit blauen Iris gesehen und gar nicht weit weg eine zweite, dicht bewachsen mit Wollgras. Dazwischen steht Knabenkraut in einer Fülle, die kaum zu überbieten ist.

Zurück an der Brücke radeln wir weiter den Bach entlang und erreichen schließlich normal bewirtschaftete Felder. Hier wird der Kontrast besonders auffällig. Wir überqueren die Geltnach erneut und folgen dem bestens ausgeschilderten Weg nach Bertoldshofen. Dort verwundert die prachtvoll ausgestattete Barockkirche, denn der Ort hat nur etwa 1000 Einwohner, vor

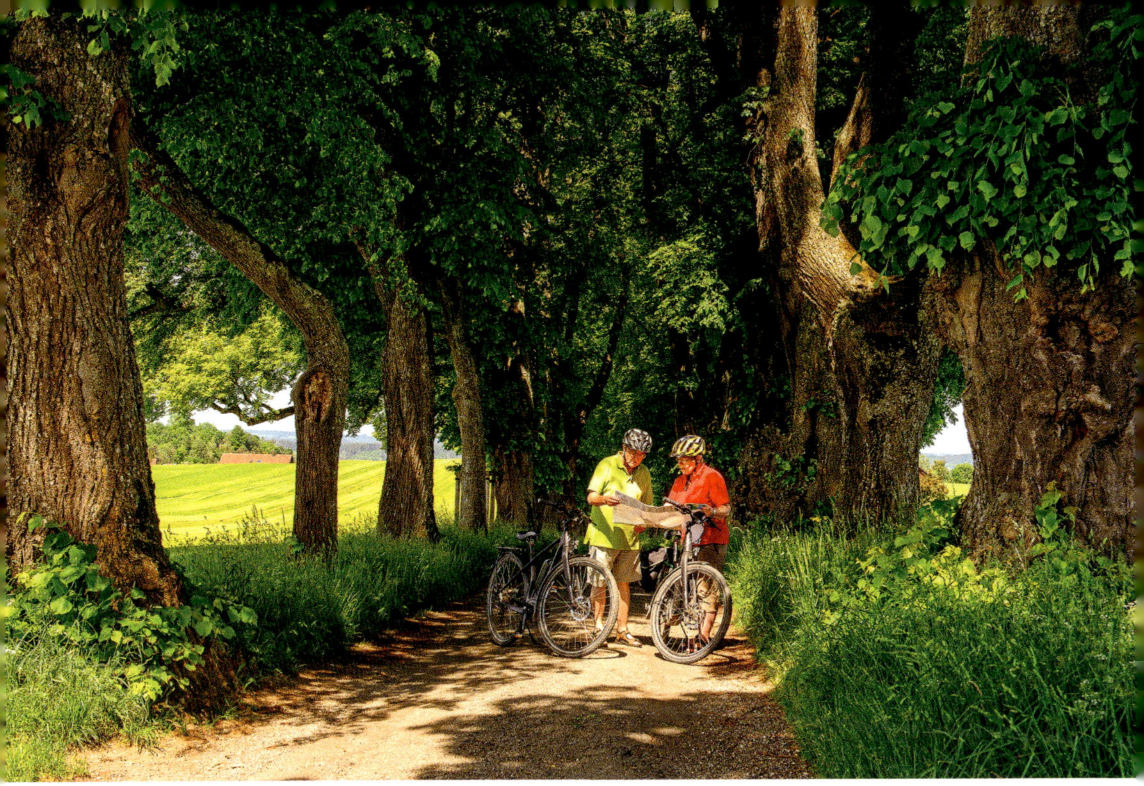

gut 300 Jahren waren das sicher nicht mehr. Bezahlt haben den Prunk jedoch nicht die Einwohner des Ortes, sondern die vielen Tausend Wallfahrer, die alljährlich zu Ehren des Heiligen Antonius von Padua hierherpilgerten.

Für die berühmte Kurfürstenallee wurden 620 Linden gepflanzt.

Durch die Lindenallee nach Marktoberdorf Von der Kirche fahren wir den Hügel abwärts zur Bundesstraße und folgen ihr Richtung Marktoberdorf. Etwa 200 m nach dem letzten Haus biegt schräg rechts ein Feldweg ab, der ziemlich steil nach oben führt. Er wird zu einem Hohlweg und dann haben wir es geschafft, fast eben erreichen wir die berühmte Kurfürstenallee. Sie wurde von Kurfürst Clemens Wenzeslaus, dem Fürstbischof von Augsburg, zwischen 1774 und 1780 angelegt. Er ließ etwa 620 Linden pflanzen, die den Weg von seinem Schloss im heutigen Marktoberdorf zu einem barocken Pavillon beschatten sollten. Heute ist sie ein einmaliges Naturdenkmal und bringt uns direkt zum fürstlichen Schloss und zur Pfarrkirche von Markt-

Guten Appetit

In Stötten gibt es den traditionsreichen Landgasthof »Sonne«. Ideal, um die Radtour gemütlich im Biergarten oder der urigen Stube ausklingen zu lassen. Die Küche bietet nicht nur Allgäuer Köstlichkeiten, sondern auch Schmankerl aus allen Regionen Deutschlands, geschmackvoll zubereitet und gekonnt serviert (Mo und Di Ruhetag).

oberdorf. Vom Schlosshügel geht es hinunter zum Marktplatz, wo wir die Besichtigung fortsetzen können.

Badefreuden und Villa Rustica auf der Rückfahrt Vom Marktplatz aus folgen wir zunächst der Bundesstraße B 472 auf dem breiten Radweg und überqueren die Wertach. Hier treffen wir auf das private Eisenbahnmuseum, in dem liebevoll Objekte aus der großen Zeit der Eisenbahn zusammengetragen sind.

Wir fahren an einem Gewerbegebiet entlang und queren die Bundesstraße kurz vor der Abzweigung nach Geisenried. Auf dem Radweg erreichen wir das Ortszentrum mit der barocken Pfarrkirche St. Alban und bewundern den alten, mit Fresken bemalten Pfarrhof des Dorfes. Gegenüber dem Pfarrhof biegen wir links in die Riedstraße ein und erreichen Engratsried. Wir folgen im Dorf zunächst der Hauptstraße und biegen am Ortsende links nach Leuterschach ab. Wir überqueren noch mal die

Allgäu-Erfahrung: Marktoberdorf

Marktoberdorf liegt an der Wertach und ist eine lebendige Kreisstadt mit knapp 20000 Einwohnern. Erste Siedlungsspuren gehen auf die Kelten zurück, später auf die Römer, wie die Villa Rustica bei Kohlhunden zeigt.

Bedeutung erhielt Marktoberdorf 1722, als das Schloss im damals aktuellen Barockstil erneuert und fortan von den Augsburger Fürstbischöfen als Jagdschloss und Sommerresidenz genutzt wurde. Baumeister war der heimische Barockkünstler Johann Georg Fischer, der zehn Jahre später auch für den Bau der prachtvollen Kirche St. Martin verantwortlich war. Kirche und Schloss thronen weit sichtbar auf einem Hügel über dem Ort. Heute ist im ehemaligen fürstbischöflichen Schloss die Bayerische Musikakademie untergebracht. Vom Schloss aus wurde die wunderbare Lindenallee um 1774 durch den letzten Fürstbischof zu Oberdorf, Kurfürst Clemens Wenzeslaus, anlegt. Sie ist weitum das größte Naturdenkmal und führt in das hügelige Ostallgäuer Umland hinaus.

Am Fuße des Schlosshügels liegt rund um den Marktplatz und die Georg-Fischer-Straße das Stadtzentrum mit seinen Geschäften, Straßencafés und dem Alten Rathaus. Daneben steht die Frauenkapelle und davor der Stadtbrunnen mit seinem Wasservorhang von Alfred Görig, der zu einem beliebten Spielplatz für Kinder geworden ist. Sehr lohnenswert ist auch ein Spaziergang hinauf auf die Luitpoldhöhe, mit dem freundlichen Drachen Buchel, die den schönsten Blick auf Marktoberdorf bietet. Technikfreunde kennen Marktoberdorf vor allem durch den großen Agrarmaschinenhersteller Fendt. Das Werk liegt am Stadtrand. Bei einem Rundgang durch das Fendt Forum kann man sich über die Geschichte des Landtechnikherstellers informieren und die aktuellsten Maschinen besichtigen.

Wertach und treffen am Ortseingang auf die Friedhofskirche St. Mang mit ihrer herrlichen Barockausstattung. Im Ort folgen wir der Hauptstraße, die einen weiten Linksbogen macht. Dann muss man aufpassen. Wir biegen links in die Benefiziumstraße ab, folgen aber dann sofort nach der Abzweigung rechts der Mühloberstraße. Sie bringt uns unter der Bahn hindurch in das Lohbachtal. Hier wenden wir uns nach links und erreichen Fechsen. Dort müssen wir rechts in die Bischof-Geiger-Straße abbiegen und bei der Kapelle links der Oberdorfer Straße folgen. Beim letzten Haus des Dorfes biegen wir rechts ab und halten uns an die Ausschilderung »Ettwiesen/Weiher«. Im Wald geht es ziemlich steil abwärts zum See, der uns im Sommer eine ideale Erfrischung bietet. Nach der Abkühlpause folgen wir der Straße weiter zum nächsten Bauernhof und biegen dort rechts nach Kohlhunden ab. Auf der Hauptstraße geht es nach rechts den Berg abwärts zur Schnellstraße. Dort liegen die Ausgrabungen der Villa Rustica, die uns das Leben einer

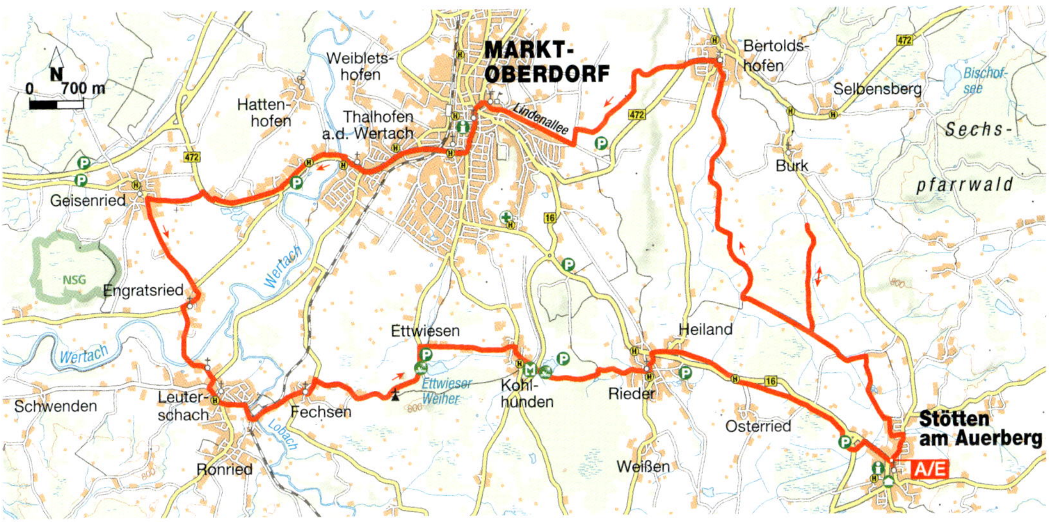

römischen Familie vor knapp 2000 Jahren vor Augen führt. Eine Unterführung bringt uns auf die andere Seite. Nach der Schnellstraße ist nochmals Gelegenheit zum Baden. Der Kuhstallweiher ist ziemlich flach, deswegen hat das Wasser schon früh im Jahr angenehme Badetemperaturen. Jetzt führt uns die Straße nach Rieder, wo wir von der Pfarrkirche aus nach links über die Dorfstraße auf die B 16 stoßen. Nun folgen wir dem Radweg nach Stötten, der auf einer alten Bahntrasse angelegt ist. Mehr oder weniger parallel zur Bundesstraße kommen wir zu der groß ausgebauten Abfahrt nach Stötten und erreichen so wieder unseren Ausgangpunkt.

27

Nördlich des Forggensees

Seenparadies bei Lechbruck

leicht | 33 km | 350 Hm | 3.00 Std.

Highlight: Naturparadies

Ausgangs- und Endpunkt
Schmutterweiher bei Lechbruck

GPS
47.677982, 10.755371

Anfahrt
Auto: Von München über Schongau auf der B 17 nach Steingaden. Dort rechts nach Lechbruck, über den Lech, dann links Richtung Roßhaupten. Im Weiler Sameister links abbiegen und zum Badeparkplatz des Schmutterweihers fahren.

Tourencharakter
Kürzere Rundtour meist auf Radwegen und kleinen Nebenstraßen, wenig Schatten. Viele Bademöglichkeiten.

E-Bike-Ladestation
Lechbruck am Flößer-Golf-Kiosk neben dem Rathaus

Radverleih
Lechbruck am Flößer-Golf-Kiosk neben dem Rathaus oder Rad- und Skiservice Fahl, Schongauer Straße 23

Information
www.lechbruck.de

Geradezu prachtvolle Aussichten erwarten uns über die ganze Runde verteilt. Aber das Beste an dieser Radwanderung sind die vielen Seen und Weiher, auf die wir überall stoßen: kleine Naturparadiese mit fliegenden Libellen, wogendem Schilf, Seerosen und Froschkonzerten. Und zum großen Finale geht es entlang des Lechstausees zu einem idyllischen Badeplatz, wobei sich diese Radrunde nicht nur auf den Sommer beschränken sollte.

Allgäuer Wiesenhügelland mit Bergblick Wir starten am Parkplatz des Schmutterweihers und radeln als Erstes hinauf zu dem kleinen See, schließlich wollen wir uns bereits jetzt schon ansehen, wo wir am Ende der Radtour unser Badehandtuch ausbreiten können. Am Ufer angekommen, geht es nach rechts auf den schmalen, sehr wurzeligen Waldweg weiter. Wer ohne geländegängiges Fahrrad unterwegs ist, muss hier eventuell für 50 m schieben. Wir stoßen auf einen breiteren Feldweg, dem wir nun nach links folgen. Vorbei am einsamen Bauernhof von Nepfen, passieren wir gleich den Gurrenmarrener Weiher, auf dem im Sommer viele Seerosen blühen. Kurz darauf ziehen wir auch am einsamen Bauernhof von Gurrenmarren vorbei und genießen die herrlichen Ausblicke nach Süden, über das gewellte Allgäuer Land und die nahen Tannheimer Berge. Weiter über den Feldweg gelangen wir nach Tiefenbruck, wo wir zwischen den Häusern hindurch bergab zur querenden Teerstraße rollen. Sie ist die Zufahrtsstraße für das Lechkraftwerk von Roßhaupten, an der der Forggensee den Lech wieder entlässt.

So radeln wir rechts und stoßen gleich auf eine größere Autostraße, die wir vorsichtig nach rechts zum Radweg hin überqueren. Nun sind wir nicht mehr einsam unterwegs, die Strecke ist identisch mit dem Forggensee-Radrundweg und dementsprechend viele Zweiräder sind auf Tour. Am modernen Kunstpark mit seinen Skulpturen können wir kurz anhalten, dann geht es bergab hinunter bis kurz vor den Ortsanfang von Roßhaup-

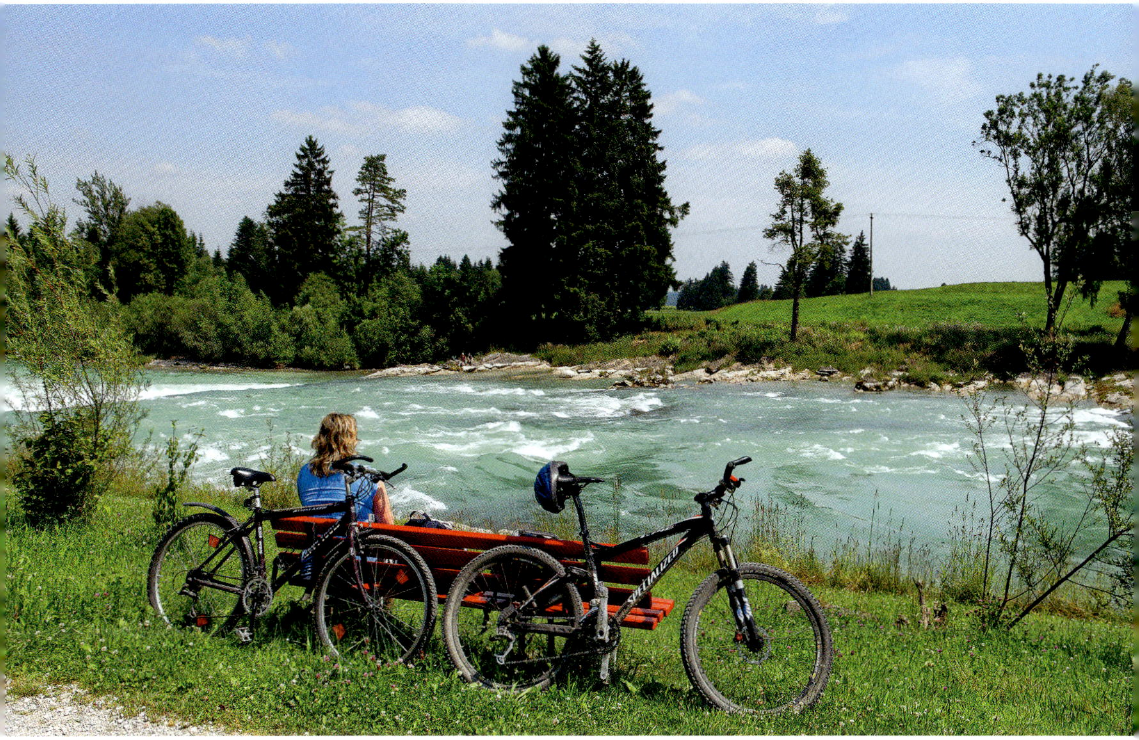

Der Lech bei Lechbruck

ten. Bevor wir unter der großen Bundesstraße hindurchradeln, wechseln wir nach rechts die Straßenseite und radeln dort weiter auf dem Radweg, der nach Marktoberdorf ausgeschildert ist. An dieser Stelle bietet sich auch ein kleiner Abstecher in die Ortsmitte von Roßhaupten an.

Wir folgen nun immer dem Straßenverlauf, der nach rechts abknickt und in einigem Abstand an der auffälligen Fischhauskapelle vorbeiführt. Gerne können wir dorthin einen Abstecher machen, um die neugotische Fischhauskapelle zu besichtigen. Falls sie abgesperrt ist, öffnet uns die daneben wohnende Familie gerne die Tür.

Die Fischhauskapelle Im Mittelalter gab es an dieser Stelle einen großen Weiher, der die Grundherren, die Bischöfe von Augsburg, mit Fischen versorgte. In seiner Mitte ragte eine kleine Insel aus dem Wasser, auf der Fürstbischof Peter von Schaumburg 1450 ein Wasserhaus errichten ließ, in dem sein Fischermeister wohnte. Weil die Bischöfe an dieser einmaligen Stelle immer wieder Feste feierten, ließen sie eine Kapelle dazu bauen, die, weil baufällig geworden, in der Mitte des 18. Jh. neu aufgebaut wurde. Aus dieser Zeit stammt auch die kostbare barocke Innenausstattung, von der vor allem das Fresko mit dem reichen Fischfang des Petrus ins Auge sticht.

Am Gasthaus »Lusse« stoßen wir wieder an eine größere Autostraße. Diese queren wir und biegen dann rechts auf den Radweg ein, der parallel dazu verläuft. Die Abzweigung nach rechts durch die Unterführung ignorieren wir, stattdessen folgen wir 100 m später links der Straße hinauf zu den Bauernhäusern von Salach. Oben halten wir uns rechts, zwischen einem Bauernhaus und einem Einfamilienhaus hindurch, dann wird die kleine Straße zum Feldweg und wir radeln den Hügel schon wieder hinab bis zur nächsten Teerstraße. Dieser folgen wir nun wieder nach rechts, biegen dann jedoch wenige Meter vor der größeren Bundesstraße links in den kleineren Weg ein.

Ein Weiherparadies Der Radweg führt nun zwischen dem Langenwalder Weiher, dem Sameisterweiher und dem Kinsegger Weiher zu den Häusern von Kinsegg. Hier halten wir uns links und radeln durch die feuchten Roßgumpenfilze zum Weiler Nachsee, den wir geradeaus durchqueren. Nun steigt der Weg noch einmal an, die weite Sicht über das hügelige Ostallgäu zu

Am Schmutterweiher beginnt die Radtour.

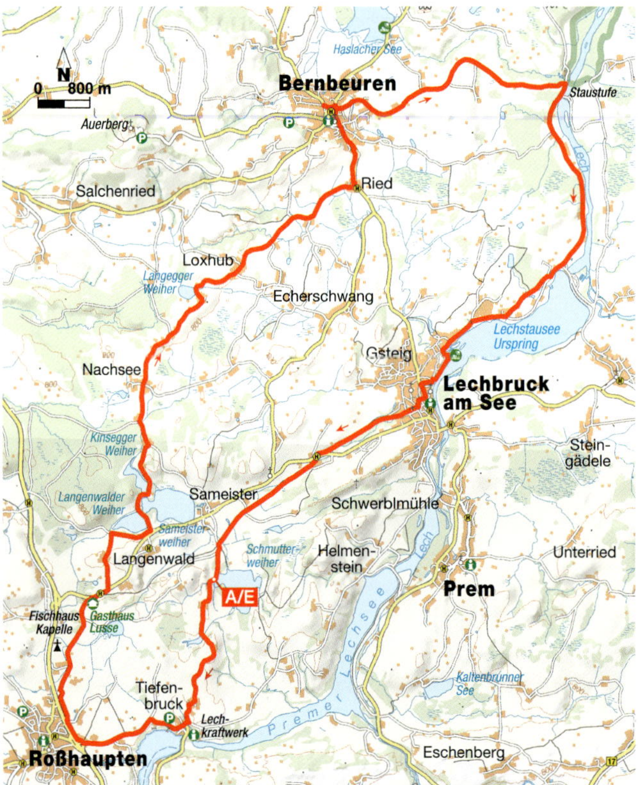

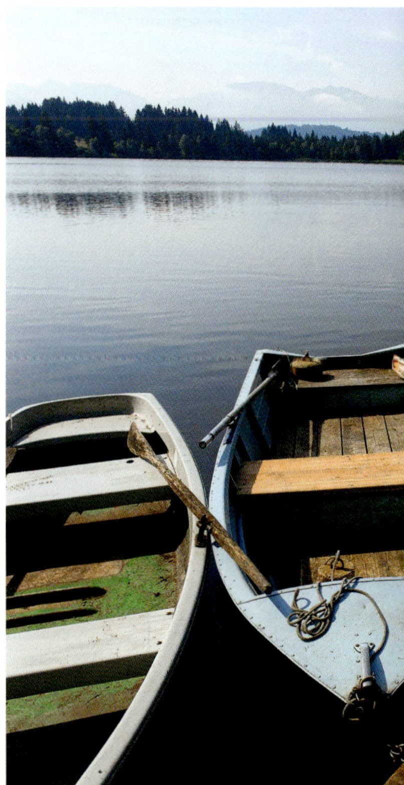

den nahen Bergen entschädigt für die kleine Anstrengung. Am höchsten Punkt gibt es eine kleine Rastbank. Dann erwartet uns eine herrliche Panoramafahrt, stets auf der Hauptstraße bleibend, über den Langegger Weiher und die Häuser von Loxhub bis nach Ried, wo wir wieder auf eine größere Autostraße treffen. Nach links ist es nur mehr ein kurzer Anstieg und schon sind wir in Bernbeuren, wo wir eine Besichtigungspause einlegen können.

Bernbeuren Wer über Bernbeuren spricht, denkt meist an den Auerberg, der westlich des Ortes als beliebtes Ausflugsziel gilt. Kein Wunder, sind es doch drei Dinge, die Besucher wie Magneten zum Berg ziehen: Eine traumhaft schöne Aussicht, ein stimmungsvolles

Unten: Hölzerne Stelen in Erinnerung an die Römerstraße Via Claudia im Kunstpark bei Roßhaupten

Guten Appetit

Es gibt einige Gasthäuser entlang der Stecke, v. a. in Roßhaupten, Bernbeuren und Lechbruck. Aber die Radrunde eignet sich hervorragend für ein Picknick mitten im Grünen. Dafür deckt man sich im kleinen Supermarkt »nahkauf« in Roßhaupten mit frischen Backwaren, Obst, Gemüse, Allgäuer Käse und allem, was das Herz begehrt bzw. der Rucksack fasst, ein. Auf dem Weg nach Bernbeuren liegt eine aussichtsreiche Rastbank an der Strecke. Wer sich seinen Hunger noch für eine schöne Badestelle aufsparen kann, wird an der kleinen Halbinsel am Stausee bei Lechbruck sogar mit Liegen belohnt.

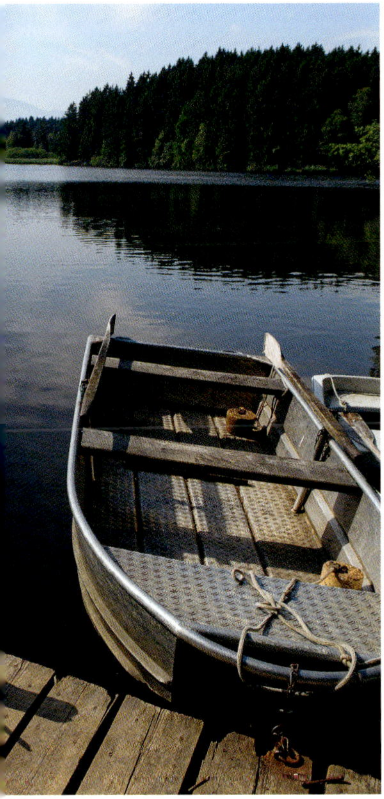

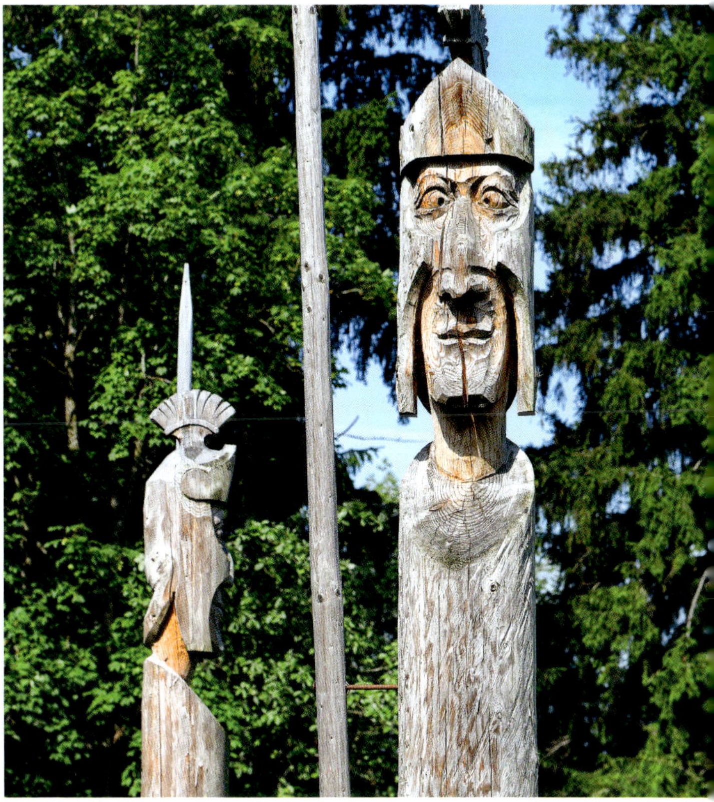

Gotteshaus und schließlich ein Wirtshaus, dessen Ruf weit über die Grenzen der Gemeinde gedrungen ist. Dabei wird, völlig ungerechtfertigt, der Ort Bernbeuren selbst gerne übersehen. Das Highlight ist sicher die Pfarrkirche St. Nikolaus, deren barocke Ausstattung aus dem 18. Jh. stammt. Die Altäre mit ihren gedrehten Säulen sollten die Gläubigen die Pracht des

Allgäu-Erfahrung: Lechstausee

Mit Sicherheit diente der Lech bereits den Römern als zuverlässiger Transportweg, um Waren oder Baumaterial in die römische Stadt Augsburg zu transportieren. Gerade für die Holztrift, den Abtransport der Stämme aus den Alpen, war er unentbehrlich. Hauptsächlich wurde dabei geflößt, wobei die Flöße als Transportmittel für alle Arten von Gütern verwendet wurden. Entlang des Flusslaufes gab es so einige wichtige Häfen, die jedoch nur bis zur Mitte des 19. Jh. von Bedeutung waren. Dann löste die Eisenbahn die Flößerei ab. Heute fließt der Lech zwischen der Lechstaustufe 2 in Prem und der nördlich davon gelegenen Lechstaustufe 3 nur ein ganz kurzes Stück bei Lechbruck wild über Steinfelsen. Direkt dahinter wird er schon wieder zum großen Lechsee aufgestaut. Dieser ist gerade in den Sommermonaten ein tolles Naherholungsgebiet. An den Lechbrucker Sportplätzen kann man sich Boote ausleihen, es gibt einen tollen Liegestrand und auch ein Touristenfloß zieht regelmäßig seine Kreise über den See.

Himmels ahnen lassen, der weithin bekannte Kreuzweg gibt ein Bild, wie zur Barockzeit religiöses Theater gespielt wurde. Das Auerbergmuseum im Kiebelehaus erzählt nicht nur von der unmittelbaren Dorfgeschichte, sondern auch von den Ergebnissen der Ausgrabungen am Auerberg und bietet, fast als Kuriosum, eine Sammlung von 60 alten Radioapparaten. Als 1985 die Dorfmolkerei geschlossen wurde, haben die Besitzer die Einrichtung nicht wie andernorts üblich verschrottet, sondern mithilfe ihrer Freunde zu einem Museum umfunktioniert. So bietet sich dem Besucher die fast einmalige Gelegenheit, den täglichen Arbeitsablauf in einer der Kleinmolkereien zu verfolgen, die früher zu jedem Allgäuer Dorf gehörten, heute jedoch alle verschwunden sind.

Weiterfahrt nach Lechbruck Langsam machen wir uns auf den Rückweg. Von der Hauptstraße in Bernbeuren, der Füssener Straße, wählen wir in der Nähe des Pfarrhauses den Lechweg und folgen ihm aus dem Ort. Am Ende des Dorfes trifft der Lechweg mit dem Flurweg zusammen, diesem folgen wir nun nach rechts. Ein letztes Mal leicht bergauf, dann ist die Tendenz aber definitiv abwärts und so sausen wir über die Wiesen auf den Lech zu. An seinem Ufer geht es dann rechts, vorbei an der Lechstaustufe 4 und bald an der Staustufe 3 erreichen wir den Lechstausee. Nun ist es nicht mehr weit nach Lechbruck. Dort stoßen wir auf die große Ortsdurchgangsstraße, der wir

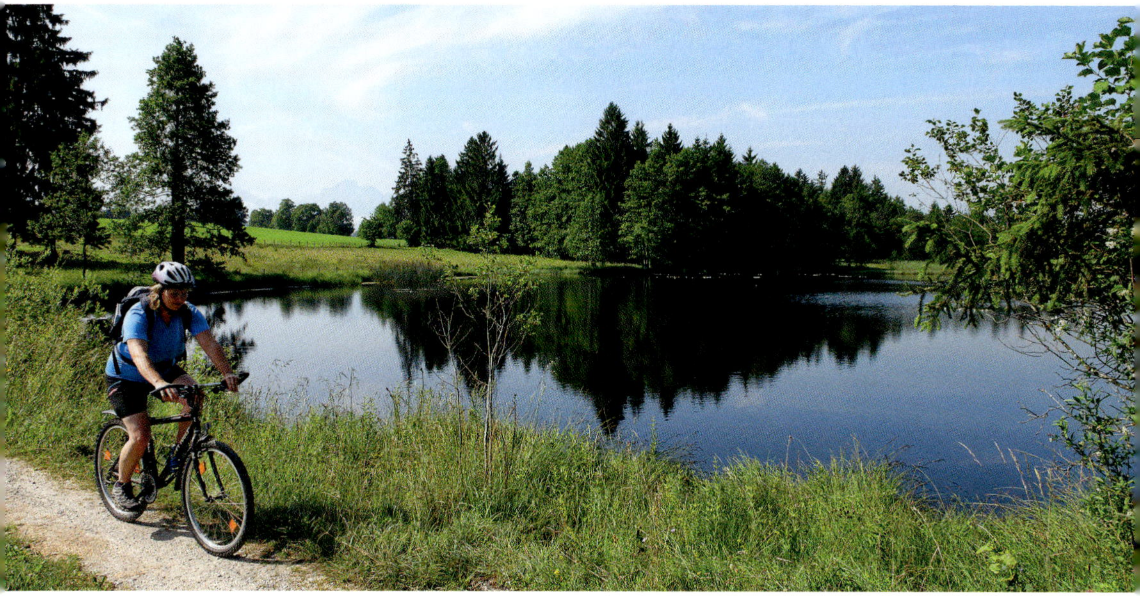

nach links zur Bahnhofstraße folgen. Hier werden wir später einbiegen. Zuerst lohnt sich jedoch noch ein Abstecher hinter das Rathaus, um dort für wenige Meter noch einmal dem Lech flussaufwärts zu folgen. Hier rauscht der Fluss über einige Stromschnellen in Richtung Stausee. Markante Felssteine zwingen ihn dazu in ein engeres Flussbett. Gerade für Fotografen ist dies eine sehr beliebte Motivstelle.

Belebte Streckenabschnitte wechseln sich mit einsamen Wegen, wie am Gurrenmarrener Weiher, ab.

Für das letzte Wegstück geht es dann in die Bahnhofstraße. Ein richtiges Bahnhofsgebäude sucht man vergebens, die Strecke Lechbruck–Marktoberdorf wurde schon 1973 stillgelegt. Umso schöner für uns, denn heute dürfen wir die ehemalige Bahntrasse als Radweg benutzen. Schnell kommen wir nun auf der ebenen Strecke vorwärts. Einmal unterqueren wir die Autostraße, dann radeln wir mit etwas Abstand an der hübschen barocken Kirche St. Wendelin vorbei. Kurz darauf haben wir die Abzweigung zu unserem Startplatz erreicht. Mit wenigen Pedalumdrehungen nach links sind wir wieder an unserem Ausgangsort.

28 Durch das Ostallgäuer Land

Dem Käse auf der Spur

leicht | 40 km | 350 Hm | 3.30 Std.

Highlight: Sehenswürdigkeit

Ausgangs- und Endpunkt
Hopfen am See, Uferpromenade

GPS
47.607891, 10.677362

Anfahrt
Auto: Von München auf der Autobahn A 96 bis Landsberg und auf der B 17 Richtung Füssen, dort weiter über die St 2008 nach Hopfen am See. Es gibt viele gebührenpflichtige Parkplätze direkt am Seeufer, ein kostenloser Wanderparkplatz befindet sich am westlichen Ortsausgang, etwas oberhalb der Straße am Campinggelände Guggemos. Bahn: Mit dem Zug nach Seeg, dann die Radtour von dort aus starten.

Tourencharakter
Herrliche, leicht hügelige Rundtour, überwiegend auf Radwegen und kleinen Nebenstraßen. Der Weg verläuft zum Großteil auf dem Ostallgäuer Emmentaler Radweg.

E-Bike-Ladestation
Hopfen am See: mit Schließfächern an der Touristinfo

Radverleih
Hopfen am See: Floris Radl- und Skiverleih, Parkplatz Ost

Information
www.fuessen-hopfen.de

Herrlich gelegene Seen und Weiher, kleine romantische Dörfer, sanfte Hügel und ein einzigartiges Bergpanorama kombiniert mit ganz viel Käse. Auf unserer heutigen Tour folgen wir zu großem Teil dem bestens ausgeschilderten »Käselaibradweg«, der sich offiziell Ostallgäuer Emmentaler Radweg nennt. Und Käse ist ja schließlich im Allgäu so etwas wie Kulturgut!

Zum barocken Kleinod Wir starten von der Uferstraße und radeln auf dem Radweg Richtung Westen, den See zu unserer Linken. Kurz nach dem Campingplatz Guggemos verlassen wir den Ort Hopfen und folgen der Straße nur noch für wenige Hundert Meter. Dann biegen wir rechts leicht aufwärts in die nach Seeg beschilderte kleinere Nebenstraße. Nun geht es Richtung Norden, in Sichtweite entlang der Autobahn. Gleich nach dem ersten kleinen Hügel stößt von links der »Käselaib-

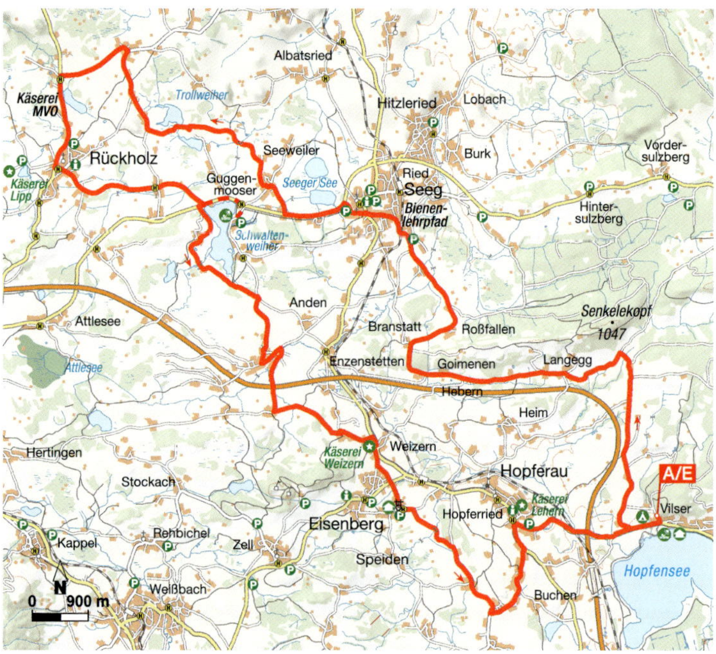

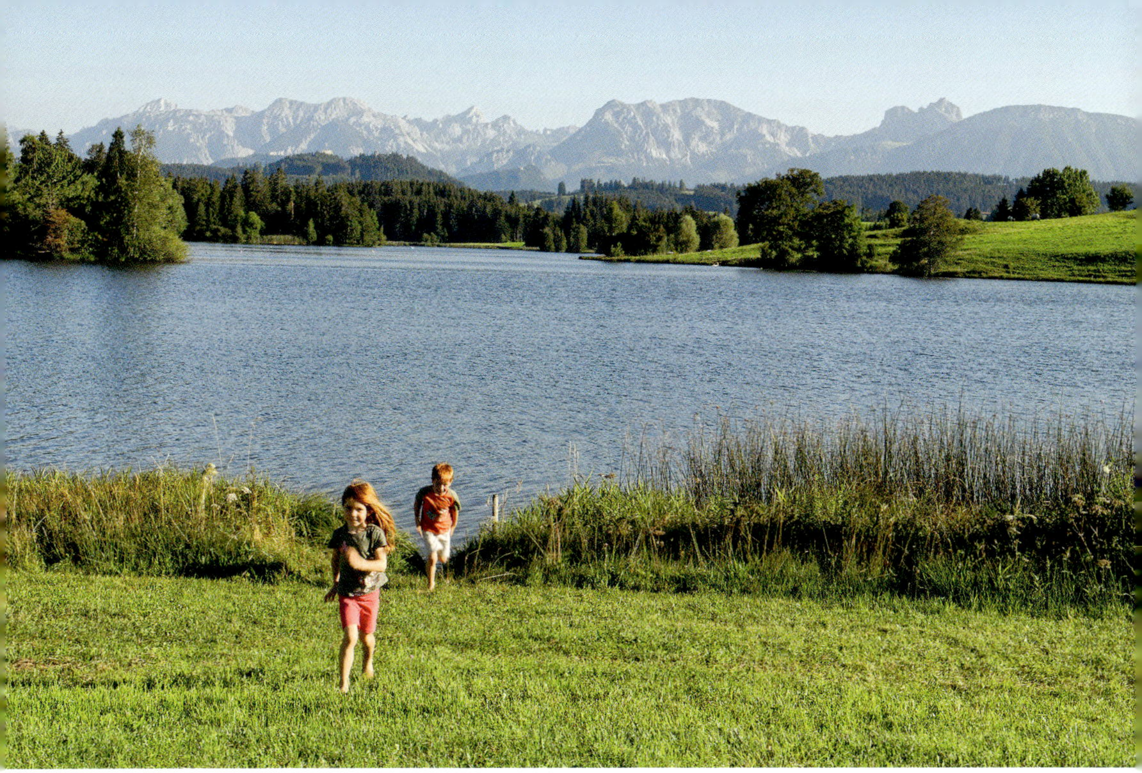

Über den Schwaltenweiher auf die Berge um Füssen

radweg« zu uns, auf dem wir geradeaus weiterradeln. Ab hier ist der Radweg mit dem Symbol eines kleinen angeschnittenen Käselaibs ausgeschildert. Diesem müssen wir nun einfach immer hinterherjagen. Bald schwenkt der Radweg nach links und führt im steten Auf und Ab nach Seeg, wobei uns eine Auffahrt zur Ortsmitte bevorsteht.

In Seeg sollten wir uns Zeit nehmen und auf der Hauptstraße nach rechts die wunderbare barocke St.-Ulrichs-Kirche besichtigen. Für weniger kunsthistorisch Interessierte gibt es einen überaus unterhaltsamen Bienenlehrpfad mit einem angegliederten Museum und einer Erlebnisimkerei.

Weiherparadiese Wer keine Lust zu kulturellem Sightseeing hat, der kann auch gleich die Hauptstraße leicht nach rechts in die Nesselwanger Straße queren. Sie führt bergab und dann nach links auf einen Radweg, der parallel zur Autostraße

Guten Appetit

Früher war es üblich, dass zu jeder Wallfahrtskirche ein Gasthaus gehörte. In Speiden wird diese Tradition noch durch die kleine, aber feine hauseigene Brauerei getoppt. Die Kössel-Brauerei ist nicht groß, bietet aber doch einige Biersorten wie die Schwarze Madonna, besser bekannt als Mariahilfer Stout, wo bayerische Braukunst auf irischen Geschmack trifft. Neben dem Gerstensaft wird man in der Küche auch mit Brotzeiten und kleinen Gerichten verwöhnt (Mo und Di Ruhetag, Mi–Fr ab 15.30 Uhr, am Wochenende ab 11 Uhr).

Rechte Seite oben: Am Badeplatz Goldhasen am Schwaltenweiher

Rechte Seite unten: Eine feine Käseauswahl gibt es in der Jausenstation und Bergkäserei Weizern bei Eisenberg.

verläuft. Dabei passieren wir den sich hinter dickem Schilf versteckenden Seeger See. An der ersten Möglichkeit queren wir die Autostraße nach rechts in die kleine geteerte Nebenstraße und folgen ihr über Seeweiler, hier links-rechts halten, und bald über Felder zum Luimooser Weiher und dem Trollweiher. Hier ist die einzige Stelle, an der unser Käsesymbol etwas mager ausgeschildert wurde. Der Radweg verläuft im Links-rechts-Knick genau zwischen den Weihern hindurch. Dann führt er wieder auf eine geteerte Straße, die uns nach rechts über Holzleuten und schließlich mit herrlicher Aussicht auf die Berge und die Rückholzer Kirche nach Rückholz bringt. Hier treffen wir auf unsere erste Käserei der MVO, der Milchverwertung Ostallgäu, in der wir natürlich einkehren können. In Rückholz liegt auch die familienbetriebene Hofkäserei Lipp, für die man aber 1 km Umweg in Kauf nehmen muss. Die herrliche Lage entschädigt für den kurzen Anstieg entlang der Strecke.

Nach der Kirche in Rückholz biegen wir links in die Seeger Straße ein und nun geht es leicht bergab stets der Hauptstraße folgend zum Schwaltenweiher. Mit seinen Ufereinbuchtungen liegt er paradiesisch schön vor den Allgäuer Bergen. Für eine

Allgäu-Erfahrung: So ein Käse

Das Allgäu ist bekannt für seine vielen Käsespezialitäten. In vielen kleinen Dörfern gibt es private und Genossenschaftssennereien. Hier wird die silofreie Milch zu den verschiedensten Käsesorten weiterverarbeitet. Jede Region hat ihre eigenen Spezialitäten, aber natürlich schmeckt Käse nicht gleich Käse. Zwar verwenden alle Käsereien reine Heumilch, aber die schmeckt nun mal schon von Kuh zu Kuh anders. Auf der heutigen Runde können wir wie Sommeliers typische Käsesorten der verschiedensten Produzenten vergleichen.

- MVO Rückholz: Ein großer Betrieb mit angeschlossenem Werksverkauf in einem Käsladen. Mo–Fr von 9–17 Uhr und Sa 9–12 Uhr
- Hofkäserei Lipp: In einmaliger Aussichtslage gelegen, gibt es dort Veranstaltungen rund um den Käse wie z. B. die Möglichkeit, selbst Butter herzustellen. Termine unter: www.hofkäserei-lipp.de. Käseverkauf: Mi, Di, Do und Fr 9–12 und 17–19 Uhr, Sa, So sowie an Feiertagen 9–12 Uhr
- Käserei Weizern: Im Sommer täglich 8–18 Uhr geöffnet, nette Sitzgelegenheit im Inneren, vor allem, wenn man an einem Fr zwischen 11.30–14 Uhr einen Platz für das leckere Käsespätzleessen ergattert!
- Sennerei Lehern: Gibt es seit 1890, es werden auch mehrmals die Woche Führungen angeboten. Käseladen: Mo–Sa 8–18 Uhr, So und Feiertage 9.30–18 Uhr

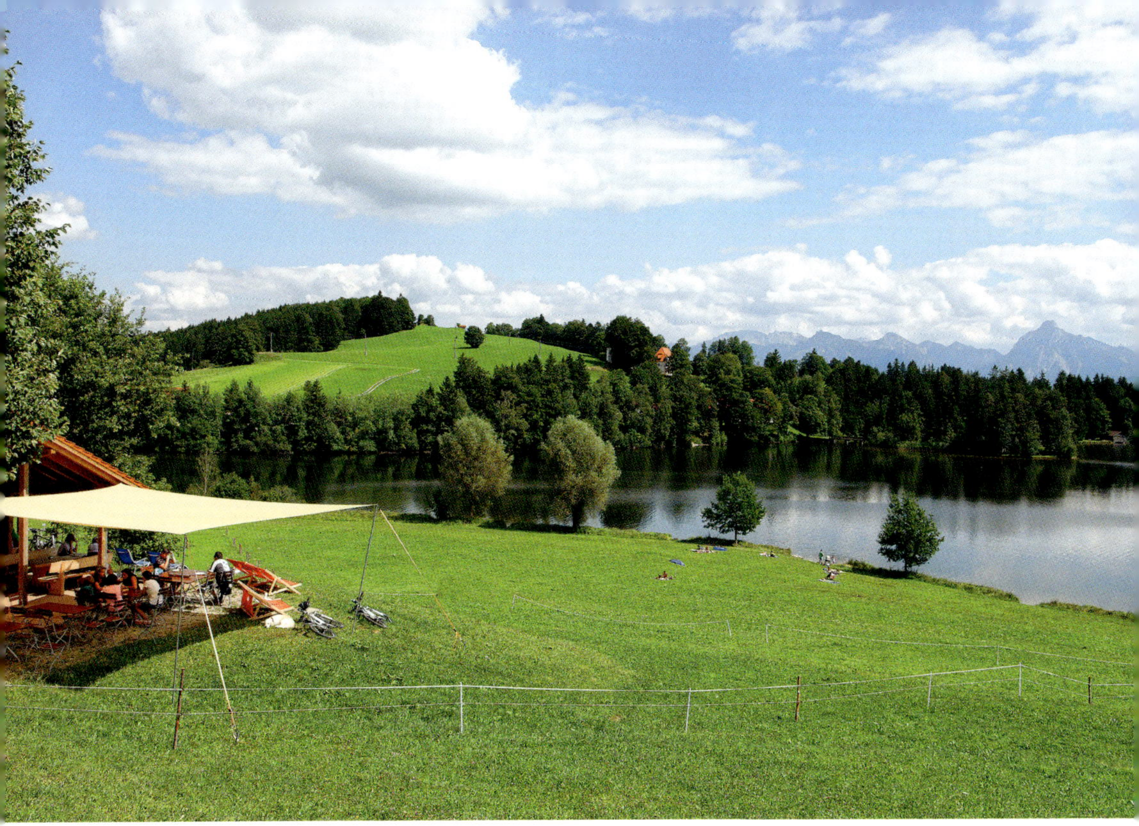

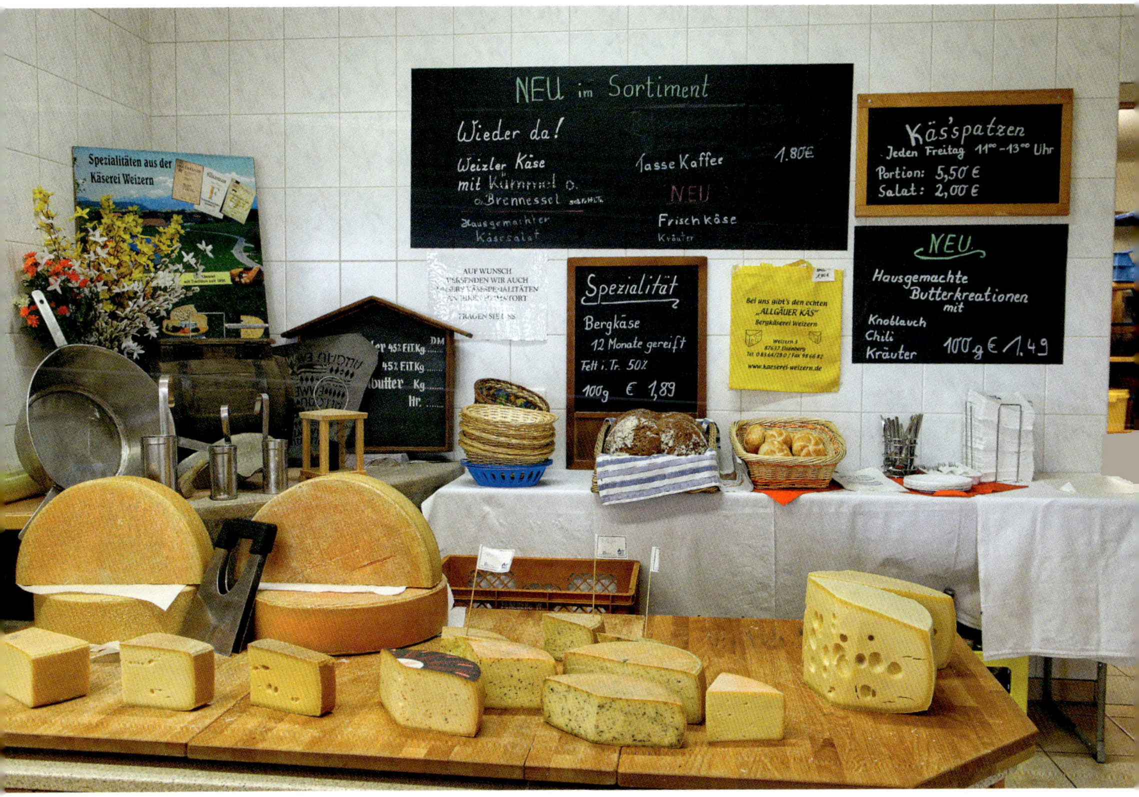

Spezialitäten aus der Käserei Weizern
NEU im Sortiment
Wieder da!
Weizler Käse
mit
o. Brennessel
Hausgemachter Käsesalat
Tasse Kaffee 1,80€
NEU
Frischkäse
Kräuter
Käs'spatzen
Jeden Freitag 11⁰⁰–13⁰⁰ Uhr
Portion: 5,50 €
Salat: 2,00 €
Spezialität
Bergkäse
12 Monate gereift
Fett i. Tr. 50%
100g € 1,89
Bei uns gibt's den echten „ALLGÄUER KÄS“
www.kaeserei-weizern.de
NEU
Hausgemachte Butterkreationen mit
Knoblauch
Chili
Kräuter
100g € 1,49

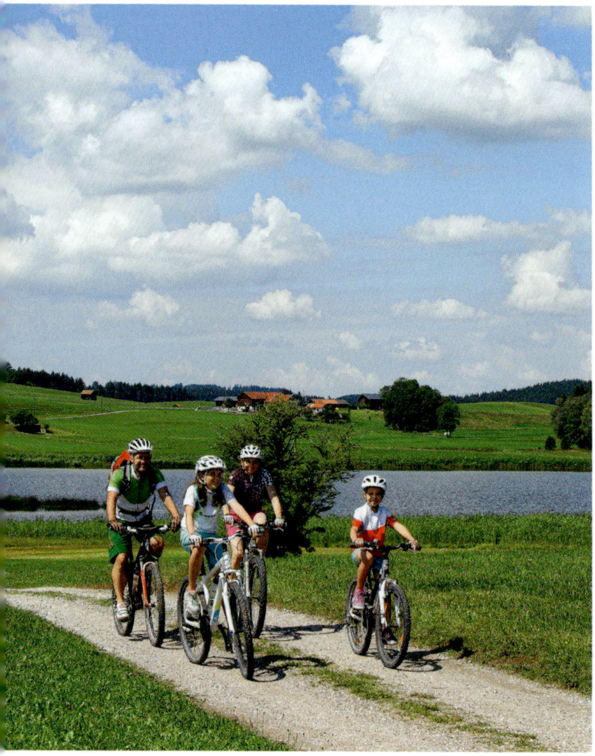

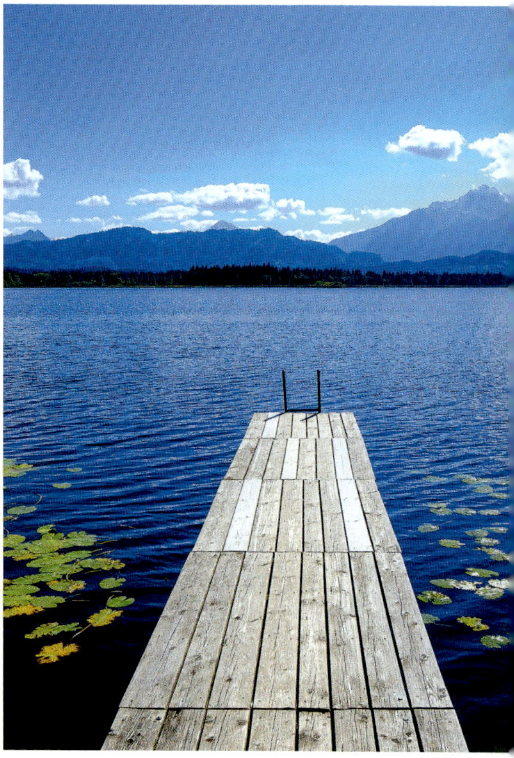

Der Ostallgäuer Emmentaler Radweg eignet sich hervorragend für Familien.

Rechts: Steg am Nordufer des Hopfensees

Badepause können wir einen kleinen Abstecher nach links zur Badewiese oder zum Strandbad starten.

Für die Weiterfahrt auf unserem Emmentaler Radweg müssen wir jedoch in der anderen Richtung um den See radeln. Die Hinweisschilder weisen uns also nach rechts. So passieren wir eine weitere Badewiese mit Kiosk und radeln gleich darauf durch den Weiler Goldhasen, von welchen wir jedoch bisher keine zu sehen bekamen. Bergab führt der Weg an einer klitzekleinen Kapelle vorbei und wird immer schmäler. Auf dem Wiesenpfad passieren wir so das Südufer des Sees und stoßen nach einem kleinen Waldstück auf eine größere Autostraße. Diese brauchen wir nicht zu nutzen, denn zu unserem Glück führt der Radweg weiter nach rechts auf einen Feldweg. Über Rennbothen folgen wir im Zick und Zack den Schildern, passieren einige Kiesgruben und queren bald die Autobahn A 7. So kommen wir durch Schwarzenbach nach Weizern, wo uns die nächste Käsereigenossenschaft etwas unterhalb der ersten Liebener Höfe erwartet.

Das letzte Stück Nach der Einkehr geht es das letzte Stück bergab und dann rechts durch den größten Ortsteil von Wei-

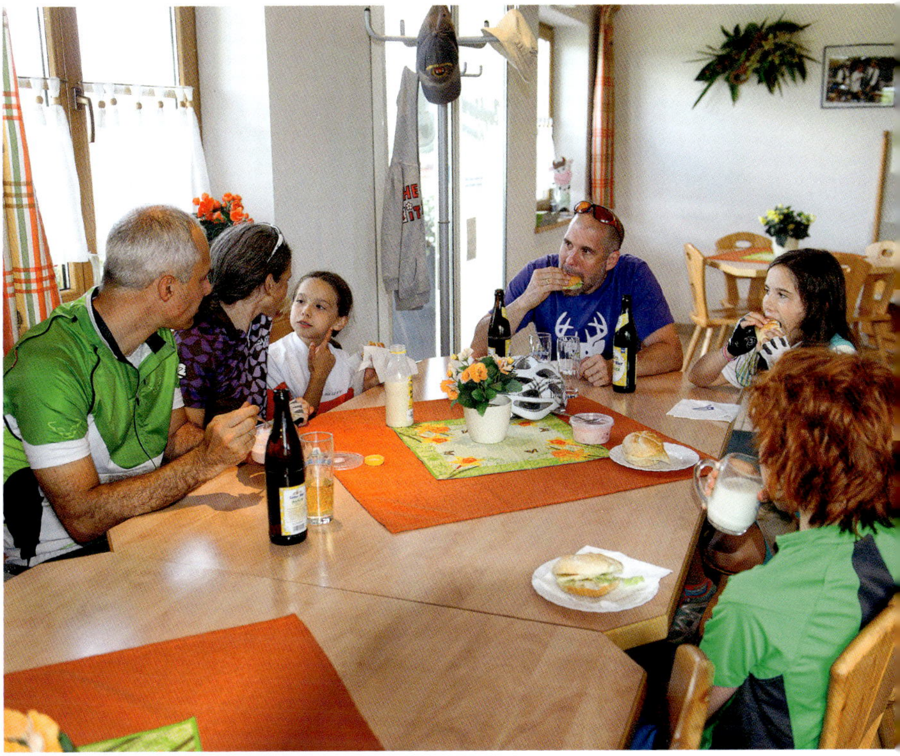

zern. Über kleine Straßen sind wir schnell in Eisenberg, wobei wir, am Rande eines Neubaugebiets, auf den eigentlichen Ortskern gar nicht treffen. Dafür sind wir wenige Minuten später im Wallfahrtsort Speiden, wo wir im gemütlichen Gasthaus »Mariahilfer Sudhaus« einkehren und die prächtig ausgestattete Wallfahrtskirche Maria Hilf besichtigen können. Die Decke in ihrem Inneren ist ganz mit zartgrün-weißem Stuck verziert und am Hochaltar thront Maria auf einem Halbmond.

Familie bei einer Pause in der Jausenstation Bergkäserei Weizern

Danach geht die Fahrt über die Felder nach Hopferried mit fantastischer Sicht weiter, man sieht sogar das Schloss Neuschwanstein. Von dort sind wir schnell über Wiedemen in Lehern, wo wir direkt an der großen Straße noch einmal Käse in der Sennerei verköstigen dürfen oder uns für zu Hause damit eindecken können. Unmittelbar neben der Käserei liegt die Gaststätte »Käsealp«, eine weitere Verführung, uns von der direkten Rückkehr abzuhalten. Nun ist es aber nicht mehr weit und wir folgen an der Käserei dem Radweg nach links entlang der großen Straße. Am Ortseingang von Hopferau biegen wir dann rechts ab und bleiben weiter auf dem Radweg, der uns nun direkt nach Osten über die Autobahn zurück nach Hopfen am See führt.

29 Über die Wieskirche zum Forggensee

An Allgäus Grenzen

mittel | 37 km | 300 Hm | 3.30 Std.

Highlight: Sehenswürdigkeit

Ausgangs- und Endpunkt
Steingaden, Kloster

GPS
47.701455, 10.861726

Anfahrt
Auto: Von München auf der Autobahn A 96 Richtung Lindau, Ausfahrt Landsberg-Nord, weiter auf der B 17 Richtung Füssen, in Peiting rechts der B 17 folgen, nach Steingaden. Große Parkplätze nördlich des Klosters.

Tourencharakter
Überwiegend auf Radwegen und einsamen Nebenstrecken geht es im Auf und Ab durch Trauchgau. Einige Steigungen sind zu meistern, reichlich Badeplätze, deshalb im Sommer die Badesachen nicht vergessen!

E-Bike-Ladestation
Lechbruck: Touristinfo, während der Öffnungszeiten

Radverleih
Steingaden: Fam. Florian Eicher, Ahornstraße 2 nur mit Anmeldung (08862/931 96)

Information
www.steingaden.de

Fast immer mit Blick auf das Märchenreich König Ludwigs II. bei Füssen radeln wir zur einem der berühmtesten Schwarzbauten Bayerns, der Wieskirche, die mittlerweile von der UNESCO zum Weltkulturerbe gekürt wurde. Auf dem Rückweg genießen wir den Forggensee und zum Abschluss die wunderbare Klosterkirche in Steingaden.

Zur weltberühmten Wieskirche Das Kloster Steingaden im Rücken wenden wir uns nach links und folgen dem Wegweiser über Litzau zur Wieskirche. Zum Aufwärmen geht es gleich mal 100 Hm aufwärts. Die schöne Landschaft entschädigt für den verlorenen Schweiß und schon bald rollen wir auf das zum UNESCO-Weltkulturerbe gekrönte Gotteshaus zu. Die Wieskirche wird täglich von ganzen Heerscharen an Touristen in Ausflugsbussen überrannt. Die Weltberühmtheit kommt nicht von ungefähr. Im Inneren des Kirchenschiffs steigert sich das

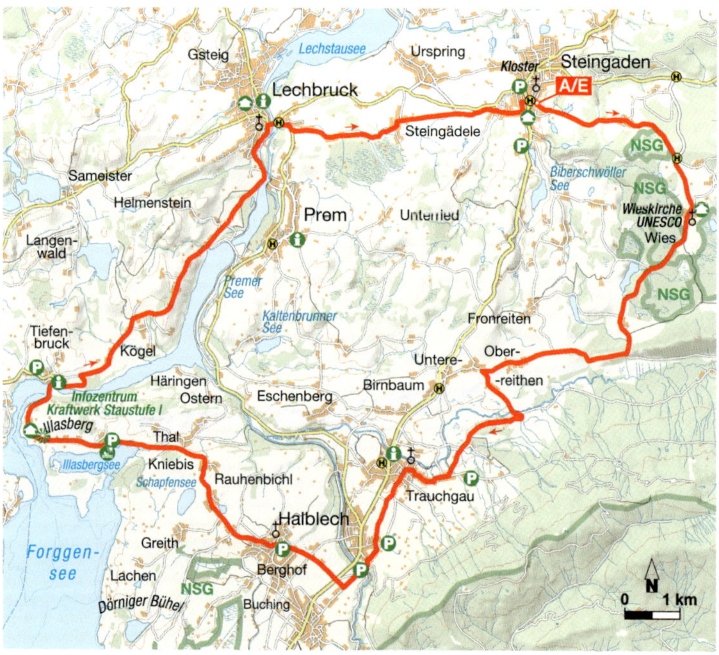

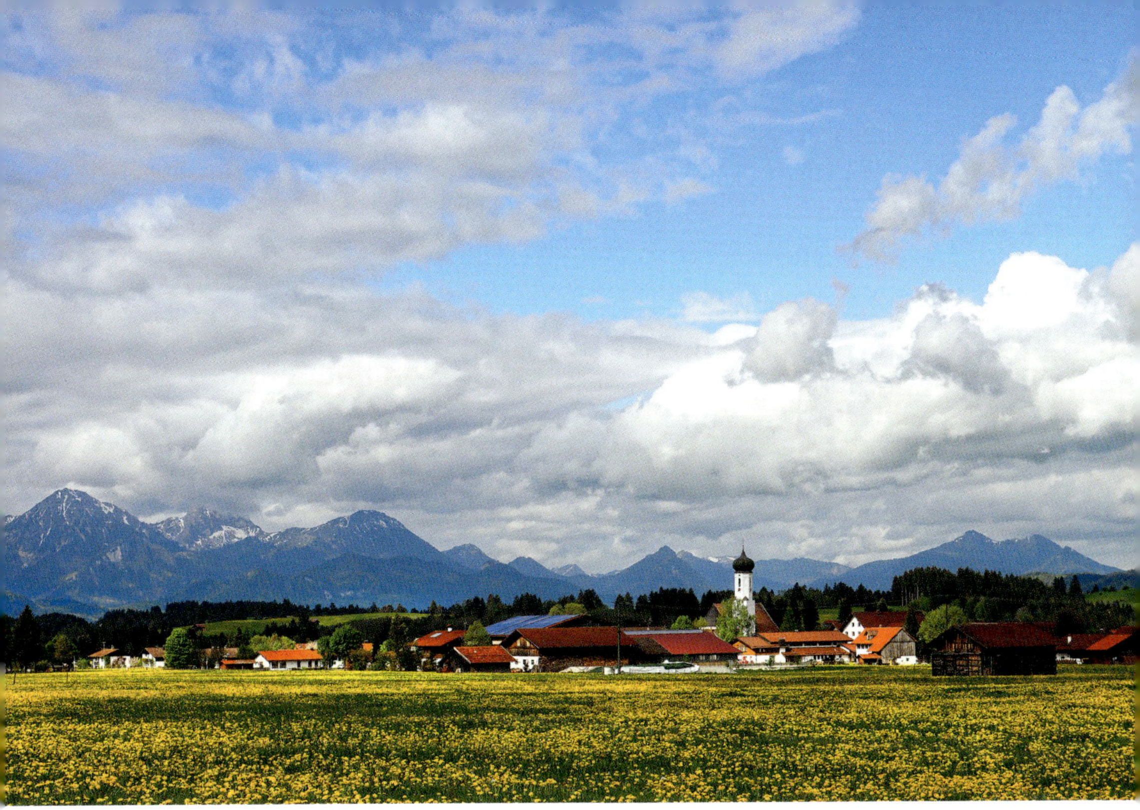

gesamte Bauwerk mit der Ausstattung, seinen Fresken, dem Stuck und den Altären zu einer einzigartigen Krönung des süddeutschen Rokokostils.

Pfarrkirche St. Michael von Bayerniederhofen bei Halblech

Durch Trauchgau Nach der Besichtigung radeln wir direkt an der Kirche einfach weiter in südlicher Richtung. Im steten Auf und Ab folgen wir den Schildern »Resle/Trauchgau/Halblech« auf dem Radweg. Achtung, kurz vor Oberreithen dürfen wir nicht zu schwungvoll bergab rollen, denn wir biegen scharf links in einen geschotterten Weg ein, der sonst leicht zu übersehen ist. Mit freiem Blick auf die Füssener Bergwelt geht es nun durch die artenreiche, im Sommer hüfthohe Flora der Trauchgauer Moorlandschaft. So erreichen wir den Ort Trauchgau, von dem die Gegend mit den Orten Halblech, Buching, Oberreithen ihren Namen hat.

Guten Appetit

An einem Touristenziel wie der Wieskirche, das täglich von vielen Tausend Besuchern heimgesucht wird, ein gutes Gasthaus zu finden, hält man für schier unmöglich. Zu sehr drängt sich der Gedanke an Nepp und Massenabfertigung auf. Doch der Gasthof »Schweiger« in seinem historischen Ambiente beweist genau das Gegenteil. Erstklassige Qualität bei recht gemäßigten Preisen, dazu eine schnelle und freundliche Bedienung hat uns eines Besseren belehrt. Wir waren schon oft dort und werden immer wieder kommen (Fr Ruhetag).

In der Ortsmitte folgen wir links den Schildern nach Halblech. Kurz nach dem Ortsausgang lässt sich der erste Blick zum Schloss Neuschwanstein unterhalb des Tegelbergs erhaschen. In Halblech halten wir uns weiter links, fahren über den Halblech und die Bruckschmiede, bis wir auf einer Autostraße die B 17 überqueren und geradeaus aufwärts zum Ortsteil Berghof/Buching mit seinem frei stehenden Wallfahrtskirchlein St. Peter hinaufradeln.

Entlang des Forggensees Oben beginnt wieder ein Radweg. Der Streckenabschnitt zählt zu den schönsten und aussichtsreichsten im Allgäu. Über Kniebis kommen wir zum Illasbergsee. Der Badesee mit seinen Liegewiesen ist eine Ne-

Allgäu-Erfahrung: Bayerns schönster Schwarzbau

Es ist kaum zu glauben: Die Wieskirche bei Steingaden, weltbekannt als Krönung des süddeutschen Rokokos, ist ein Schwarzbau. Wie war das möglich?

Mitte des 18. Jh. war die barocke Welt in einen fast einzigartigen Baurausch verfallen. Viele Schlösser und Klöster wurden neu ausgestattet. Das konnten sich die Äbte und Adeligen aber oft nicht leisten und so lohnte es sich, in der Nähe eine zugkräftige Wallfahrt zu haben, denn die versprachen meist viele Einnahmen durch zahlungskräftige Pilger. Genau in diesem Dilemma war der Abt von Steingaden, Hyazinth Gaßner, um das Jahr 1740. Zur geplanten 600-Jahr-Feier seines Klosters 1747 wollte er seine Klosterkirche im barocken Stil erneuern lassen. Doch dazu fehlte ihm das Geld. Da setzte der Abt alles auf eine Karte: Er ließ die weitum schönste, größte und prächtigste Wallfahrtskirche bauen, die man sich denken konnte.

Das Tränenwunder vom 14. Juni 1738 kam ihm dabei gerade recht. Da hatte nämlich eine alte Prozessionsfigur, ein Heiland, den die Bäuerin Maria Lori bei ihrem Bauernhof in der Wies aufgestellt hatte, Tränen vergossen. Die Geschichte verbreitete sich und der Strom der Wallfahrer schwoll ganz ohne kirchliches Zutun immer mehr an. Diese Figur, so beschloss der Abt, sollte der Mittelpunkt seiner neuen Kirche sein.

Doch zum Bauen brauchte man auch damals schon eine Genehmigung der kurfürstlich-bayerischen Regierung, und die war schwer zu bekommen. Also fing man ohne Genehmigung an. Und irgendwann konnte man den Bau nicht mehr einstellen, denn dann wäre die Wallfahrt in kurzer Zeit völlig versiegt und das Kloster pleite gewesen. Also entschloss sich die Regierung zu einer nachträglichen Genehmigung. Zum Glück, denn die Wieskirche ist heute mehr denn je das Ziel von vielen Tausend Besuchern täglich. Und sie ist ein Wunder an Form und Lichtführung geworden. Zu welcher Tageszeit man die Kirche auch betritt, ob Sommer oder Winter, sie präsentiert sich immer wieder neu.

benbucht des großen Forggensees. Jetzt geht es noch einmal bergauf. Oben angekommen winkt die Terrasse des »Panoramastadls« zur Einkehr für einen Nachmittagskaffee. Wir sind auf der Anhöhe des Illasbergs. Gleich einem barocken Bühnenbild baut sich vor uns die zauberhafte Landschaft des Ostallgäus auf. Der Blick schweift über saftige Wiesen, über den Forggensee mit seinen Segel- und Motorbooten bis nach Füssen mit der über der Stadt thronenden Burg und der dahinterliegenden Bergkette der Ammergauer und der Lechtaler Alpen.

Nach Lechbruck Bis zum Kraftwerk Roßhaupten rollen wir abwärts, halten uns dann rechts, queren die Autostraße und folgen den Radwegschildern nach Lechbruck. Jetzt geht es ober-

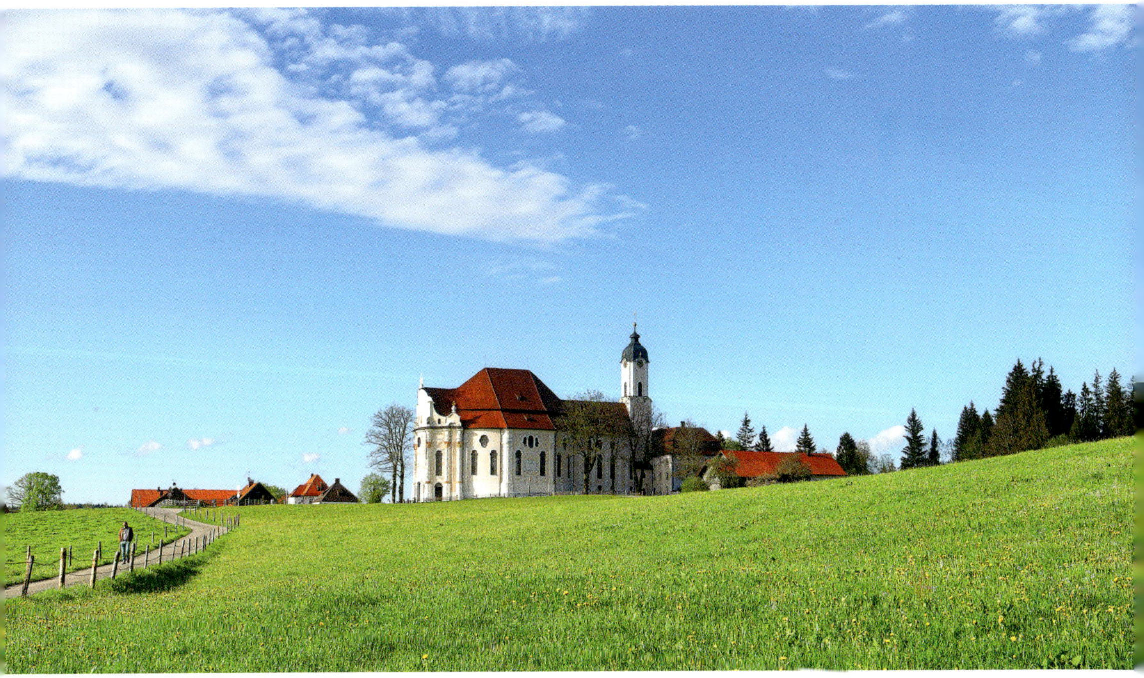

halb des Lechs und seiner Staustufen Richtung Norden nach Lechbruck. Nun überqueren wir den Lech und werfen einen Blick auf die Lechfälle, natürliche Steinstufen bremsen hier das Wasser etwas aus. Gleich nach der Brücke biegen wir rechts Richtung Prem ein, geradeaus führt nur die Autostraße nach Steingaden. Gleich nach der Rechtskurve biegen wir dann links am letzten Bauernhof (Helmau) auf den Radweg. Durch den Premer Filz und Steingädele kommen wir zurück nach Steingaden. Jetzt geht es durch die Neubaugebiete des Ortsrandes bis zum Kloster. Die beiden Kirchtürme weisen uns den Weg.

Die Wieskirche ist der große Höhepunkt auf unserem Weg.

30

Rund um Altenstadt

Der schöne Süden

mittel | 50 km | 450 Hm | 4.30 Std.

Highlight: Sehenswürdigkeit

Ausgangs- und Endpunkt
Altenstadt, Basilika

GPS
47.822383, 10.872171

Anfahrt
Auto: Auf der Lindauer Autobahn A 96 Ausfahrt Landsberg, weiter auf der B 17 Richtung Schongau, dort dann der Beschilderung nach Altenstadt folgen. Bahn: Mit der Regiobahn nach Schongau und von dort die Rundfahrt beginnen.

Tourencharakter
Rundtour auf meist (un-)geteerten Radwegen und wenig befahrenen Nebenstraßen. Allgemein etwas hügelig. Für die Überfahrt des Auerbergs kommen noch einmal 6,5 km und 250 Hm hinzu, der Abschnitt ist definitiv schwierig, vor allem auch, weil wir für die ersten Meter der Abfahrt eine Mountainbikestrecke über eine Wiese befahren und dazu das Rad über ein paar Viehzäune setzen müssen.

E-Bike-Ladestation
Schongau: Rathaus; Lechbruck: Flößer-Golf-Kiosk neben dem Rathaus

Radverleih
Lechbruck: Flößer-Golf-Kiosk neben dem Rathaus

Information
www.schongau.de

Kleine Dörfer mit barocken Gotteshäusern, weite Felder, idyllische Badeseen, das grüne Band des Lechs und die lebendige Kreisstadt Schongau liegen auf unserem Weg. Mit etwas sportlichem Ehrgeiz oder einem E-Bike lässt sich die Tour über den Auerberg mit einer der schönsten Allgäuer Aussichtslogen verbinden.

Nach Burggen Wir starten in Altenstadt direkt an der romanischen Basilika, deren Besichtigung wir entweder gleich oder nach der Tour absolvieren. Dann schwingen wir uns auf die Räder und folgen der Beschilderung nach Burggen in Richtung

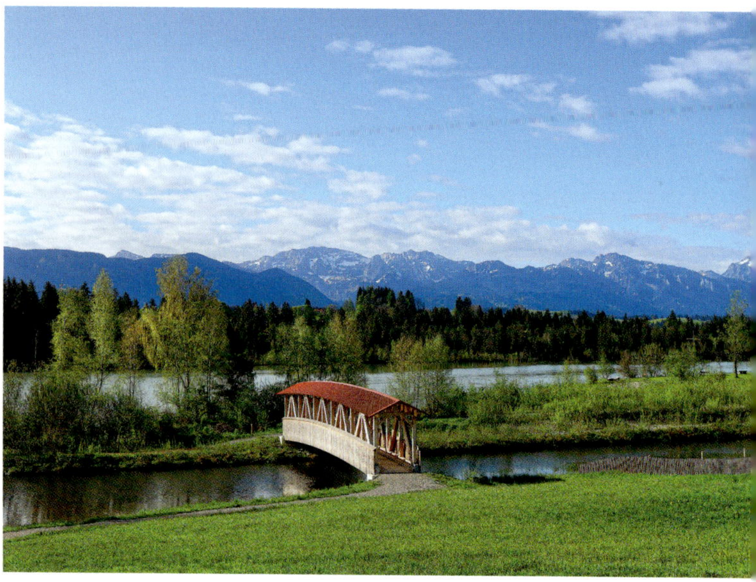

Schwabbruck. So verlassen wir Altenstadt auf der Triebstraße und passieren die Schule. Gleich dahinter weckt ein auffälliges frei stehendes Bahnsignal unser Interesse. Es weist auf die ehemalige Bahnstrecke nach Kaufbeuren hin. Wir folgen jedoch nicht der einstigen Bahntrasse, sondern wählen den Radweg links davon. Er führt uns nun über die Felder zu einer Kreu-

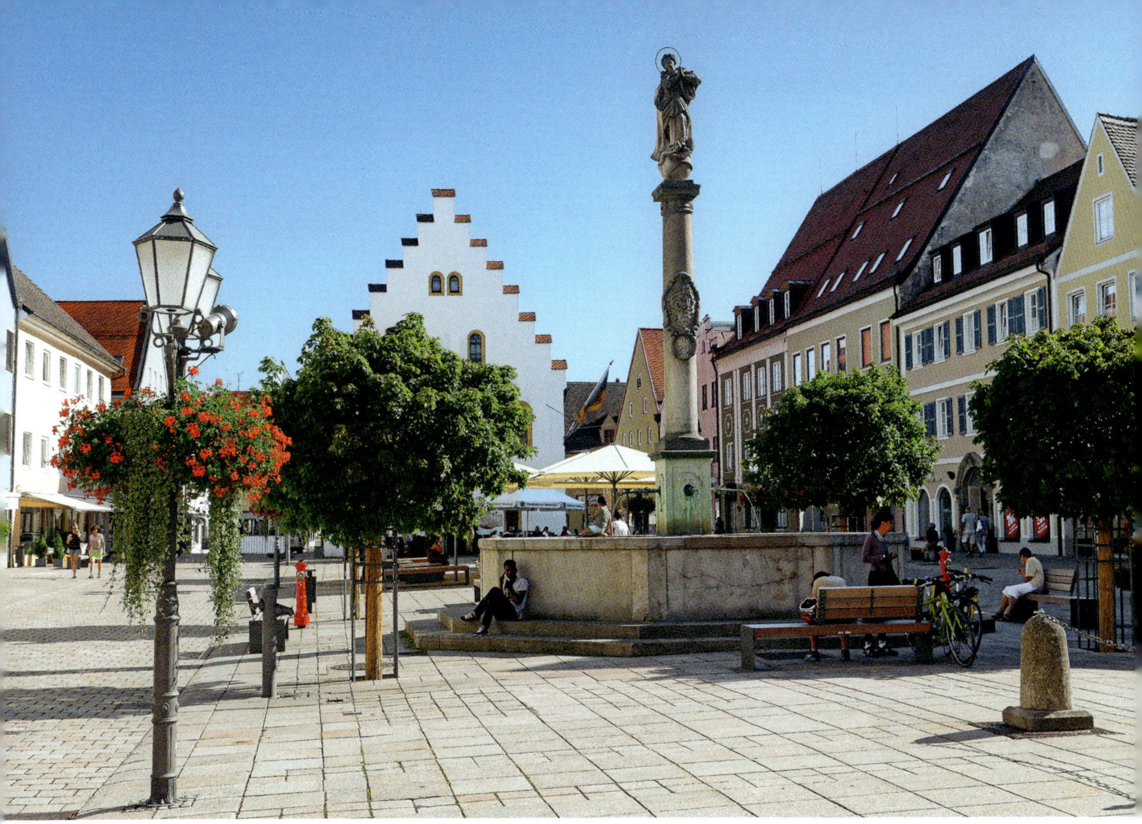

zung. Hier biegen wir links ab, das Radwegschild nach Burggen weist uns den Weg. In die kleine, einsam stehende Kapelle mit der Sonnenuhr, auf die wir bald treffen, werfen wir einen Blick. Die Schöpfungskapelle ist sehr eigen in Blautönen ausgemalt. Danach unterqueren wir die B 472, radeln durch ein Waldstück und queren noch eine größere Straße. Über Felder und mit herrlicher Aussicht auf die Berge geht es so nach Burggen, wo wir die barocke Pfarrkirche St. Stephan besuchen. Neben dem Hochaltar wurden die zwei großen Skulpturen, die hl. Afra und der hl. Ulrich, von keinem Geringeren als Anton Sturm, dem großen Bildhauer der berühmten Wieskirche, gestaltet. Neben der Hauptkirche lohnt sich auch der Besuch der kleinen St.-Anna-Kirche, die jedoch etwas außerhalb des Ortes liegt.

Mit einem Abstecher besichtigen wir die wunderschöne Altstadt von Schongau.

Linke Seite: Am Badegelände des Lechstausees bei Lechbruck

Guten Appetit

In der Schongauer Straße 1 mitten in Lechbruck liegt das liebevoll modern und doch im Retrostyle eingerichtete Café »Zur Alten Schule« mit seiner großen Sonnenterrasse. Vieles an den Wänden erinnert an einstige Schultage, als noch keine Computer die Klassenzimmer erobert hatte. Hier gibt es leckere Brotzeiten und frisch gebackene Kuchen (Di Ruhetag).

Zum Auerberg mit Badefreuden Für die Weiterfahrt folgen wir unterhalb der St.-Stephans-Kirche der Beschilderung nach

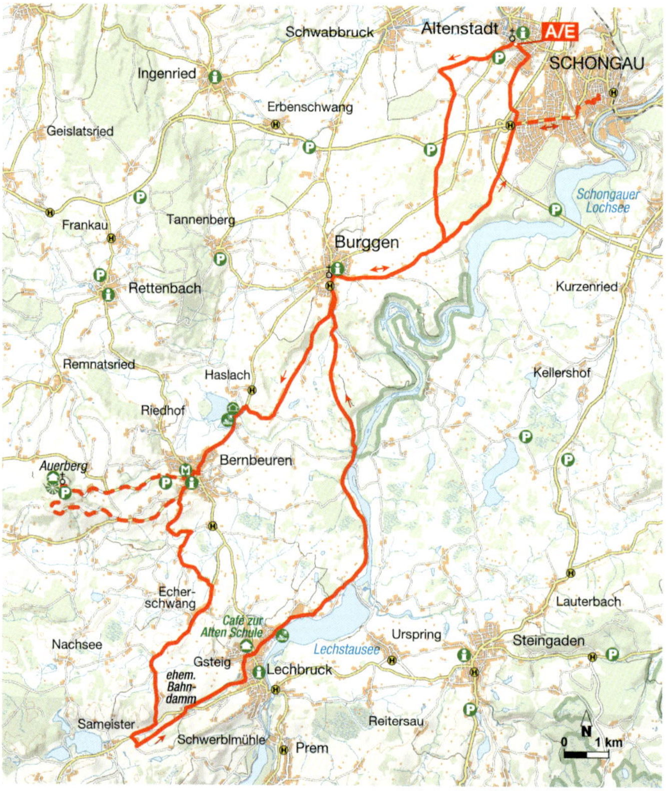

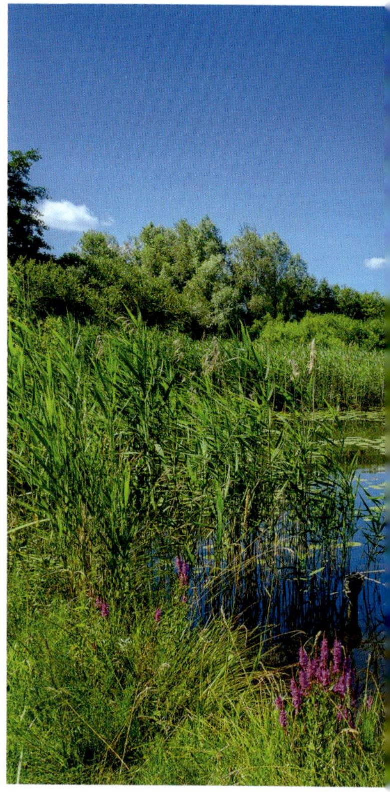

Bernbeuren. Wieder geht es mit bester Sicht auf die Berge in Richtung Süden und wir erreichen kurz vor Bernbeuren den Haslacher See. Das Badegelände mit seinem Steg und dem Kiosk verlockt zu einer Pause, und wer im Sommer seine Badesachen dabei hat, kann hier schon das erste Mal ins Wasser hüpfen. Ansonsten folgen wir dem Radweg parallel zur Autostraße und erreichen einige Minuten später Bernbeuren. Der Ort liegt am Fuße des Auerbergs, der schon zu römischer Zeit besiedelt war. So ist auch das Auerbergmuseum im Kiebelehaus, das viel von der Ortsgeschichte erzählt, eine Besichtigung wert

Allgäu-Erfahrung: Variante Auerberg

Der Auerberg ist ein beliebtes Ausflugsziel. Die Auffahrt lohnt sich. In der Georgskirche finden sich wertvolle Holzskulpturen und der Turmzugang. Die Aussicht auf die Alpenkette und ins Alpenvorland ist einzigartig. Das Gasthaus ist berühmt für seine Küche und hauseigene Konditorei. Für die anfangs etwas abenteuerliche Abfahrt geht es unterhalb des Gasthofes geradeaus auf den Feldweg (Viehsperre), der als Römerweg zum Aussichtspunkt »Bufferpandl« beschildert ist. Über ein Stück Wiese erreichen wir besagten Aussichtspunkt, einen der schönsten Rastplätze des Allgäus. Dahinter (Viehsperren) wird aus dem Feldweg wieder eine geteerte Straße, die über einige Bauernhöfe (Helmer und Sennhof) bergab bis zu einer größeren Straße führt. Hier geht es nach links und wir treffen bei Bernbeuren auf ursprünglichen Weg.

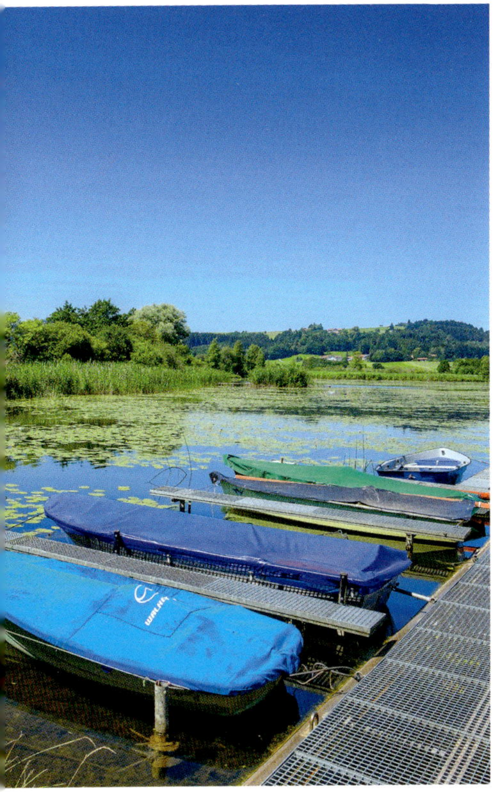

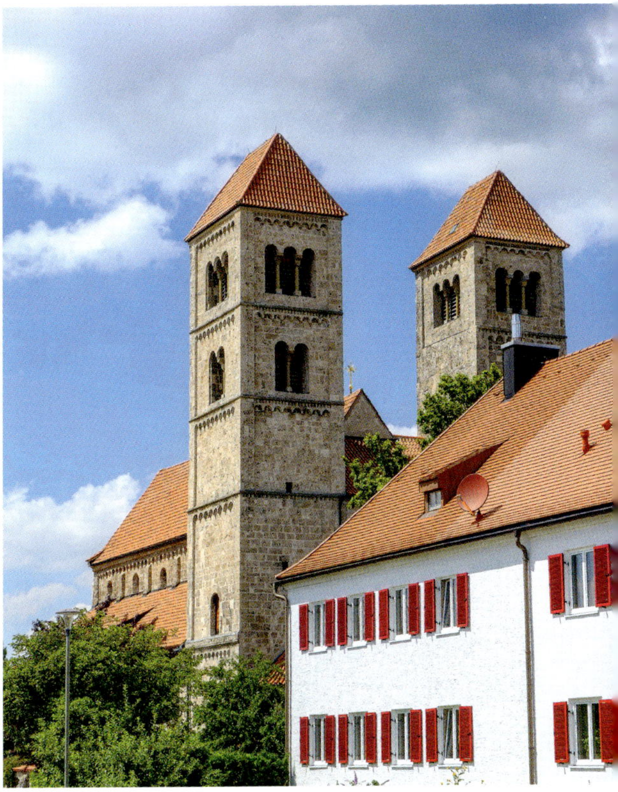

Die Basilika von Altenstadt ist eine der wenigen erhaltenen romanischen Kirchen.

Links: Klein und verträumt ist der Haslacher See.

(geöffnet Mitte April–Mitte Oktober am Wochenende und feiertags 14–16 Uhr). In der Ortsmitte am Marktplatz müssen wir dann eine Entscheidung treffen. Fühlen wir uns der Herausforderung gewachsen und erobern den Auerberg? Dann folgen wir einfach rechts der Auerbergstraße bis ganz hinauf zur Wallfahrtskirche und dem Gasthaus.

Bahndamm nach Lechbruck Ansonsten radeln wir einfach ab dem Marktplatz die Burgstraße entlang und biegen am Ortsausgang links auf die kleinere Straße, die nach Lechbruck beschildert ist. Im Zickzack geht es über Felder, vorbei an den Bauernhäusern Wieshof, Angerhof und Vogelegg, bis wir auf eine größere Vorfahrtsstraße treffen. Ihr folgen wir nach rechts durch Echterschwang und weiter im leichten Auf und Ab immer geradeaus, bis wir an der frei stehenden Kirche St. Wendelin auf die nächstgrößere Straße treffen. Auf dieser fahren wir für einen guten halben Kilometer nach rechts (Achtung Verkehr!), dann biegen wir links in die kleine Straße ein und treffen auf die ehemalige Bahnstrecke Marktoberdorf–Lechbruck. Diesem Bahndamm folgen wir nun völlig entspannt nach links. Entspannt, weil er minimal abwärtsführt und wir uns nicht mehr sonderlich anstrengen müssen. So erreichen wir Lechbruck. Wer die Wasserstufen am Lech ansehen möchte, radelt geradeaus durch das Gewerbegebiet. Ansonsten radeln wir links, der Radwegbeschilderung folgend, entlang des kleinen Grubenbaches durch die Untere Dorfstraße. An deren Ende geht es für einen Abstecher links zum Café »Zur Alten Schule« in die Schongauer Straße. Alternativ queren wir die Straße und radeln geradeaus weiter in die Lechwiesenstraße. Hier lohnt sich ein weiterer Stopp für eine Rast oder eine Badepause nach rechts über die Brücke zur Floßlände mit ihrem kleinen Kiosk nebst Bootsverleih und Erholungsgelände.

Allgäu-Erfahrung: Altenstadt und Schongau

Altenstadt hat seinen Namen nicht von ungefähr, hier stand das alte Schongau, bis es im 13. Jh. an den Lech verlegt wurde. Vor allem die romanische Basilika aus der Zeit um 1200 ist durch ihre ergreifende Schlichtheit wunderschön. Seltenheitswert hat die Darstellung des großen Chorbogenkreuzes. Sie zeigt Christus nicht als Leidenden, sondern als König mit Goldreif. Schongau wurde im 13. Jh. auf einer Halbinsel gegründet, die vom Lech umflossen war. Damit wollte man den Lechübergang der wichtigen Salzstraße Reichenhall–Kempten kontrollieren. Der Lech fließt inzwischen an der Stadt vorbei, aber die sehr hübsche, fast völlig von einer intakten Stadtmauer umgebene Altstadt ist erhalten geblieben. Einige der Wehrgänge und Stadttore kann man besichtigen. Von Nord nach Süd wird die Stadt von einer Hauptstraße, der Münzstraße, durchzogen. Im Zentrum steht die Pfarrkirche Mariä Himmelfahrt, deren Plan Dominikus Zimmermann, der Erbauer der Wieskirche, gezeichnet hat. Südlich der Kirche wird die Hauptstraße zum Marienplatz, auf der das frei stehende Ballenhaus steht. Es diente einst als Warenlager, heute befindet sich darin das Rathaus.

Über die Via Claudia zurück Zurück auf der Lechwiesenstraße geht es stets flussnah entlang des Lechs. Wir folgen nun dem Verlauf der einstigen Via Claudia, der berühmten Römerstraße, die der römische Kaiser Claudius auf einer Länge von ca. 517 km von Verona über Bozen und Füssen nach Augsburg bauen ließ. Neben uns blitzt immer wieder das blaue Wasser des Lechs auf. Am liebsten würde man reinspringen und sich mittreiben lassen. Nach dem Gut Dessau wendet sich der Weg vom Fluss ab und wir erreichen wieder Burggen. Zunächst geht es durch das Dorf und die Schwarzeckstraße auf bekanntem Hinweg zurück, dann bleiben wir geradeaus und folgen der Beschilderung nach Schongau durch den Wald. Nach der

Überquerung der B 17 haben wir die Möglichkeit, uns eine Erfrischung an der Milchtankstelle des Biohofs Jocher zu gönnen. Direkter als beim Erzeuger kann man nicht einkaufen. Gleich danach treffen wir an der großen Marktoberdorfer Straße im Gewerbegebiet auf den Ortsrand von Schongau. Ein Abstecher nach rechts in die Altstadt ist absolut zu empfehlen. Ansonsten queren wir für die Rückfahrt nach Altenstadt die Straße und radeln hinter dem McDonald's, der Beschilderung nach Altenstadt folgend, zunächst durch das Gewerbegebiet und dann auf der Sonnenstraße nach Altenstadt. Dort biegen wir links in die St.-Michael-Straße ein, sie bringt uns zur Basilika zurück.

Die Schöpfungskapelle bei Altenstadt (o. li.). Das berühmte romanische Kreuz von Altenstadt (o. re.). Altstadtfest am Marktplatz in Schongau (u. re.). Skulptur eines Römers vor dem Auerbergmuseum in Bernbeuren (u. li.)

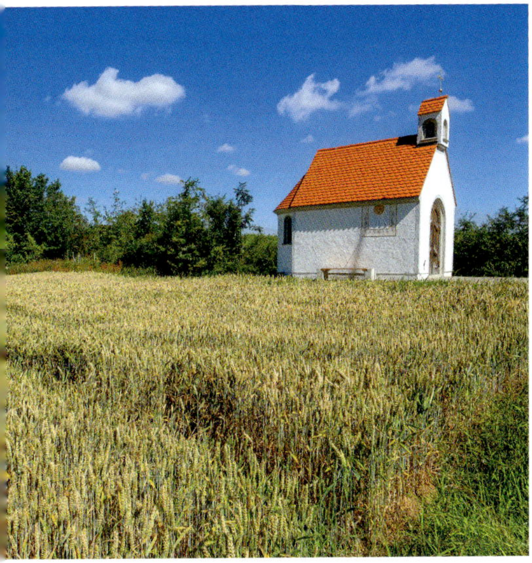

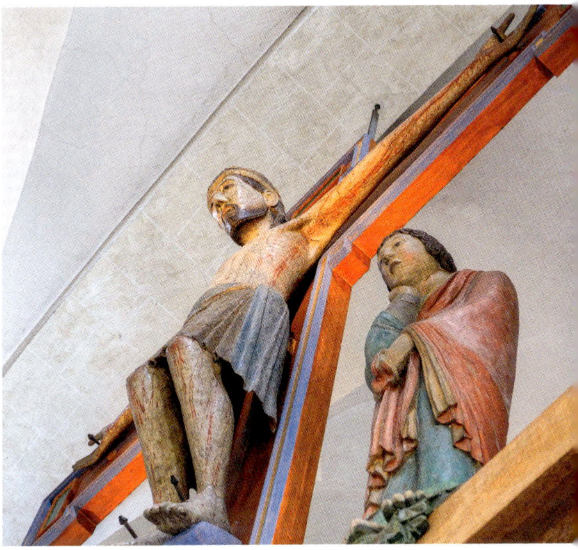

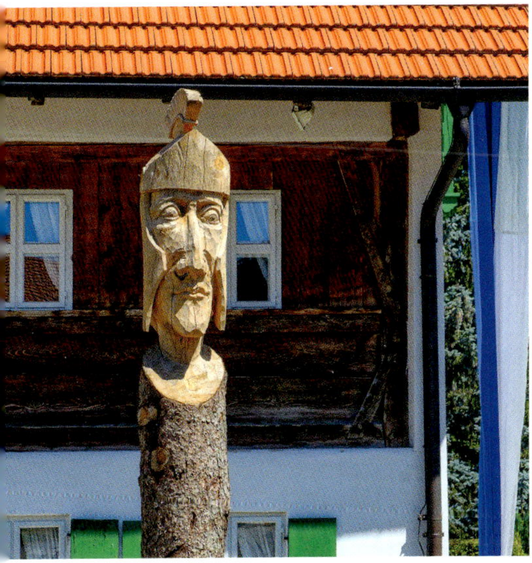

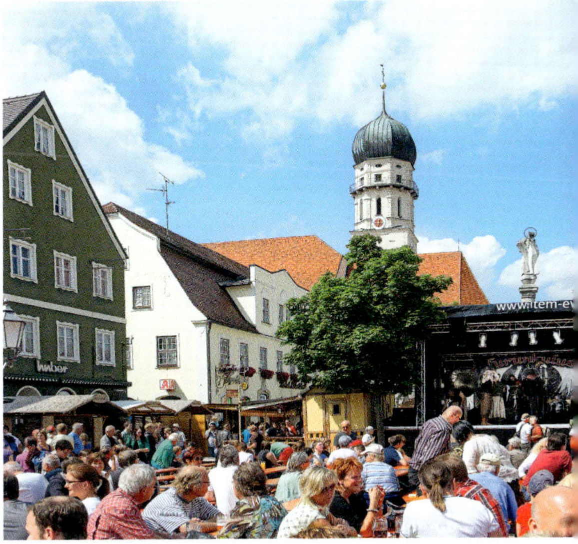

Für jeden Tag die richtige Tour

1	●	Von Lindau nach Kressbronn	28 km	400/400	3.00 Std.	●	●	●	●		●	●
2	●	Von Hergensweiler nach Lindau	27 km	430/430	3.00 Std.	●		●	●		●	●
3	●	Um Lindenberg	32 km	430/430	3.15 Std.	●		●			●	●
4	●	Von Isny nach Wangen	54 km	700/700	5.00 Std.	●		●	●		●	●
5	●	Rund um Kißlegg	26 km	240/240	2.30 Std.	●	●	●	●		●	●
6	●	Von Leutkirch nach Schmidsfelden	35 km	420/420	3.30 Std.	●		●		●	●	●
7	●	Um Maria Steinbach	22 km	250/250	2.00 Std.	●	●	●	●		●	
8	●	Von Buxheim nach Illerbeuren	40 km	400/400	3.45 Std.	●		●	●			●
9	●	Von Memmingen nach Ottobeuren	36 km	330/330	3.00 Std.	●		●		●		●
10	●	Von Mindelheim nach Bad Wörishofen	39 km	160/160	3.30 Std.	●		●	●			●
11	●	Von Dietmannsried nach Altusried	27 km	370/370	2.30 Std.	●	●	●	●		●	●
12	●	Kempten und der Niedersonthofener See	32 km	200/200	3.00 Std.	●	●	●	●		●	●
13	●	Große Tour um den Alpsee	40 km	850/850	4.30 Std.	●		●	●		●	●
14	●	Kleine Alpseerunde	32 km	100/100	2.30 Std.	●	●	●	●		●	●
15	●	Von Blaichach nach Martinszell	38 km	480/480	3.00 Std.	●		●			●	●
16	●	Um den Grünten	23 km	650/650	3.00 Std.	●		●				
17	●	Von Bad Hindelang ins Hintersteiner Tal	35 km	450/450	3.00 Std.	●	●		●		●	●

Nr.		Tour	Länge	Höhenunterschied	Fahrzeit	Einkehr	kindergeeignet	Sehenswürdigkeit	viel Sonne	schattiger Weg	Baden	ÖPNV
18	●	Ins Stillachtal und Rappenalptal	32 km	500/500	3.30 Std.	●		●	●		●	●
19	●	Im oberen Illertal	30 km	560/560	3.30 Std.	●	●	●	●		●	●
20	●	Rund um Oy-Mittelberg	33 km	600/600	3.30 Std.	●		●	●		●	●
21	●	Um den Grüntensee	23 km	100/100	2.00 Std.	●	●	●	●		●	●
22	●	Von Pfronten ins Tannheimer Tal	34 km	400/400	3.00 Std.	●			●			●
23	●	Von Pfronten nach Füssen	31 km	400/400	3.30 Std.	●	●	●	●		●	●
24	●	Von Görisried nach Kempten	35 km	530/530	3.00 Std.	●		●		●		●
25	●	Von Marktoberdorf auf die Bergmangalpe	27 km	125/125	2.30 Std.	●		●	●			●
26	●	Von Stötten nach Marktoberdorf	32 km	300/300	3.00 Std.	●		●			●	●
27	●	Nördlich des Forggensees	33 km	350/350	3.00 Std.	●	●	●	●		●	
28	●	Durch das Ostallgäuer Land	40 km	350/350	3.30 Std.	●	●	●	●		●	●
29	●	Über die Wieskirche zum Forggensee	37 km	300/300	3.30 Std.	●	●	●	●		●	
30	●	Rund um Altenstadt	50 km	450/450	4.30 Std.	●		●	●		●	●

Piktogramme erleichtern den Überblick

- Länge
- Höhenunterschied
- Fahrzeit
- Einkehr
- kindergeeignet
- Sehenswürdigkeit
- viel Sonne
- schattiger Weg
- Baden
- ÖPNV

Nachwort

Wir durften bei den Recherchen für dieses Buch eine interessante Erfahrung machen: Egal, wie oft wir im Allgäu schon eine Gegend, ein Dorf, eine Stadt, ein Tal oder eine Sehenswürdigkeit besucht haben, immer wieder gab und gibt es etwas Neues zu entdecken. Das mag natürlich zum einen am steten Wandel liegen, zum anderen daran, dass sich im Allgäu gerade in der touristischen Infrastruktur immer viel bewegt.

Auch ist uns aufgefallen, wie stark sich alleine schon die Jahreszeiten oder auch nur die Tageszeiten verändernd auf unsere einzelnen Allgäubesuche auswirkten. Es ist einfach immer wieder wunderbar, so viel Neues, Spannendes und Interessantes entdecken und erfahren zu dürfen.

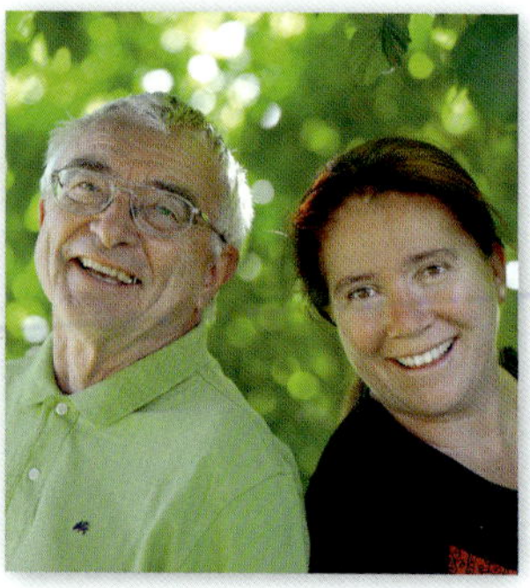

Lisa und Wilfried Bahnmüller

Leider bietet dieses Buch nur Platz für 30 Radrunden im Allgäu. Wir haben die schönsten ausgesucht. Ergänzend zu diesen sind noch lohnend: die klassische Forggensee-Umrundung (30 km), der Illerradweg vor allem zwischen Oberstdorf und Kempten (50 km) und die mehrtägige Allgäu-Radrundfahrt. Diese sind jedoch so bekannt und gut ausgeschildert, dass sie ohne unsere detaillierte Beschreibung erfahren werden können.

Wir wünschen nun allen Radfreunden niemals einen Platten, keinen Regenschauer, stets Rückenwind und eine einzigartige, tolle und unvergessliche Zeit beim Erfahren und Entdecken einer der schönsten Kulturlandschaften.

Ihre

Register

Impressum

Verantwortlich: Johannes Abdullahi
Redaktion und Lektorat: Daniela Hansjakob
Layout: Eva-Maria Klaffenböck
Repro: Cromika
Kartografie: Bruckmann Verlag GmbH, Heidi Schmalfuß
Herstellung: Alexander Knoll
Printed in Slovenia by Florjancic

★★★★★

Sind Sie mit diesem Titel zufrieden? Dann würden wir uns über Ihre Weiterempfehlung freuen. Erzählen Sie es im Freundeskreis, berichten Sie Ihrem Buchhändler, oder bewerten Sie bei Onlinekauf. Und wenn Sie Kritik, Korrekturen, Aktualisierungen haben, freuen wir uns über Ihre Nachricht an den Bruckmann Verlag, Postfach 40 02 09, D-80702 München oder per E-Mail an lektorat@verlagshaus.de.

Unser komplettes Programm finden Sie unter www.bruckmann.de

Alle Angaben dieses Werkes wurden von den Autoren sorgfältig recherchiert und auf den neuesten Stand gebracht sowie vom Verlag geprüft. Für die Richtigkeit der Angaben kann jedoch keine Haftung übernommen werden, weshalb die Nutzung auf eigene Gefahr erfolgt. Insbesondere bei GPS-Daten können Abweichungen nicht ausgeschlossen werden. Sollte dieses Werk Links auf Webseiten Dritter enthalten, so machen wir uns die Inhalte nicht zu eigen und übernehmen für die Inhalte keine Haftung.

Autorenempfehlung
Sie sind auf der Suche nach weiterführender Literatur? Dann empfehlen wir Ihnen den Titel »Deutschlands schönste Radfernwege« von Thorsten Brönner. Oder Sie werfen einen Blick in die Zeitschrift »Bergsteiger«. Hier werden Sie bestimmt fündig.
Ihre Lisa und Wilfried Bahnmüller

Bildnachweis:
Alle Bilder im Innenteil und auf dem Umschlag stammen von den Autoren.
Umschlagvorderseite: Schlingen bei Bad Wörishofen
Umschlagrückseite: Der Lech bei Lechbruck (Tour 27)

Die Deutsche Nationalbibliothek verzeichnet diese Publikation in der Deutschen Nationalbibliografie; detaillierte bibliografische Daten sind im Internet über http://dnb.d-nb.de abrufbar.

ISBN 978-3-7343-1259-5